城市更新中集中安置居民的福利变化及其决定因素研究

周玉琳 周 滔 著

西安交通大学出版社
XI'AN JIAOTONG UNIVERSITY PRESS

国 家 一 级 出 版 社
全国百佳图书出版单位

图书在版编目(CIP)数据

城市更新中集中安置居民的福利变化及其决定因素研究 /
周玉琳,周滔著. —西安 ：西安交通大学出版社，2022.5
ISBN 978 - 7 - 5693 - 2576 - 8

Ⅰ.①城… Ⅱ.①周… ②周… Ⅲ.①移民安置-研究-中国
Ⅳ. ①D632.4

中国版本图书馆 CIP 数据核字(2022)第 074411 号

书　　名	城市更新中集中安置居民的福利变化及其决定因素研究
	CHENGSHI GENGXIN ZHONG JIZHONG ANZHI JUMIN DE FULI BIANHUA JIQI JUEDING YINSU YANJIU
著　　者	周玉琳　周　滔
责任编辑	史菲菲
责任校对	赵怀瀛
装帧设计	伍　胜
出版发行	西安交通大学出版社
	(西安市兴庆南路 1 号　邮政编码 710048)
网　　址	http://www.xjtupress.com
电　　话	(029)82668357　82667874(市场营销中心)
	(029)82668315(总编办)
传　　真	(029)82668280
印　　刷	西安日报社印务中心
开　　本	700mm×1000mm　1/16　　**印张** 14.125　　**字数** 277 千字
版次印次	2022 年 5 月第 1 版　　2022 年 5 月第 1 次印刷
书　　号	ISBN 978 - 7 - 5693 - 2576 - 8
定　　价	89.00 元

如发现印装质量问题,请与本社市场营销中心联系。
订购热线:(029)82665248　(029)82667874
投稿热线:(029)82665379
读者信箱:xj_rwjg@126.com

前言
Foreword

　　城市依照新陈代谢规律自形成起便不断伴随着更新而发展,当旧城区无法满足居民的生活需求与社会发展目标时,地方政府往往通过调整产业结构、用地结构、社会结构,以激活旧城区的发展潜力。城市更新对于改善旧城区居民的住房条件、支持企业调整产业结构、促进经济发展都有重大意义,因此,全国各大城市都在积极促进城市更新的实施。然而,受更新规划的影响,长期居住于此的居民多被迫迁离更新地、迁入安置小区。城市更新权益惠及人群的"空间替换",改变了安置居民的生活与生产状态,并因此带来了诸多社会隐患,已成为制约城市和谐发展、社会团结稳定的重要因素。研究城市更新中集中安置居民的生活状态对于解决因城市更新带来的诸如"绅士化"与社会隔离等问题具有重要意义。

　　在城市更新后,集中安置居民的生活状态主要受居住场所迁移引致的群体空间重组与社会重构影响。本书以城市更新中集中安置居民为研究群体,基于以下三个问题探究这一群体在城市更新中的得与失。①whether:城市更新是否提升了安置居民的福利水平;②what:安置居民福利发生改变的决定因素是什么;③how:这些决定因素通过怎样的路径或机理影响安置居民福利变化。

　　本书基于阿玛蒂亚·森的可行能力方法构建城市更新中集中安置居民的多维度多层次福利体系,该福利体系由福利测量体系、影响福利变化的内部驱动体系和外部诱导体系构成。在此福利体系的基础上,进一步展开案例研究,通过对重庆市化龙桥片区更新中迁往四个安置小区的安置居民进行生活状况调研,获取双截面(更新前-更新后)数据,构建模糊福利测量模型,定量化探究安置居民的福利变化及分异。同时引入灰色关联分析、模糊解释结构模型、关键路径法等,探究具有不同自身禀赋、处于不同外部环境下的安置居民福利变化的分异原因及逻辑关系，并基于以上结论提出恰当政策建议，以保障安置居民的福利水平得到公平化、均衡化提升。

本书以可行能力方法将集中安置居民的福利研究从表象的功能状态延伸至内涵的可行能力层面，强化了集中安置居民在获取福利过程中的主体能动性；将安置居民的福利测量研究从一维或几维的绝对测量扩充至多维度多层次的综合测量与分异分析，系统呈现出安置居民的福利状态；将政策建议由群体普适性优化为依照群体类型匹配相应层次与时序的回应体系，可以提高政策实施的效率与效果。

著　者

2022 年 3 月

目 录
Contents

第1章

绪 论

■ 1.1 研究背景

1.1.1 我国城市建设已进入"存量更新时代"

新中国成立以来的城镇化发展之路由最初的缓步提升(1949年到1999年从10.64%增长到30.89%,增幅达20.25%),到近二十几年间的突飞猛进(1999年到2017年从30.89%增长到58.52%,增幅达27.63%),得益于经济因素的支撑,但单纯将速度作为评判城镇化发展的指标是短视的、有碍于可持续的。《国家新型城镇化规划(2014—2020年)》提出,传统粗放的城镇化模式导致了诸多城市发展风险,如产业升级缓慢、资源环境恶化、社会矛盾增多,为改变依靠土地等资源粗放消耗来推动城镇化的方式,变速度型城镇化为质量型城镇化,需要依靠调整产业结构、优化空间布局,以实现城镇的可持续发展。在中心城区改造和新城区建设两大城市空间发展格局中,由于土地资源日趋紧张,资源集约利用成为重要的城市发展理念,城市增长主义逐渐被淘汰,以城市更新为主导的存量挖潜时代已经到来[1]。旧城区,多为中心城区,作为产业集聚、人口聚居的核心地带,其承载着包括社会经济等维度的大量资源累积。城市更新扭转旧城区逐渐衰落的发展走势,发挥自身禀赋优势,综合定位区域功能,重新组合各类资源要素,为培育新的产业打造平台集群,以较低的开发成本激活城市发展极核,同时拉动整个城镇体系全面发展。

城市更新是应对由于内城衰落引致的多种物质、经济与社会问题,通过物质置换或者说土地利用和房屋的性质、强度的改变[2-3],对不符合当代发展要求的产业经济进行更新换代,以新的产业发展带动人口流动,实现内城复兴。我国城市改造从1.0时代解决公共安全问题,到2.0时代优化物质空间结构,再到3.0时代追求打造优质物业,正步入城市更新4.0时代,以生态、智能与可持续发展理念最优化物业与土地资源,推动城市中心未来的发展①。综观我国城市更新前期的发展路径,基本延续国外城市更新的发展经验,从最初的推倒式大拆大建,到后来的综合整治、功能改变、拆除重建三类模式,逐渐变物质更新为物质、经济、社会、文化等多元更新。2015年中央城市工作会议提出城市修补,加快老旧小区改造,"坚持集约发展,框定总量、限定容量、盘活存量、做优增量、提高质量",在此方针指引下,各城市纷纷出台规划以推进城市更新步伐。例如,上海2014年启动的新一轮城市总体规划提出,"锁定"城市建设用地总量,开启城市"逆增长"模式;北京市提出2017—2020年全市年均减少存量30 km²的目标。城市更新项目逐渐成为全国各大城市建设的主流,无论从实施规模还是影响效果来看,都主导着城市的发展方向。从城市更新项目的后评价结果来看,城市更新在促进城市环境改善、产业经济复苏、基础设施升级、空间结构优化[4]方面做出了重要贡献。

　　然而,城市更新在维持城市中心的功能和活力的同时,也引致了潜在的负面社会问题,包括社会隔离、绅士化、社会结构解体等②,究其原因,城市更新的总体目标可以给出一些启示:无论是初级的危旧房改造还是最近提出的城市复兴,都是以城市/旧城区作为目标对象进行优化,即城市更新结果的评判是以更新区域这一资源载体作为范畴,"卡尔多改进(卡尔多-希克斯效率)"③中的受益者是更新后其承载的建筑、产业、人,而受损者则可能包括由于更新被置换出受益范畴的产业和人,社会价值最大化是城市更新得以顺利推进的支撑理论,而被弱化的社会公平正义原则则潜移默化地通过钉子户、暴发户、"贫民区"异位等社会现象警示着城市更新的不足,敦促着向更加以人为本(社会整体下的微群体,打破地域范畴,以利益相关者的权益为范畴)的更新模式转变。

1.1.2　居民迁移是城市更新的连带效应

　　作为受城市更新影响最大的利益相关者,更新前长期居住于此的居民有着最迫切的住房条件改善需求,城市更新的结果在一定程度上满足了居民的这一需求,却是以失去自由居住意愿为代价的。居民往往需要迁移以配合旧有建筑的改造或拆除。因更新规划往往通过土地结构调整以适应新的资源需求,旧城改造后会以不同的用地和建筑使用类型、强度、档次接纳新的空间使用者,出于社会经济各类因素的限制,居民回迁困难,城市更新引致的非志愿迁移是不可逆的。城市更新是建筑的更新、环境的更新、产业的更新、人文的更新,在这些直接

---

①　戴德梁行. 城市更新4.0:迈向卓越的全球城市[R]. 2017.

②　UNESCO World Heritage Centre. Experts on "social sustainability in historical districts"[R]. 2005.

③　卡尔多改进,指在整体效益提升的情况下,从整体效益中提取部分补偿给受损群体。

更新目标的光环下,被忽视的一个真相是,它也带来了人的更新。新的城市空间融入新的人群是社会发展的本然,但多数居民被替换则在一定程度上剥夺了居民对原有空间的使用权与收益权。城市更新如人的新陈代谢,需要遵从自然发展规律,即使外科手术的干预,也并未使得成为另一个人,而城市更新中的"身体"则是社区原有居民[5]。

以地域范畴为准则的更新,忽视居民作为原有空间使用者所应享有的更新参与权与受益权,将这一群体打包迁移出更新区域,自此,更新后的所有资源将不再与居民相关,而新迁入的群体,乃至更新区域周边的居民却成为城市更新成果的最终获益者。城市更新的初衷理应是使长期居住于此的人受益,正如 Zukin[6] 在其书中所言,应该捍卫更新前在此区域生活或存在的居民与店铺长期存在于此的权利,因为给予城市灵魂的是社会多样性,而不仅仅是建筑及其使用的多样性。将人作为城市更新的目标,而非以物——建筑、产业、经济——的优化来衡量更新效果的成功与否,城市更新方案即使选择"卡尔多改进",对迁移后的居民生活状态的关注并不能因居民迁出城市更新地域范畴而终止,其仍是城市更新在考量未来可持续发展成效中的主要评判内容。作为城市更新连带效应的产物,居民迁移导致的诸多社会矛盾犹如前景一片光明的城市更新行动里遮挡住的片片阴影,照亮阴影的"灯"需要政府通过合理的补偿机制将局部"卡尔多改进"(城市更新地域范畴的获益与迁移居民利益受损)改进成"帕累托最优"(城市更新地域范畴的获益补偿迁移居民利益的损失)的同时,还应进一步实现整体"卡尔多改进"(更新地域范畴与迁移居民共同获益),使居民这一最主要利益相关者在城市更新中从受损者转变为受益者。

1.1.3　集中安置居民的生活状态是城市更新的检验标尺

城市更新实施环节的第一步即是征收土地及其地上附着物,对于征收给被征收人(目前多指房屋所有权人)造成的损失给予补偿,以社会公平正义原则,为后续的更新实施扫清社会矛盾障碍。居民接受补偿以改善因城市更新造成的生活状态下降。在城市更新中,居民所受到的最直观影响是住房的损失,因此政府通常采用房屋置换与货币补偿相结合的补偿方式[7]。在最大化保障居民"居者有其屋"的基础上,各地方政府也会根据房地产市场商品房库存情况及居民的住房和经济情况,合理偏好某一类补偿方式。对于商品房库存充足的城市,地方政府主要选择货币化补偿方式,而"商品住房库存不足、房价上涨压力大的市县,要尽快取消货币化安置优惠政策"①。

城市更新后,多数居民因经济基础较差选择房屋置换,迁离更新地、迁入安置

---

① 2018 年 10 月 8 日国务院总理主持召开国务院常务会议上提出。

小区,适应并融入新的生活环境。安置房往往远离城市核心,根据城市级差地租理论①,城市边缘区域基础设施等公共资源配置相对不足,易引致诸多生活与生产的不便。若居民集中安置,边缘化的累积则很有可能形成"贫民区"异位。迁移后,居民只是改变了生活空间,并未享受到实质的生活环境改善,反而因丧失原有的优势居住区位而使生活品质下降。而得以回迁的居民实属少数,在这个小群体选择留居原址的同时,更新区域大量涌入高收入阶层,两个群体间因社会背景、经济实力、认知水平等的差异,较难相融,甚至出现抱团排斥对方的现象,即形成空间融合却社会隔离[8]。

政府给予的安置补偿标准都以被征收房屋的价值作为补偿基础,是完全意义上的物质补偿,该物质补偿也是静态时点值补偿,并未将附属于房屋的空间价值即房屋所在区位的潜在收益价值考虑在内。同时,通过对安置居民的更新后生活状态的分析,也可以看出,安置居民因迁移造成了生活便利性下降、社会结构断裂,而就业就学的地域依赖性也同样对安置居民的生活可持续性造成负面影响。当前的安置补偿方式与标准对安置居民仍存在一定的不公平与不正义,只有在整体上弥补安置居民因更新造成的物质与精神损失,并合理分配安置居民空间权利内所享有的更新收益,才能实现安置居民各个维度上生活状态的改善,以保障城市更新促进城市发展目标的实现。

1.1.4 生活恢复并再生是集中安置居民的合理诉求

城市更新中集中安置居民迁移并不仅仅是微观上个体生活轨迹的改变,从城市空间发展角度来看,这是社群解构与重组的过程。因此,对居民因城市更新造成的影响的处理也并非是对个体住房损失的补偿问题,应该从宏观的角度,将安置居民以社群为单元,通过空间治理来修复或重建社群间的网络关系。城市空间不仅是物质建筑的载体,还维系着人类生产和社会生活关系[9],社群内部与社群间的联系都是通过空间进行网络架构的,复杂的网络为社群提供物质类和情感类信息传递,将整个社会构建成一个有机体,如图1.1所示。

城市更新是城市规划中对旧城空间资源的再分配,人作为利用资源的主体,在这一过程中通过"侵入—演替"完成了物质空间重构下的社会经济结构的变迁[10],安置居民成为被替换至城市边缘的社群。安置居民社群的迁移是从完整的社会空间中剥离出部分组团,经过安置居民的迁移决策后碎片化嵌入其他空间,而具有更高经济基础的个体从城市各个角落涌入更新区域,填补这一空间,形成新的社群,城市空间中因此出现无网络联系的社群组团,城市的有机体被破坏。

---

① 影响城市土地租金的因素主要是地理区位与经济区位,一般由城市中心或经济中心向外围逐级递减。

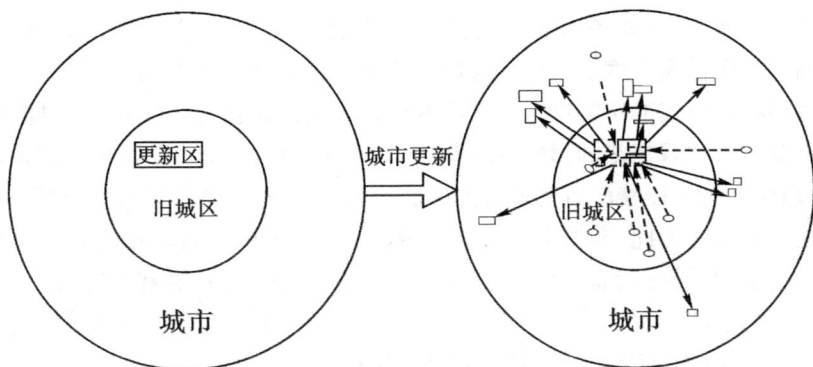

图 1.1 城市更新中安置居民社群解构碎片化嵌入城市空间

城市更新无法像城市扩张规划中仅通过改变空间的物质属性(如用地功能、用地强度)即可完成空间上的发展,它拥有复杂的社会经济关系,在物质属性改变的同时会带来社群间的网络断裂。只有处理好安置居民社群在新的空间环境的融入问题,修复好城市的空间系统性,才能实现以人为本的空间治理结果。

同时,由于空间承载着的生产要素部分具有区位固定性,部分表现出空间上的配置不均,因此,社群的空间位移还牵涉到除生活环境外的其他权益的改变,如资源占有、资产增值等。迁移后的安置居民社群对空间生产要素的可达和使用均降低,此类影响在安置补偿中并未考虑,即使进行经济补偿也是买断权益手段,不符合可持续发展理念。为降低安置居民社群的空间权益损失,需要从城市空间治理角度,优化公共资源配置,均衡片区发展格局,弱化城市地理经济区位差异,以实现安置居民社群在迁移后的空间权利等量转化。在安置居民迁入新的居住环境后,需要从社区治理角度,维护社区物质环境,改观居民精神面貌,以使安置居民更快融入新的社会空间,并开启新的生活篇章。

1.2 研究目标

基于以上背景,本书旨在了解并解释城市更新中迁移对集中安置居民的影响(后文中将"集中安置居民"简化为"安置居民",即选择房屋置换迁往安置小区的居民),包括影响结果与原因剖析。对于普通市内迁移者的研究主要集中在探究迁移目的与出行交通结构[11]、工资收入水平[12]的动机-效应关系,对于城乡迁移者的研究主要集中在户籍转变、群体关系对社区规划的影响[13]。本书以以往研究关注较少的市民身份的安置居民为研究群体。市民身份的安置居民迁移前后不涉及如城中村改造带来户籍身份变化,安置居民的生活状态的变化仅由迁移所致,即空间位移改变了安置居民对空间承载的生产要素的可达与使用,以及空间构建的社会网络关系,由此造成安置居民生活状态的群体分异与空间分异。总结已有文献对居民生活质量的研究,主要涵盖居住、通勤、社交、健康、财务五个维度[14],多以生活满意度来衡量。生活满意度已被广泛应用于衡量居民对居住状态的主观感受[15],迁移对居民生活状态改变的影响可从生活满意度调查结果来探究[16],同时为排除其他非迁移因素及居民主观情绪的影响,还需引入客观评价指标,通过多维度的评价体系构建,科学地综合衡量迁移前后安置居民生活状态,为评估并分析城市更新对安置居民的影响奠定基础。为此,本书提出三个研究问题。①whether:城市更新是否提升了安置居民的福利(居住状态、就业状态、健康状态、社交状态、财富状态,以及生存层次、生计层次、生活层次、发展层次);②what:安置居民福利发生改变的决定因素是什么;③how:这些决定因素通过怎样的路径或机理影响安置居民福利变化。

为探究以上三个问题,本书的具体研究目标如下:

(1)针对"城市更新是否提升了安置居民的福利"问题,进行安置居民综合福利变化的测量。构建安置居民福利测量指标体系与福利测量模型,并以实证研究归纳安置居民福利变化规律。

(2)针对"安置居民福利发生改变的决定因素是什么"问题,进行决定因素的识别与确定。构建影响安置居民福利变化的内部驱动体系和外部诱导体系,并以实证研究归纳具有不同决定因素属性的安置居民的福利变化分异规律。

(3)针对"决定因素通过怎样的路径或机理影响安置居民福利变化"问题,明晰决定因素的作用机制和影响机理。梳理内部驱动体系对福利影响的关联性以及外部诱导体系对福利影响的逻辑关系,并以实证研究归纳不同决定因素属性下特定的关联性与逻辑关系,作为提出福利提升相关政策建议的依据。

■1.3　研究意义

本书基于阿马蒂亚·森(Amartya Sen,以下简称森)的可行能力方法构建安置居民多维度多层次福利体系,包括福利测量体系、影响福利变化的内部驱动体系和影响福利变化的外部诱导体系。本书以重庆市渝中区化龙桥片区历经城市更新的安置居民为研究对象,对安置居民更新前后的福利水平进行测量并对比两时点上的福利变化以揭示城市更新对安置居民的影响结果。此外,本书通过灰色关联分析和模糊解释结构模型法剖析影响安置居民福利水平的决定因素(内部驱动因素和外部诱导因素)及其影响逻辑。最后,根据前述分析总结的安置居民福利提升的受限原因构建政策回应体系并提出具体治理策略与措施。

1.3.1　理论意义

本书涉及城市更新、居民生活质量两个领域的研究,通过城市规划学与城市社会学的交叉研究揭示城市更新对安置居民的影响。以下从研究内容、研究对象与研究层次三个方面进行解释。

(1)从研究内容来看,可丰富城市更新影响研究的广度与深度。本书强调安置居民生活状态在时间与空间上的对比。对于城市更新的研究,早期诸多学者[17-19]主要将城市更新后更新区域的经济、社会与生态环境效益作为评估城市更新效果的因素,却忽略了最直接利益相关者——安置居民在这一事件中所受的影响。直至人本思想的引入,安置居民的生活满意度问题成为学者们的关注热点,当前安置居民在城市更新中的影响研究主要集中在搬迁前及搬迁中居民改造意愿[20]、居住空间变化[21]等方面,对更新前后安置居民生活状态变化及空间对比研究较少。本书摒弃地域范围的城市更新效益关联,依照权益连续性原则研究最大利益相关者——安置居民在更新前后的权益影响效果,即福利变化规律,以增强安置居民在城市更新效益评估中的重要性。

(2)从研究对象来看,可细化受城市更新影响的群体研究。安置居民作为城市更新最大利益相关群体,其生活状态的优劣是城市更新效果评估中的一项重要内容。本书针对市民身份的安置居民社群。多数研究以农民市民化的安置居民[13]为研究对象,因城乡二元结构与土地征用的作用,该类群体的生活状态除受迁移影响外还因户籍身份与职业的转变存在特殊性[12]。现有研究对市民身份的安置居民研究较少,该类群体与农民市民化群体均为城市更新中因利益受损而生活巨变的群体,因身份差异应形成独立的研究分支。市民身份的安置居民在更新前就享有城市优势区位的空间权利,城市更新引致的被迫迁移对他们空间权利的损害较农民市民化安置居民更为严重。同时,就研究可行性而言,市民身份的安置居民仅涉及迁移这一生活事件的影响,更有利于确定生活状态变化与决定因素间的内生逻辑关系。

(3)从研究层次及研究视角来看,可提供跨层次类研究素材。本书以个体现象的微观调研入手,以群体问题的中观分析推进,最终以空间的宏观治理为落脚点。以往多数研究是对安置居民群体的单层次研究,对其生活状态的分析也停留于个案调研后对结果的归纳推理,对改善其生活状态的政策建议多以社区治理视角着手,较少以多层次多视角进行综合研究。本书由微观到中观再到宏观,通过逐级上升的逻辑层次,融合城市规划学、经济学、社会学等多学科视角,将安置居民个体生活状态变化映射出的安置居民群体福利变化规律以安置居民社群在城市空间中的解构与重组加以解释,通过探究安置居民自身禀赋和外部环境对其福利水平的作用机理,提出空间治理和社区治理层面的政策建议,是安置居民福利变化的表现、成因与解决方案的综合研究。

1.3.2　实践意义

近年来,城市更新成为城市发展的主基调,城市更新造成的拆迁问题、住房问题、交通问题、就业问题等影响着社会和谐,安置居民作为城市发展的参与者逐渐被排斥在更新效益的地域分享之外并被城市边缘化,其物质财富与精神情感均发生差异性变化。首先,因安置补偿标准的非统一化,安置居民群体所获的补偿与利益分享常常被弱化,使得城市更新可持续发展的既定目标之一——切实提升居民生活幸福感——难以实现,因此,本书尝试构建一个可操作性的安置居民福利测量体系,以此评估安置居民在城市更新中所受的影响。其次,受社会经济背景及迁移路径的影响,安置居民群体的福利分化明显,安置居民的经济基础与社会认知决定了迁移区位决策,而与安置居民生活息息相关的生活环境、公共资源等又因区位的不同存在优劣差异,因此,安置居民迁移后形成的不同空间新群体间存在福利差异。本书通过灰色关联分析和模糊解释结构模型法就安置居民福利间的群体分异和空间分异进行逻辑梳理,剖析影响安置居民福利变化的内部驱动因素和外部诱导因素。最后,在安置补偿阶段和生活恢复阶段基于城市空间治理和社区治理两个层次实现安置居民福利的均衡提升及安置居民新社群在新城市空间中的融合。安置居民福利体系与福利测量模型的构建、自身禀赋和外部环境因素对安置居民福利变化的作用机理、城市空间治理与社区治理的解决对策均可为政策制定者对集中安置居民就更新时的安置补偿及更新后的恢复生活制定相关政策与措施提供依据。

本书以重庆市渝中区化龙桥片区为例展开案例研究。化龙桥片区改造是重庆市第一个涉及大规模居民迁移的城市更新项目,现距居民迁移全部完毕的时间已过去十多年,安置居民在迁移后的生活情绪与状态已趋于稳定,对安置居民福利的测量与分析可以真实反映化龙桥片区改造对安置居民的影响结果,并为后续重庆市城市更新项目中居民迁移安置提供可行建议。

1.4 国内外研究综述

1.4.1 城市更新发展历程

"城市从未静止过,它在永不停歇地改变:为应对经济与社会压力,或扩张,或收缩,或进行内部重组。"[22]城市人口增长、运输方式变化、经济结构调整、政治格局转变以及文化的发展,必然带来城市功能和结构的变化,大多数后工业城市在经历了大规模的城市兴盛和快速发展之后,原有物质环境、功能体系、竞争潜力不能满足城市发展需求[23],需要经过转型,不断变换发展方向,实现城市的持久发展。欧洲发达国家在二战结束后,很多城市内部和城市间出现了基于经济结构调整和人口流动的城市空间转变。因对土地和建筑物需求的差异,城市空间中有些区域用地量需求减少,有些区域用地密度需求增加,建成区为此需要进行改造,部分区域改变建筑物用途,部分区域拆除重建,也有少数区域被弃用荒废。该区域,同样地,公共设施、基础设施及社会设施由政府或市场提供,或增加,或缩小,或置换与建筑、人口相匹配的规模,以满足经济与社会需求。这些改变影响着城市物质结构与肌理,被称为"城市更新"。

1858 年,荷兰召开第一次城市更新研讨会,对城市更新进行了第一次定义:①生活在城市中的人,对于自己所居住的建筑物、周围的环境或出行、购物、娱乐及其他生活活动有各种不同的期望和不满;②对于自己所居住的房屋的修理改造,对于街道、公园、绿地和不良住宅区等环境的改善,以形成舒适的生活环境和美丽的市容[24]。定义①表明了城市更新得以推进的动力,定义②指明了城市更新的目标。从以上可以看出,城市更新最初的目标是进行城市结构和城市空间的更新、建筑的更新、城市环境与道路的更新,将消极的城市空间转换为积极的城市空间,这是最符合更新区居民意愿的更新。

国外的城市更新都先后经历了三个发展阶段:①推土机时代,物质决定论表现出仅对建筑环境的重视;②邻里复兴,强调福利色彩的综合解决社会问题;③城市振兴,特别适用于城市中心,以经济发展为核心目标,强调市场导向的商业模式。近年来,城市更新已经从"以增长为先"的经济导向方式转变为更具社会意识的模式[25]。我国也在面临相同的城市问题时采取了城市更新的方式恢复旧城活力,提升城市作为生活与生产场所的质量与潜力。我国由于 20 世纪 80 年代缺乏整体规划,快速城市化过程中出现城市结构碎片化,随后又面临城市"退二进三"的产业结构调整,加之城市公共空间与资源服务的匮乏,以及历史文化遗产的保护要求,这些因素共同促成了城市更新的全国开展。由于多年广泛的拆迁、贫民窟清理和城市地区的物质重建,以及实现这些行动所固有的社会问题,一些国家城市更新过程越来越多地融入环境保护、文化保护、空间连续性、社会和谐,以实现共同利益合理分配[4]。伴随城市发展,城市更新的内涵与目标逐渐多元化,由最初的物质更新发展为目前的物质、经济、社会、文化等多元更新。

城市更新,作为当下多数城市发展的主基调,旨在解决一系列城市问题,包括城区破败、环境污染、交通拥堵、设施匮乏、社会问题与经济衰退。城市更新因背景、模式、目标等的不同,加之持续变化的发展理念,目前尚未形成统一的定义,国外诸多学者从城市规划、城市管理等视角给出带有学科色彩的解释。如 Perez 等[26]从土地利用的角度定义城市更新,将其视为连续与自主地改造城市结构的过程。也就是,现有的城市结构是通过居住者、使用者、私人和公共利益相关者的机会和需求所驱动的互动构成的。Yung 等[4]基于遗产保护提出,城市更新涉及拆除或修复腐朽和陈旧的建筑物,以创造更好的生活环境。Zheng 等[27]将可持续概念引入城市更新,并将其定义为重用资源与重建城市环境的过程。目前较被认可的城市更新定义由 Roberts 等[28]提出,他们认为城市更新是用一种综合的、整体性的观念和行为解决各种各样的城市问题,致力于在经济、社会、物质环境等各个方面对处于变化中的城市地区做出长远的、持续性的改善和提高。我国学者在借鉴国外先行发展的城市更新运动总结出的理论与实践经验基础上提出新的理论,如 1990 年吴良镛借鉴丹下健三等提出的"新陈代谢"规划理论,结合我国城市发展背景与特点,提出城市的"有机更新"的概念,将城市更新的运作方式与实施理念做了标定,即通过或"针灸式"更新或"大刀阔斧式"更新[29]实现城市历史环境的更新,此后可持续发展理念在城市更新中的引导作用成为指引城市更新的灯塔一直延续至今。

城市更新为提升城市环境、促进经济发展、满足公共需求做出的巨大贡献主要包含三方面。首先,规模性升级破败的建筑物与住房。其次,选择性保留历史建筑和结构。最后,通过改善城市布局、增加开放空间、疏通道路网络和其他基础设施来重塑城市空间。然而,在更新中出现了诸多普遍性问题,如拆除重建居多、复兴活力不够、人户分离严重、社会文脉断裂、商业开发过重、住房结构失衡等。学者对城市更新的研究,逐渐从城市更新前期准备阶段的城市规划设计的政策与技术角度向更新后评价中的社会问题剖析及人本角度转变。

1.4.2　城市更新对社会的影响

随着城市更新活动在全球范围内的实施,城市更新对社会的影响吸引了包括建筑学、城市设计学、城市规划学、社会学、经济学等各学科的诸多学者的关注。其中最具代表性的学者有简·雅各布斯(Jane Jacobs)与刘易斯·芒福德(Lewis Mumford)。雅各布斯在《美国大城市的生与死》一书中,从社会学的角度对城市更新进行了评价,她认为推土机式的城市更新破坏了城市的多样性,使城市特色灭失,同时,割裂了邻里与社会间的稳固肌理,也并未消灭贫民窟,只是将其进行了地理上的移位。她还主张"小而灵活"的城市更新方式,使城市空间结构与人文结构形成连续、精致的变化。芒福德在《城市大发展史:起源、演变和前景》一书中指出,城市的主体是人,城市更新应该以人的社会需求和精神需求为准则。城市发展的产物,包括物质环境的改善、经济的提升等,只有惠及人,给人带来生活质量的优化,才真正实现了目标。而因城市更新权益惠及人群的"空间替换",带来了诸多社会不公,或造成诸多社会不安定隐患,或引发诸多社会矛盾。

近几年来,国外学者主要从城市更新因整体主义范式下的人口置换所引起的社会现象(如绅士化、社会隔离、社会生活断裂等)着手探究城市更新在城市规划中的利弊及解决对策。Ercan[30]认为社区参与的缺位导致社会正义与公平的破坏,阻碍可持续历史住宅社区的成形。尽管相关政策期望更新区域安置居民、其他现任居民和该地区更广泛的社区均可以在城市更新中受益,但新开发的高档社区排斥安置居民已经成为普遍现象[31-35],即城市更新引发了绅士化。Fullilove[36]将城市更新给原有社区带来的负面影响描述为"对部分或全部情感生态系统丧失的创伤性压力反应",并将社区位移概念化为"根本冲击"。大卫·哈维(David Harvey)

1973 年在《社会正义与城市》一书中首次从空间维度讨论正义问题。针对影响城市可持续发展的诸多负面效应,诸多学者引入城市规划学的空间正义理论与衍生的社会正义理论[37]共同作用于城市更新的后期规划中,以期实现安置居民在城市更新中的公平化、多元化的补偿与受益。

由于国内城市更新步伐晚于国外,国内学者在该领域的研究多建立在国外学者的研究基础之上,同时针对国内特有的城市建设特点与背景,诸如城中村、户籍制度等[38-41],逐渐形成了具有中国特色的研究体系。在国内普遍的自上而下的城市更新模式下[42],安置居民在城市更新决策中多处于被动状态,更新区域的规划决定权由政府和开发商基于社会整体效益而定,在经济利益的驱动下,普通住宅区被置换为高档社区或商业群[43]。朱敦煌等[44]通过上海新天地和田子坊的更新模式对比指出,安置居民外迁既损害安置居民的利益又破坏城市文脉的延续。张桂玲等[45]从空间层面和社会层面提出城市更新使得城市居住空间呈现出不同阶层间在社区层面的混合、拼贴状态,表现为居住社会空间的"双重异化"。吴庆华[46]分析了城市更新作为政府政策之一,成为国内诱发空间隔离的一大原因。姬莉[47]指出当前的城市更新在相当程度上是房地产为驱动的"空间谋利"的代名词,并构建了空间正义感指标体系,以对公平正义的开发提供指导。

国内学者还按照不同的城市更新类型与方式进行了细化实证与理论探索。常江等[48]通过对历史街区更新引致的旅游绅士化现象的分析,得出历史街区更新使得物质环境改造加速了地方社会阶层的更替,安置居民大多被游客、中产阶级和房产投资者所替代,空间利用方式呈现出高度商业化特征。卢笛等[49]指出,产业结构与社会结构的变迁是导致绅士化的主要原因,并分析了"点状绅士化"对居民的影响因功能而异,加剧了社会网络的碎化与断裂。

综观国内外关于城市更新对社会的影响,最大的利益相关者为安置居民群体,也是因更新存在社会问题的主要群体,他们因更新而被迫迁移,在适应新生活环境的同时,还面临就业或就学单位的变更问题、经济与精神的双重压力,需要借助政府与社会的力量帮助他们共同度过这一生活变迁的过渡期。然而,据学者们的调研发现,更新后,多数城市出现绅士化现象,社会隔离问题使得不同社会阶层间矛盾加剧,安置居民的社会网络断裂,对新社区的认同感与归属感淡薄。

1. 绅士化现象

大部分城市更新项目发生在废弃且破旧的老城区内。许多充满活力的社区因此解体,居民被迫外迁,流离失所[50]。通过社区改造或重建升级,更新区域随后被高收入和独特的文化群体入侵,取代原有低收入者,这种社会现象被称为"绅士化"[51]。20 世纪 60 年代左右,卢斯·格拉斯(Ruth Glass)在伦敦首次注意到绅士化现象的延伸,年轻职业者进入伦敦内城的贫困区,修复老旧的建筑并付出大量心血来使资产增值。绅士化被定义为与阶级相关的城市变迁和社区置换的过程[52]。

绅士化除包含物质结构的变化外,该过程具有更广泛的影响。内城安置居民的外迁多数是非志愿行为,带有福利色彩的城市更新规划者和执行者很少考虑他们之后会搬到哪里。大多数安置居民不得不搬到较贫穷的住宅区。由于更新地的区位优势,绅士化可以更好地提升居民到城市中心和公共设施的可达性,这就形成城市更新效益的群体替换,即迁出的低收入人群与迁入的高收入人群进行了利益获取权的反向调换。此外,整个绅士化过程可能是自发的、零碎的和无计划的,往往造成新旧社区的机械嵌合,形成城市空间与社会阶层的"补丁式"结构。

20世纪70年代以来,学者们开始关注绅士化区域以研究其背后的动态变化过程。Smith[52]通过级差地租的概念解释了绅士化现象,这一现象代表了现有土地使用下的一般地租与在更高经济效益的土地用途下潜在的租金之间的差异。他还认为,这一过程始于内城的土地价值下降。当生产部门将资本转向更有利可图的住房部门时就会出现这种情况,就像城市中心以外的郊区化一样。在第一阶段,郊区化通过吸引高收入群体而发展。郊区的住房投资集中以及对内城的忽视导致了对市中心住房的重新评估。作为过去几十年因城市扩张引致的城市重组过程的影响,投资者对旧城存量住房的兴趣开始增加。与上一阶段相反,产生的租金差距将住房投资方向重新瞄准内城。

多数城市更新的结果都呈现出较贫穷的居住者被更富裕的居住者替换出更新区域,而许多学者基于这种居民群体置换行为指出了社会正义问题,因其中涉及居民对城市空间使用权的掠夺,这一问题始终使绅士化处于被批判的边缘。

2. 城市隔离与社会不正义

在城市更新实物补偿方式中,安置房和公共住房是安置居民的主要选择。这些类型的住房往往非常集中,远离商品房,即使属于配建安置房,也会与商品房分区建设[53]。空间隔离已成为多数城市结构最基本的特征之一。虽然安置居民的住房环境与原有的生活环境相比有所改善,但他们仍然生活在相对较差的基础设施、交通、医疗与教育条件下[54]。公共资源的空间配置不均与两类住房之间配套设施的不共享,使得安置居民的生活条件提升有限。

同时,由于安置居民社区与富裕社区之间无交流联系,空间隔离可能导致社会和经济隔离,从社会维度影响居民的生活。有关邻里影响的文献虽然不具有决定性,却提供了一系列案例研究,追踪高贫困社区对居民福利结果的影响[55]。卢义桦等[56]通过案例研究得出移民的生活形态呈现出:因空间隔离而产生的社会交往的"两地化"、因社会隔离而产生的社会交往的"标签化"以及因自我隔离而产生的社会交往的"内卷化"。van Kamp等[57]指出,社区邻里可以影响个体的社会经济结果。因此,如果没有良好的榜样,城市隔离会导致安置居民在就业机会和情感交流中受到阻碍。以社区为载体的社会资源机制是社区中的社交网络提供的机会结构,包含工作信息、邻里支持与可以提高社会经济地位的一般资源[58]。大量证据表明,城市隔离对个人福利、经济增长和更广泛意义上的社会凝聚力至关重要。

许多城市更新项目的成功标准被描述为基于场地的物质变化而不是对安置居民的生活影响,因此,成功的城市更新中,安置居民在很大程度上并没有受益于这些变化。尤其是对于危旧房改造项目,其主要目的是改善安置居民的生活环境。然而,原居民因搬迁而无法享受城市更新效益。相反,新迁入者取代了安置居民,享受了城市更新带来的新环境。此外,城市更新也对更新区周围的社区产生了积极影响,例如房地产升值。即使得到了一定的补偿,安置居民也并不一定能从中受益。Musterd 等[59]研究发现,安置居民被迫离开他们的社会支持网络,他们缺乏通过当地社会机构获取工作和就业机会的必要联系。在对安置居民进行合理的补偿安置时,应特别注意城市更新引起的利益和权利的不公平分配,避免增加贫富差距,减少社会矛盾。

1.4.3　居民迁移对生活状态的改变

长期以来,居住迁移一直是许多学科的重要课题,而因城市更新引致的居民非志愿迁移在城市内部间迁移中占比越来越重。目前,受人文思想的影响,许多学者开始关注居民因迁移造成的影响,同时评估城市更新效果。20 世纪 60 年代,Hartman[60]第一个进行了评估城市更新计划中迁移居民搬迁后住房条件的研究。自此,学者们将迁移作为一个压力事件集中研究其对迁移者健康状况和社会关系[61]的影响,随后,有学者开始尝试调研迁移者因迁移引起的居住满意度和生活满意度的改变[62]。

对于迁移动机的相关研究主要围绕环境因素和个人因素进行探讨[63]。大部分城市更新项目都是由于更新区环境无法满足居民的生活需求,因此,就环境因素而言,居民的迁移也带有部分意愿性。但是由于迁移地的非完全自由选择性,又因居民经济能力所限,部分居民的理想迁移地与实际迁移地存在差异,考虑到此活动以个人意志为主要判别标准,大部分学者都将城市更新认定为非志愿迁移项目。对于非志愿迁移项目,居民的迁移地决策因素是可以通过迁移动机来转化的,因为这在一定程度上取决于迁移者在可控范围内的自由意志。19 世纪 80 年代早期,莱温斯坦(Ravenstein)在《人口迁移规律》中提及,迁移主要由于迁移地的机会和较好的情况,如优质的教育资源、健康的居住环境、廉价的住房。居民在迁移决策中受到各因素在出发地与目的地间的价值推拉①[64],最终做出对自身有利的决

---

① 20 世纪 60 年代,美国学者 E. S. Lee 提出了系统的人口迁移理论——"推拉理论"。他首次划分了影响迁移的因素,并把它分为"推力"和"拉力"两个方面。他认为,前者是消极因素,这些因素促使移民离开原居住地;后者是积极因素,这些因素吸引怀着改善生活愿望的移民迁入新的居住地。

定。对于个人因素,非志愿迁移除了通过生命周期方法[65]与不满意方法[66]外,还应考虑非志愿的外力以及迁移者经济水平与认知水平的影响。

许多非志愿迁移项目都发生在城市中心。就城市更新而言,许多流离失所的居民选择迁至廉价住房和社会经济地位较低的社区,从积极选择的一面来讲,共同的社会经济背景可以增加他们与邻居间的情感交流,使他们产生较强的社区归属感,但是促使他们做出这种迁移决策的另一个原因,可能是起决定作用的原因,是他们受住房市场选择的限制,无法承担更新后市中心或高档社区高昂的房价与租金[67]。迫于生活压力,移民选择用较差的生活环境换取免于因生计造成的过度经济压力。

早期研究主要集中在居住迁移对社会关系和邻里关系的不利影响。如,与原有邻居间的交往减少[61],得到的现有社会支持性交往减少[68]。此外,对迁移者生理与心理健康的研究也是早期研究中一大热点主题。迁移带来的压力影响迁移者的身心健康,在生理上甚至会诱发疾病的加剧[69],在心理上产生被孤立[70]后的痛苦[71]、孤独[72]与压抑感[73],其中以年长者与女性表现最为明显。

因居迁移给迁移者除带来生活上的改变外,还影响着他们的就学就业等,近些年来,诸多研究学者通过实证研究指出了迁移对移民生计的不利影响。Gebre[74]研究发现,移民直接面临丧失就业机会与社交网络以及对教育、交通与医疗服务的可达性降低的风险。安置过程将移民由市中心迁移到郊区,扰乱了移民与客户的业务联系,破坏了他们的非正式生存网络,造成了区位优势与工作的丧失,并且带来了高昂的通勤成本。从内城流离失所的居民可能会失去重要的地区优势[75]。这意味着除了作为资产本身之外,住房区位通常决定着其他资源获取的可达性。由于城市更新的大规模实施,国内学者就城市更新中安置居民迁移进行了相关研究,王一波等[21]以重庆主城区为案例进行了问卷调查和访谈,结果表明因更新迁移的居民的生活、就业及通勤均受到了显著的负面影响,具体表现为生活成本上升、就业机会减少以及通勤成本增加等。夏永久等[76]以南京近1000名安置房社区居民就业变动调查数据为基础,分析得出安置点与理想岗位空间错位是被动迁居后城市低收入安置居民就业变动的首因。

为综合反映迁移者因迁移产生的生活改变,居民生活满意度成为主要研究方法。诸多学者将居住满意度与生活满意度作为评估居民生活质量的标准。对于非志愿移民,多来自城市更新项目,由于迁移地选择受到限制,非志愿迁移较志愿迁移表现出较少的积极结果[77]。迁移者是否满意更新后的居住状况,以及导致居民生活满意度发生改变的原因是什么,是目前学者们所关注的两类研究问题。通过对相关研究文献的梳理,本书发现对第一个问题的探讨研究结果存在分异。部分学者研究所得,城市更新项目中外迁的安置居民的居住满意度并没有得到提高,如 *HOPE VI Program in Harbor View in Minnesota* 中生活满意度降低的移民占比明显高于生活满意度提升者[78]。Fang[79]调研结果显示,即使迁移后社区的居住状况有所改善,安置居民也并未表现出更高的居住满意度。社会比较理论揭示了人在社会环境中,在没有客观评价标准的情况下,常以他人作为对比的尺度。相较周边商品住房的居民而言,公共住房的居民则对自己的居住状况存在不满,因此其表现出与迁移前邻里拥有相同居住环境的情况相比时,对居住环境评价的低满意度。然而,部分学者却通过经验研究得出相反的结论,Oakley 等[80]通过迁移前后的双时点数据收集分析,指出大多数移民认为迁移后的住房环境与邻里关系得到了改善。危旧房改造后的安置房在住房质量和社区环境上都较迁移前有很大的提升[81-82],因此,就迁移前后居住物质环境的变化而言,部分研究者还认为迁移者的居住满意度较未迁移者有更高的结果[83]。

第二个问题,影响居住满意度的决定因素,研究学者总结了三类因素:居住环境、迁移意愿和家庭情况。Doff 等[84]研究发现,个人和家庭社会经济背景,如年龄、收入与社交,对安置居民迁移后居住满意度的变化有一定的影响。但是,对于这一结果,其他学者有不同的观点。根据马斯洛需求理论,居民在满足低层次需求的基础上会寻求更高层次的需求,而在居住满意度的认知上,居民同样存在层次性满意度。对于危旧房改造项目,安置居民通过改造获取了居住安全性,他们认为居住质量是实现他们居住满意的因素;对于以商业开发为主导的城市更新项目,由于更新前安置居民已经处于居住安全状态,只有当更新后实现了更高层次需求,如社交满意与尊重满意,他们的生活满意度才会得到提升。因此,对迁移者居住满意度的研究还需要结合宏观社会发展水平及迁移项目背景。就目前我国社经济水平而言,安置居民正处于对社交与自我尊重需求的阶段。Li 等[85]认为,现阶段,物质环境及个人社会经济背景对居住满意度没有显著的影响作用。根据对北京、上海和广州三个城市的入户调研得出,被排斥或缺乏邻里社会依恋会显著降低居民的居住满意度,任何其他弥补措施都无法消除这一消极影响。Zhang 等[82]也认为,社区内的社会依赖是居住满意度最重要的决定因素。

迁移除改变迁移者居住环境外,还通过区位所承载的公共资源影响迁移者的工作与生活。对于居民整体生活质量和幸福感的评价,学者们还采用主观幸福感(subjective well-being,简称 SWB)来衡量。有学者强调居住迁移的主观心理机制较客观经济所得更能反映居民的生活满意状态。由于受主观意志影响明显,个人的社会经济背景与认知情况是生活满意度的主要决定因素之一,如婚姻状况、年龄、性别、教育水平、家庭结构与经济状况[62]。此外,迁移动机、生活价值观、日常活动[86]、健康状况、工作能力、社会网络等,都对居住迁移后迁移者的生活满意状态有影响[87-88]。

我国自住房制度改革以来,城市居民的迁移活动逐渐活跃,城市更新在旧城区大规模实施后,以拆迁户为身份被迫迁移的居民更是规模庞大,我国研究者对普通迁移与被迫迁移的安置居民生活满意度的研究也随之展开。除了借鉴西方国家的研究思路,还加入我国特有的户籍制度背景,即户口的影响研究。如石乐等[13]以乡城迁移安置小区居民这个特殊群体为切入点,分析发现年龄、家庭年收入、生活精彩度变化程度、房屋美观度和社会保障等变量对居民生活满意度有显著正向影响;而家庭中年人数量、是否保留农业用具、失眠频率的变化程度则表现出显著负向影响。闫东升等[89]通过对失地农民问卷调查结果表明,征地拆迁过程、政府作用、社区环境及个人感知等因素对失地农民的生活满意度影响显著。张蕾[90]从社会网络的角度出发,对比拆迁前后失地农民的生活满意度的差异,研究发现社会网络强度不同的村民拆迁前后生活满意度变化不同,具有较强社会网络关系的村民拆迁后生活满意度大幅下降。

1.4.4　居民福利的研究

在有关迁移背景下的居民生活状态的研究中,就研究内容而言,多以单一或几类生活影响展开研究,如居住环境研究、就业状态研究、社会关系研究等;就研究方法而言,多以具有强烈主观性的生活满意度、主观幸福感等展开评估。而居民的生活状态体现在多个方面,不仅包含获取物质资源的数量,健康、长寿、知识和教育、社会关系、主观感受等都是人类生活的构成要素[91],需要进行综合性的、主客观评估相结合的研究才能真实反映迁移的影响效果。

社会福利和贫困的社会学文献广泛提倡从基于收入的角度转向考虑人类生活构成的多元化,用多种指标来描述个人和家庭的生活质量,优化了原有研究对生活状态评估的片面性。早期的福利研究,主要从经济学视角展开研究,福利经济学最早出现于20世纪20年代,由英国的经济学家霍布斯和庇古创立。庇古认为,经济福利因为与人们的经济生产和日常生活联系紧密,可以将所有与经济相关的活动产出转换为货币进行衡量[92]。此理论主要用于探讨国民经济福利水平,以国民收入为标准,对其总量与分配进行衡量,并将提升国民收入的总量与均衡国民收入在国民中的分配作为提升国民经济福利的手段。

20世纪30年代的一场大争论使西方福利经济学发生了一次大的转折:旧福利经济学被新福利经济学所取代。旧福利经济学建立在基数效用论的基础上,随后新福利经济学则以序数效应为基础,由帕累托提出"帕累托最适度条件"以衡量福利水平。当新福利经济学陷入阿罗不可能性定理①的困境时,现代福利经济学的代表性人物、诺贝尔经济学奖获得者阿马蒂亚·森在20世纪80年代创造性地提出了"可行能力"方法(capability approach)的福利与贫困研究方法[93],对福利的

---

①　阿罗不可能性定理指不可能从个人偏好顺序推导出群体偏好顺序,因只使用序数且人际不可比的效用信息所致。

经济辩论起到了重要的革新作用。他认为，概念化福利作为生活标准、生活质量或主观幸福感存在于经济学中，仅将快乐或满足程度作为评价标准来衡量福利并不能充分反映潜在性的内容，如个人自由、个人健康、公共权利、就业与教育情况、社会关系等。

可行能力方法被广泛认为是福利分析中更完整和全面的方法之一，考虑了多个福利维度，并研究了维度间的关系。此外，他使贫困、剥夺和不平等在该福利方法中呈现出明确的意义。可行能力方法，更确切地说是一种研究理论，将福利的研究变量扩大到经济以外，并以一种全新的构思阐述了福利的意义。然而，可行能力方法论证的丰富性并不容易转化为实践，原因在于其只提供了福利构成的维度框架设想，并未确定具体的变量体系。可行能力方法对信息和方法水平的要求较标准化的方法（如收入或以富裕为核心的分析）相比更高；而传统的福利分析框架又较难体现可行能力方法完整的信息性及解释性内容。可行能力方法指出，虽然诸多学者在其福利分析中提及可行能力方法概念，但很少捕捉到此观点的丰富性并做实证应用。随后，可行能力方法常被作为理论基础指引多维福利测量的方法学研究。

在以可行能力或其他理论为基础的多维福利研究中，国外研究多在宏观层面对国家或区域的居民生活水平进行综合评估，如基于可行能力的人类发展指数用于分类一个国家是发达国家、发展中国家还是欠发达国家，以及衡量经济政策对居民生活质量的影响。如果能够满足公共设施，那么人们就会感到舒适并能够有效地开展业务，从而最终获得健康的生活与更长的预期寿命，同时部分地提高教育质量和社区生活标准[94]。国内研究分为以城市为单元的宏观居民福利研究和以某特殊群体为单元的微观群体福利研究两大派系。宏观研究中，陈志鸿等[95]对比评估了我国各省区市的居民在寿命、消费/收入、休闲、消费/收入不平等、休闲不平等五部分的福利水平，以揭示居民的当前生活状态与他们对生活的需求间的矛盾。对于群体福利的研究，多以失地农民[96]和进城务工的农民工[97-98]这些弱势群体为研究对象，构建福利影响体系并利用因子分析、结构方程模型等评估其福利水平或福利变化情况。

1.4.5　文献评述

综上对城市更新发展背景、城市更新对社会的影响、居民迁移对生活状态的改变、居民福利研究的文献梳理可知，国内外的研究人员对城市更新带来的社会变化尤其是对人的影响投以了越来越多的关注，同时，对居民生活状态的研究维度与研究方法越来越系统化。大部分学者通过经验研究都得出城市更新给安置居民带来了物质生活条件的改善，但是对安置居民被割裂的社会网络、工作纽带以及对原有生活环境的依恋重视不足。很多安置居民在新的迁居地并未获得明显的幸福感提升,相反,他们的部分福利和权利却随着迁移出具有较高区位优势的更新地而丧失并转移给新的迁入者,引发诸多社会矛盾。

已有的研究成果仍欠缺对如下几个方面的深入探讨:

(1)就研究内容而言,现有对安置居民生活状态的研究多以其迁移后的居住环境、就业状态和社会关系单独分析,未形成全面反映安置居民多维度生活状态的评估体系。就研究对象而言,多为城中村改造中的农民市民化群体,因涉及户籍身份的转变,该群体与更新前具有市民身份的安置居民存在明显群体特征差异,福利测量体系及测量结果也会因此存在差异。需要针对市民身份的安置居民群体,构建综合性的福利体系,对安置居民更新前后的福利进行综合测量,以探究在城市更新引致的迁移的影响下安置居民的福利变化情况。

(2)就研究方法而言,定量化福利测量指数多选取定量化经济类变量在宏观层面评估一个城市乃至一个国家的居民福利水平,而微观层面的群体生活状态或福利研究则多通过定性化的生活满意度等方法进行评估。因研究方法的限制,单一量化或质化的方法对变量选取存在一定的取舍,造成福利评估体系缺乏完整性。因此,亟须构建一个涵盖客观变量与主观变量的综合性福利体系及与之相匹配的福利测量模型,以获取更为贴合实际的安置居民福利结果。

(3)就研究广度而言,目前的研究多止步于对居民生活状态的评估,并未挖掘居民福利变化的决定因素,即集中于现象本身的规律研究,未探究现象的成因。只有深入探究影响安置居民福利变化的决定因素,以及这些决定因素对安置居民福利变化的作用机制和影响机理,才能从根源上通过优化这些决定因素来达到改善安置居民生活状态的效果。因此,为拓宽安置居民福利研究的深度,需识别影响安置居民福利变化的决定因素,并通过一定的研究方法梳理决定因素变量与福利变化间的逻辑关系,以支撑后续政策建议的提出。

1.5 研究方法

本书以问题为导向,多学科交叉,遵循规范分析与实证研究相结合的基本逻辑,系统梳理城市更新中安置居民的生活状态变迁及城市空间治理相关理论,并通过重庆市渝中区化龙桥片区改造这一实证案例的分析,对比评估城市更新中安置居民迁移安置成果及其影响路径,从而提出均衡提升安置居民福利及快速消除安置居民社群融合障碍的治理建议。本书主要运用以下研究方法。

1. 文献研究法

(1)国内外研究现状综述。笔者通过阅读国内外关于城市更新发展背景、城市更新对社会的影响、居民迁移对生活状态的改变、居民福利研究等研究领域的文献资料,基于研究问题搭建研究框架、梳理研究内容,同时为识别相关研究指标、选取恰当的研究方法提供支撑。

（2）国内外相关理论梳理。笔者梳理出可行能力方法、置换理论、社会资本理论、空间正义理论，依据以上理论的适用背景与文献中的实践经验，构建当前我国城市更新对安置居民影响的理论框架。

2. 调查法

为验证理论假设，笔者选取恰当的调研对象与调研地点，通过问卷和重点访谈等方法，获取案例所需数据与资料。其中，对重庆市渝中区化龙桥片区改造居民采用问卷发放、代表性人物半结构式访谈的调研方法，主要获取安置居民迁移前后生活状态等数据资料；对安置居民现居住小区物业管理公司、社区居委会采用结构式访谈的调研方法，主要获取社区居民人口状况及社区活动情况等数据与资料。结合百度地图数据及网络资料，获取嘉韵山水城、民新花园、金银湾小区 221 号院、人和花园四个小区及周边配套情况。

3. 定性与定量相结合法

在研究中，本书通过实地考察、半结构式访谈等对安置居民在城市更新前后的福利变化进行定性认知分析，再通过数学模型对问卷收集的数据进行定量分析，以安置居民福利变化与分异分析验证定性分析假设，对实地调研获取的数据按照时间节点（更新前和更新后）、自身禀赋（迁移后重组为四个社群）、外部环境（迁移至的四个安置小区，同为四个社群）分别进行分组处理分析，并对分析结果进行对比，总结安置居民福利变化规律。同时，对结果所表现出的群体分异和空间分异进行逻辑解析，分别分析自身禀赋和外部环境对安置居民福利变化的影响机理。

对案例研究的结果在相关理论的验证分析后，总结归纳城市更新安置居民福利变化特征，根据安置居民福利因自身禀赋和所处外部环境的差异而存在群体分异和空间分异的因由，给出在安置补偿阶段和生活恢复阶段分别从城市空间治理与社区治理两个层次提升安置居民福利的治理策略及措施，以实现城市更新对均衡化提升安置居民生活状态并促进安置居民快速融入新城市空间生活的目标。

1.6　研究内容与框架

本书按照"提出问题—分析问题—解决问题"的逻辑思路进行研究框架的搭建。基于提出的三个研究问题：一是城市更新引致的迁移是否使安置居民的生活状态得到提升，二和三是什么因素通过怎样的逻辑关系决定了安置居民生活状态的改变。以福利研究中森的可行能力方法为研究视角，构建安置居民福利测量体系与影响安置居民可行能力的内部驱动体系和外部诱导体系，进而以实证研究分析研究问题并提出解决方案。

第一,构建安置居民多维度多层次福利体系。

基于理论与文献识别福利的关键变量,以森的可行能力方法将其划分为三类:福利测量变量、自身禀赋变量和外部环境变量。第一部分构成福利的功能集合,第二部分和第三部分分别作为内部驱动因素和外部诱导因素决定了安置居民获取功能集合的可行能力,是福利水平的决定变量。根据森的可行能力方法和移民安置模型将福利测量变量从维度和层次两方面分别划分为居住状态、就业状态、健康状态、社交状态、财富状态以及生存层次、生计层次、生活层次和发展层次,以此构成由多维度多层次福利测量体系、影响福利变化的内部驱动体系和外部诱导体系组成的综合福利体系。

第二,分析安置居民更新前后的福利变化规律。

以重庆市渝中区化龙桥片区更新为例,对在该区域长期居住却因更新被迫迁移的安置居民展开更新前后生活状态的调研分析,并构建模糊福利测量模型测量其更新前后的福利水平,从维度、层次和变量三个视角进行安置居民的福利变化分析。

第三,探究影响安置居民福利变化的内部驱动因素及其作用机理。

基于同一案例,以安置居民迁移后重组的四个社群为研究对象,通过描述性分析,对比各个社群的自身禀赋特征,进而分析自身禀赋对安置居民福利变化的驱动作用;选取福利体系识别出的自身禀赋变量作为自变量,以安置居民的维度福利作为因变量,以灰色关联分析法定量化探讨其间的影响关系,并对四个社群进行对比,分析社群的自身禀赋差异对社群福利变化的影响。

第四,探究影响安置居民福利变化的外部诱导因素及其作用机理。

与上一部分内容并列,基于同一案例,以安置居民迁移后重组的四个社群为研究对象,通过描述性分析,对比各个社群的空间形态特征,进而分析外部环境对安置居民福利变化的诱导作用;选取福利体系识别出的外部环境变量,采用模糊解释结构模型构建变量间的逻辑关系,并根据四个社群所处的外部环境现状采用关键路径法识别出关键诱导路径,明确各作用主体的职责分配并协作优化外部环境。

第五,提出安置居民福利提升的政策回应体系。

根据前述分析结果,总结阻碍安置居民福利提升的原因。为解决这些问题,基于安置居民的自身禀赋表现出的群体分异和迁移后所处外部环境表现出的空间分异,将安置居民进行群体类型划分,针对不同类型的安置居民匹配相应层级的福利改善政策做出回应,并给出政策回应的时序安排。最后,从安置补偿阶段和生活恢复阶段分别提出城市空间治理和社区治理层面的具体策略与措施。

本书的技术路线见图1.2。

城市更新中集中安置居民福利变化及其决定因素研究

| 研究类型 | 研究内容 | 研究方法 |

研究背景 —— 城市更新中的居民迁移

研究问题 —— 城市更新是否提升了集中安置居民的福利
集中安置居民福利变化的决定因素是什么
这些因素怎样影响集中安置居民福利变化

文献综述 —— 城市更新发展背景
城市更新对社会的影响
居民迁移对生活状态的改变
居民福利的研究

背景研究 — 绪论 —— 文献研究法

研究视角 —— 福利研究 —— 森的可行能力方法
置换理论 —— 社会资本理论
空间正义理论

理论研究 — 相关理论基础 —— 文献研究法

安置居民多维度多层次福利体系 —— 福利测量体系 —— 内部驱动体系 / 外部诱导体系

维度 | 层次
居住状态 就业状态 健康状态 社交状态 财富状态 | 生存层次 生计层次 生活层次 发展层次

更新前后的福利变化
—— 维度视角
—— 层次视角 —— 模糊福利测量模型
—— 变量视角 | 总体

安置居民多维福利测量及其变化研究

自身禀赋的群体分异 不同社群的福利变化
灰色关联分析
自身禀赋驱动安置居民福利变化的关联分析 | 分社群

影响安置居民福利变化的内部驱动研究

外部环境的空间分异 —— 分空间
模糊解释结构模型
外部环境诱导安置居民福利变化的结构分析 | 外部环境诱导原住民福利变化的路径分析 | 外部环境的作用主体分析
关键路径法

影响安置居民福利变化的外部诱因研究

实证研究 —— 调查法 定性与定量相结合法

案例：重庆市渝中区化龙桥片区更新

限制安置居民福利提升的原因梳理
安置居民福利提升的政策回应体系 | 群体类型界定 政策层级设定 时序安排 策略与措施 | 安置补偿阶段 生活恢复阶段

安置居民福利提升的政策建议

结论 — 结论与展望 —— 主要结论、创新点、不足与展望

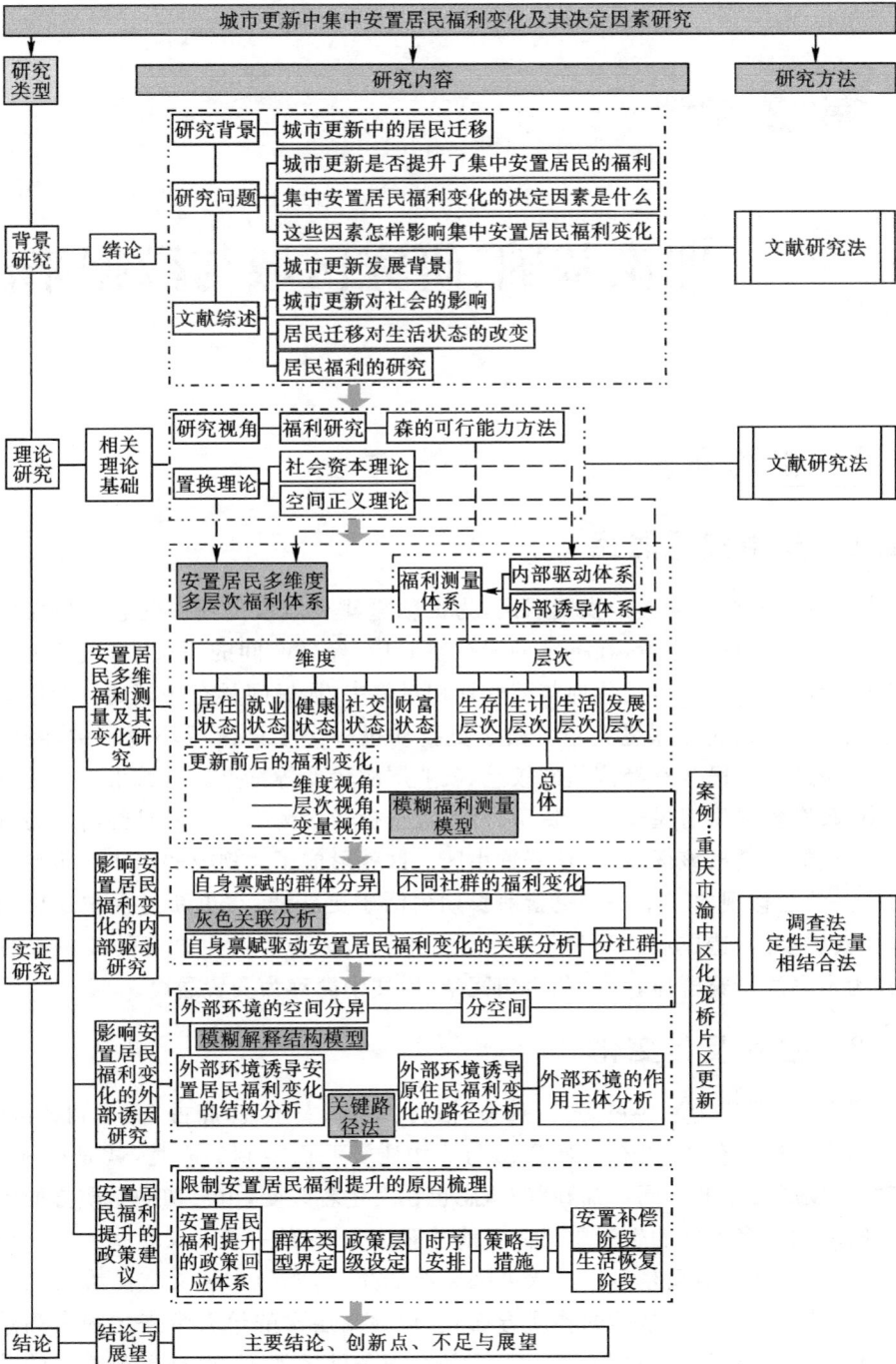

图 1.2 技术路线

第 2 章

理论基础、研究区域与数据来源

■ 2.1 概念界定

2.1.1 集中安置居民

本书的研究群体为集中安置居民,为拆除重建类城市更新中受影响最大的群体。以老城区的特征来看,在一定的居住空间中,经过时间的筛选,居民的生活方式与居住环境高度契合,居住地与就业地相对集中,居民间具有相同的社会经济背景,彼此建立了稳固的邻里关系。由于更新动机多出于该区域环境恶劣、经济萧条,居住于此的居民具有经济基础较差、就业层次较低等特点。在城市更新的安置补偿中,政府多提供房屋安置或货币补偿,对于拆迁房为唯一住所且经济实力有限的居民,他们多迁出该区域,迁往安置小区。这就形成了大规模的居于城市更新区域的居民的迁移现象。本书将更新前长期生活于更新地,在更新过程中迁出更新地迁往安置小区,造成居住环境、生活方式和邻里结构等发生改变的集中安置居民,作为本书的研究群体,为避免语句冗杂,后文中简称为安置居民。

2.1.2 福利及其变化

"福利"一词英文为"welfare",意为"福利、幸福、安宁"。庇古在《福利经济学》中指出,个人通过获取、占有物质资源与非物质资源而得到的满足,就是福利[99]。随着社会发展阶段的不同,"福利"的概念也在发生着改变,由最初的物质方面的财富程度,增加至多维度的生活质量。目前普遍认为,它的一般含义是指人类一种良好的生存状态和生活质量可以给人带来幸福的条件,既包含狭义上的维持人生存的基本生活条件和保障基础的物质方面,也包含高层次的给人带来主观幸福感的供给,涵盖物质、精神与心理方面[100],既是客观条件的评判,也是主观感受的满意度。福利是对安置居民各方面生活状态的综合性表述。

安置居民在城市更新后发生居住环境、生活方式、邻里结构等的改变,综合体现生活状态的福利水平也随之发生改变。福利变化是安置居民受城市更新影响的结果,福利变化规律可以反映出安置居民在城市更新影响下的生活状态变化趋势。安置居民的福利变化需要福利体系通过一定的测算方法获取,根据福利体系的组成维度,得出相应维度的福利变化结果。由于不同维度间福利测量标准不同,却存在一定的相关性,因此,福利变化并不是一个多维度的整合结论,而是由不同维度组成的变化趋势组合,各维度的变化方向、大小均可能存在不同。

2.1.3 决定因素

决定因素,指识别或确定某事物的性质或促成某结果的元素,起直接影响或决定作用。安置居民福利变化的决定因素与安置居民的生活状态结果存在因果关系,即这些决定因素通过一定的逻辑影响关系作用于安置居民,使得安置居民的生活发生改变而呈现现有的状态。对安置居民福利变化的决定因素进行探究,有利于发掘引发安置居民生活发生改变的逻辑链条。在本书中,安置居民福利变化的决定因素包括安置居民的自身属性与能力等内部驱动元素,以及为安置居民生活提供资源与机会的社会经济环境等外部诱导元素,共同决定安置居民的福利变化趋势。

■ 2.2 研究视角及相关理论

2.2.1 研究视角——福利研究及可行能力方法

为全面探究城市更新引致的非志愿迁移影响安置居民生活状态的效果,本书选用"福利(welfare)"这一综合体现居民生活状态的概念作为主要视角。在福利研究中,森的可行能力方法被广泛认为是福利分析中更完整和全面的方法之一,因此,本书将其作为理论基础展开后续分析。

森以可行能力理念分析,认为人类发展的目的是实现每个人可行能力的最大化满足,人的可行能力的向量增长是人自由的拓展。"可行能力(capability)"指人有可能实现的各种可能的"功能(functioning)"的组合,是"一个人所拥有的、享受自己有理由珍视的那种生活的实质自由",即个人潜在的能够选择某种行为并实现其目标的能动状况[101]。

可行能力方法重点关注个人可能获取的生活质量,可就四个核心概念——"功能(functioning)"和"可行能力(capability)"及其衍生的"功能的 n 元组合(functioning n-tuple)"和"可行能力集(capability set)"——展开分析。

(1)"功能(functioning)"是指"存在(being)与行为(doing)",即人认为值得去做或达到的各种状态和活动。一项功能反映了个人的一项成就,即一个人能用其所掌握的物品做什么。前者(being)如营养良好、身体健康、居所安全、教育良好,后者(doing)如工作、照顾家庭、旅行、参加社交活动等。它不仅包括基本的生理安全功能,还包括复杂的功能,如社交、尊重、自我实现。功能同时具有客观价值与主观价值的属性,客观价值是不以人的意志转移而客观反映出的多元生活状态,而主观价值则体现出人的意志。不同主体甚至同一主体在不同社会环境状态下对同一功能的主观认定是存在差异的。功能水平通过多维度和多层面体现出人所取得的成就以及生活水平。

(2)"可行能力(capability)"是指一个人可获取的一组有价值的功能,因此,一个人的能力代表了一个人在不同的生活之间可以有效自由选择所重视的不同的功能组合,这里一方面体现出一个人能力具有潜力性,另一方面体现出选择的自由性。单数的能力和功能两个概念的区别在于,前者包括了实现功能的过程,即可选择性。在后来的研究中,森将可行能力由原来单一的可行能力集修正为复数即一系列的能力集合(甚至是"freedom(自由)"组合),这一观点被广义的可行能力研究普遍认可。在特殊生活维度的研究中,例如,对文化程度、健康状况或政治自由的可行能力研究,可以提取单独的可行能力集,有利于研究的分类与细化。

(3)"功能的 n 元组合(functioning n-tuple)"是指个人生活状态的功能联合体。n 元功能组合是对可得物品或服务的利用实现,反映了一种可选择的生活方式。森在复数功能语境下意指其为 n 元组合。

(4)"可行能力集(capability set)"指一个人能够实现的功能 n 元组合的集合。它是对全部可得物品的全部可行利用实现,反映了个人自由选择可能的生活方式,即自由选择可替代功能的组合。森的语境下复数能力即为能力集,是在有各个可替换的功能的 n 元组合所代表的不同生活方式之间的自由选择。

森在1988年对这四个核心概念的关系进行了澄清,如图 2.1 所示,"一个人所实现的生活可以看作一些功能或所作所为的组合。给定 n 种不同类型的功能,功

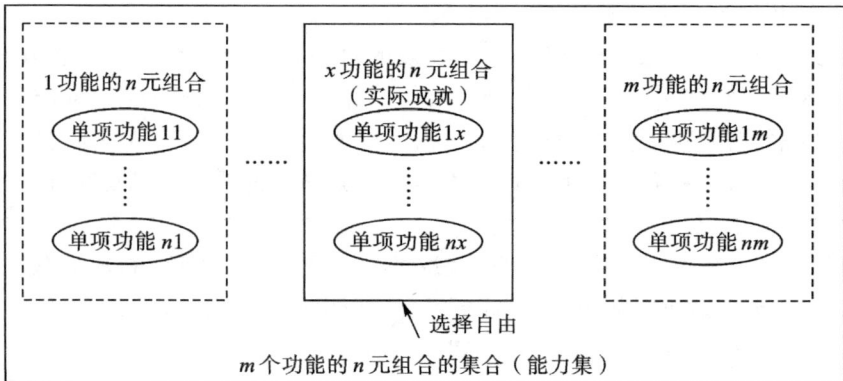

图 2.1 功能、功能的 n 元组合、可行能力、可行能力集间的关系

能的 n 元组合表示一个人在生活中所关注的各种属性,其中 n 个成分中的每一个反映一种特殊功能得到实现的程度。一个人的能力可以用功能 n 元组合所组成的集合来表示,这个人可以从中选择任何一个 n 元组合,如 x 功能的 n 元组合(一种生活方式),成为实际成就,于是能力集就表示一个人实际上所享有的在他/她可能经历的各种生活之间进行选择的自由",自由的多少取决于 m 个功能的 n 元组合的数量与质量,m 的数值越大,代表选择的机会越多,人的自由也越大;同时,选择自由的意义也受到 n 元组合质量的影响,质量越高,选择越有意义。

图 2.2 概述了可行能力方法的核心关系,以及它们如何与侧重于资源和效用的主要替代方法相关联。功能和可行能力概念不同,却有着密切联系。能力是人自由选择优质生活而形成的功能或自由的集合,它们之间存在正相关关系。然而一个人拥有某项可行能力,并不一定会实现这种功能,外在表现出的功能并不能真实反映人的生活状态,只有潜在的可行能力才能体现人的选择性和自由度的大小。森认为,在评估福利时,最重要的是要考虑人们实际上能做什么和有能力做什么,他用自行车的例子说明了他的观点。资源(例如自行车)被视为输入,自行车具有"运输"的特征,但它是否真正提供运输以实现它的价值取决于个人将其转换为有价值的功能(例如骑自行车)的能力,这取决于例如他们的个人生理学(如健康)、社交规范和物理环境(如道路质量)。个人的能力集是个人实际可获取的一组有价值的功能。实现的功能是他们实际选择的功能。例如,个人的能力集可以包括获取与移动性相关的不同交通功能,例如步行、骑自行车、乘坐公共交通工具等,他们实际选择上班的功能可能是公共汽车;再如,对于大多数人来说,自行车可能被认为是一种普遍有用的工具,可以扩展他们的行动能力,但对于腿有残疾的人来说,显然不是。效用是一种输出,因为人们选择做什么并且自然地影响他们的主观幸福感(例如,骑自行车在晴天工作的乐趣)。然而,可行能力方法也将主观幸福感——感觉幸福——视为一种有价值的功能,并将其纳入能力框架。

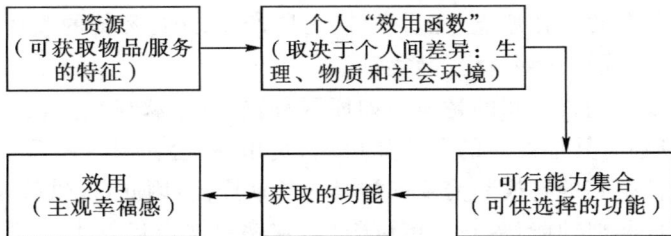

图 2.2　森的可行能力方法的核心关系梳理

城市更新对安置居民的影响建立在非志愿迁移的背景下,安置居民因居住迁移改变了住所及生活环境,是脱离原有自然与社会环境并重新融入新的自然与社会环境的过程。由于房屋置换带来的外部环境的改变除了对安置居民居住体验造成影响外,还诱发了社会资本断裂及空间不正义现象。因此,以可行能力方法视角通过福利测量反映安置居民因城市更新带来的生活状态改变的研究首先需要了解置换理论、社会资本理论与空间正义理论的作用原理,为识别安置居民福利的功能指标以及探究结果的生成机制提供理论支撑。

2.2.2 置换理论

1.置换理论的内涵

现有的移民补偿理论带有浓厚的计划经济思维特征,补偿标准未能反映移民损失的资产价值及丧失的权益价值,且因为补偿方式单一化、短视化明显,需要在移民补偿理论的基础上提出一种更为符合城市更新可持续发展理论、更能够体现与维护移民权益的理论。

"置换"一词最初多应用于化学与数学等学科领域,意为一种元素把某个公式/某种化合物中的其他元素替换出来。在城市化过程中,对于移民补偿常通过同种资产的空间替换或等价资产间的类别替换来实现,因此,部分学者将替换概念引入移民研究中,主要涉及土地、房屋与货币间的置换。

土地置换分为土地性质、土地用途、所在区位间的土地交易,包括城市更新中城市与郊区间的土地置换。我国从 20 世纪 80 年代开始土地置换工作,最初为等量或等质的农用地之间的区位置换、等量或等质的建设用地之间的区位交换,后来发展为通过土地布局调整、土地整理等形式使不同权属、用途间的土地进行交换。前者不改变土地性质,仅对土地用途或土地强度进行调整;后者则需要对土地性质和用途做出大强度改变。

在土地征收、城市更新中常出现房屋置换,即以旧房换新房、自建房换安置房。为促进城镇化发展,城市周边乡镇通过"宅基地换房"将农民迁入城镇实现市民化身份的转变;为完成城市更新计划,更新区居民需要放弃房屋所有权换购安置房。两类房屋置换均包含居住地点、住房条件、房屋产权、居住环境的改变,前者还包括生活方式、工作方式与户籍身份的转变。

置换还涉及不同资产间的替换。如库区移民、郊区移民因无法采取土地置换土地的方式,则通过其他性质的资产如房屋、货币、社会保障等实现等值替换。土地的生产功能使得它的替换品需要同样具有长期产出,因此,提供就业保障可以在一定程度上形成相似功能替换;城市更新中,在房地产市场供大于求的格局下,以货币置换房屋,可以将拆迁居民的住房需求引入市场,减少城市商品住房的库存量。

可见,置换理论已多次被引入移民补偿的相关研究中。王慧娟、施国庆在其著作《城市郊区征地拆迁移民置换与补偿安置》中将实践与理论相结合,有针对性地提出了用于移民安置问题的置换理论,从置换的角度将移民安置补偿定义为土地置换、房屋置换与移民置换的过程[102]。本书中置换理论的定义可以借鉴数学与化学领域的原始定义,即:在移民安置过程中移民放弃原有部分资产或产权,按照一定的补偿标准,获取同类别或同功能或具有同等价值的资产或产权。

在移民安置补偿研究背景下,置换理论的核心内容为重置转换。在城中村改造中,置换的内容包括土地、房屋与角色的置换,置换的方式包括资产重置与角色转换;在城市更新中,置换的内容涉及房屋与角色的置换,置换的方式为资产重置(房屋与房屋,或房屋与货币的置换)与角色转换。资产重置不仅包括房屋价值的重置,还包括房屋功能的重置,即资产功能与未来获利能力的转换。角色转换是移民随着更新改造发生身份、职业以及人力资本、权益资本与社会资源等的不可逆转变。置换理论的置换对象不仅包括原始意义上的实物置换,还包括如权益、角色的置换。置换理论的本质是一种不完全意义上的交换,并非按照市场价格进行等价交换,即是一种不对称的置换,因为资产价值受多种主观与客观因素的影响,非货币化的价值评估又存在困难,且补偿标准会因利益双方的意志与权利义务产生倾斜现象,因此,移民在置换前后的总资产会发生价值量的变化。

2. 置换理论在城市更新安置补偿中的应用现状

1)现有安置补偿模式

在拆除重建类城市更新中,为弥补居民因放弃原有住房与生活环境而造成的损失,并实现城市更新改善旧城居民生活条件的目的,结合宏观政策与经济发展情况,安置补偿模式主要为按照统一标准货币化补偿或者以货币补偿为基础购置安置房[103]。在更新前后,居民经历了资产重置和角色转换。

产权置换是最早形成的补偿模式,通过政府统一建设安置房,保障失去原有住房的居民"住有所居"。一般按照等值交换,常以等面积置换作为补偿标准,安置房较原有住房具有结构安全、功能完善等特点,但异地安置的安置房区位往往较原有住房偏差。经过产权置换,安置居民的资产发生改变,住房在居住属性上发生资产升值,而在投资属性上发生资产贬值。而安置居民因从原有生活环境迁往新的生活环境,易发生家庭结构解体、更换工作甚至失业,加之新旧住房类型、社区管理模式的不同,安置居民在角色上发生了生活方式、邻里关系、资源可达性的改变。

货币补偿是为满足多住所居民和排斥安置房的居民,根据安置居民的住房市场价格给予同等现金补偿。该补偿模式的实施也是商品房市场存在供大于求的城市去除库存维持市场健康的有效方式。货币补偿可减少政府的工作负担,并降低因集中安置存在的"贫民区"异位风险,安置居民获取货币补偿后有更自由的置业选择,可降低安置房区位与自身发展之间的冲突。资产置换完成了从不动产到动产的等值转化,安置居民的角色仅发生生活方式、社会资本的转化。

2)现有补偿的弊端

置换后土地和房屋的功能发生变化,原有土地和房屋的隐性价值,如收益功能、租赁功能和经营功能发生损失或丧失。

置换后安置居民的角色发生置换,现有补偿标准并未涉及因角色置换带来的其权益改变,如人力资本、权益资本、社会资本等伴随城市更新形成隐性损失。同时,置换后安置居民的社区融合问题也作为风险考虑进现有补偿理论中。

房屋作为具有投资价值的资产,其多功能属性需要全面考虑。现有补偿理论仅将房屋作为建筑物,对其居住功能进行价值评估,显然评估的价值是片面的,是低于其自身真实价值的,忽略了其生产功能,即投资属性等。

3. 置换理论对城市更新安置补偿的优化

城市更新现有安置补偿模式仅就安置居民丧失的住房资产进行了更新时点市场价值下的资产置换,忽略了资产在时间维度、空间维度上的增值属性,以及安置居民因角色转换丧失的各类权益,为不完全、不等值的置换。根据置换理论,公平公正的安置补偿应充分考虑安置居民在更新中发生的资产重置和角色转变,实现更新前后两类置换状态下各类属性的综合等值。

为改变房屋产权与角色权利残缺补偿的现状,提出安置补偿的优化方案,构建公平公正的安置补偿模式,见图 2.3。首先,承认安置居民的资产权利,充分认识置换前土地和房屋的价值,补偿以恢复或再造这部分价值。其次,考虑因角色置换带来的职业变动、通勤成本增加等风险,以及由于社区邻里重组带来的社会资本的下降,将这些隐性价值损失通过就业培训、就业机会提供、社区邻里重建等方式实现资本复原。最后,对资产的价值进行全面评估,考虑使用价值与生产价值、现有价值与潜在价值。

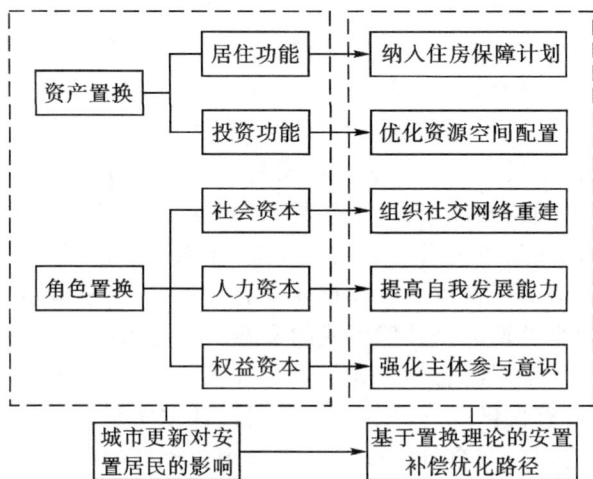

图 2.3　置换理论下的完全安置补偿模式

城市更新中安置居民的资产与角色置换现象，由于安置补偿标准多基于住房的市场价格，因此，住房的损失基本可以达到等值置换，而且市民身份的安置居民在人力资本上不会发生全体性改变。因此，本书中的置换风险主要表现在因原有社会结构解体而造成社会资本的改变，以及因城市的区位空间生产能力不同而造成的空间权益的改变。本书分别从社会资本理论和空间正义理论阐述这两类改变对安置居民生活造成的影响。

2.2.3　社会资本理论

城市更新造成安置居民群体的社会结构解体。社会关系不仅承载着安置居民的情感依托，还因促成资源、权利的交换具有经济属性。长期形成的稳固邻里关系的割裂造成安置居民情感和潜在经济效益的双重损失。社会关系的价值体现为社会资本，在城市更新过程中，安置居民的社会资本的变化是安置居民福利变化的重要成因。

1. 社会资本的概念

《现代经济学词典》将资本定义为一种生产要素。英国经济学家亚当·斯密（Adam Smith）认为资本就是能够用以取得利润的积累。法国经济学家瓦尔拉斯（Walras）认为，资本是产生收入或服务的源泉，而收入或服务则是由资本产生出来的流量[104]。美国经济学家埃莉诺·奥斯特罗姆（Elinor Ostrom）认为，人类交易活动中花费时间与精力创造出来的所有资本形式都是为了发展出可以在未来增加收益的当前工具和资产[105]。卡尔·海因里希·马克思（Karl Heinrich Marx）认为，资本不是一种物，而是一种以物为媒介的人和人之间的关系。同货币、土地与劳动相同，资本是一种可以预期在未来增加收益的工具，是最基本的、能够推动经济增长的一种生产要素。

最初意义上的资本主要包括物质资本、货币资本和人力资本。物质资本从实物资源所得，如生产所需原材料、机器设备与厂房、运输工具。货币资本从财务资源所得，如现金流与金融机构的关系。人力资本是个人所具备的知识、才能、技能和资历等要素的总和，是一种"非物质资本"。它们是实现生活活动的载体和工具。然而这些经济性资本仅从经济视角研究生产，忽略了人的主观能动性和人作为社会人而发生的社会关系给生产带来的作用。为解释单纯使用经济资本无法分析的社会问题，诸多社会学家提出"社会资本"这一概念来弥补缺失的研究视角。

马克思在其著作《资本论》中提出，与个人资本相对的所有外部个别资本的总和是社会总资本[106]。社会资本最早由经济学家格林·洛瑞（Glenn Loury）于1977 年使用，他在其著作《种族收入差别的动态理论》中批评了新古典经济学理论在不同种族间收入不均的研究中忽视社会结构资源对经济活动的影响，而将人力资本的作用极限放大。由于其并未对社会资本进行系统分析，使得社会资本在当时并未引起关注。而法国社会学家皮埃尔·布尔迪厄（Pierre Bourdieu）在 1980年第一个对社会资本进行了系统分析，他在《社会科学研究》杂志上发表了《社会资本随笔》，正式提出了"社会资本"（social capital）这一概念。

普遍认可的社会资本的概念，是个人所拥有的存在于社会结构中的资源，它为社会结构内的人提供各类利于生产和生活的资源，包括信任、规范与网络等形式[107]。

社会资本不仅影响个人的人力资本和知识资本的发展，还对企业与区域的知识创造、技术创新与经营绩效，甚至一个国家或地区的经济发展、社会稳定产生影响。目前，社会资本已成为解释经济与社会发展的重要变量。微观社会资本理念中，个人通过建立稳定的社会关系以获取通向各类所需资源（如情感寄托、工作机会、信息资源、知识技能、社会支持及长期社会合作等）的途径，以获得更高的经济地位和社会地位[108]。

对于安置居民而言，在更新前他们形成了以生活区域为空间范围的稳固邻里社会结构，在这一邻里社会结构中，安置居民可以获取各类情感资源与经济资源，以提升生产能力和生活品质。但城市更新使得安置居民迁往不同城市空间，以原有空间范围构建的社会结构割裂，即获取资源的途径减少，安置居民的社会资本水平短期内大幅下降。

2. 社会资本理论的内涵

明晰"社会资本"思想观点有利于充分认识其价值。该定义最早由皮埃尔·布尔迪厄提出，他将资本的概念由单纯的经济性扩展为同时具有一定的社会属性和文化属性，且这两类属性对经济资本具有依赖性。人在社会中通过占有一定的资本而获得更多社会资源。他提出社会中存在"场域"，每个"场域"就是一个固化的由社会要素通过一定关联组成的关系网，不同的社会要素在一个"场域"中占据不同的位置、发挥不同的作用。它可以以空间作为载体，也可以仅是一种非实体存在，社会则由这些"场域"组成。人作为"场域"的核心社会要素，根据自己所处的位置获取不同数量和质量的社会资源[107]。社会资本实际是现有与潜在资源的集合，它们持久存在于某一网络中，这一网络被某些特定社会成员所熟悉、认同与支持。

布尔迪厄认为社会资本的存在形式是社会网络，社会网络可以通过资源在社会元素间的流动而解决一定的社会问题，使得网络中的社会成员彼此建立起信任感，并通过形成一定的规范约束社会成员以稳固社会网络。他开创了从社会网络视角分析社会资本的先例。

3. 社会资本理论中的社会网络

从功能主义角度来讲，社会资本即是一种社会网络结构，由社会成员通过一定的关系连接起来形成集合，这一集合中储藏着大量现有与潜在资源，在社会成员间传递。对于个人而言,处于某一社会网络中,可以通过从网络中获取资源的方式促使个人行为目标的达成。安置居民由于具有相似的社会经济背景,在更新前的生产空间与生活空间高度一致,交往范围的局限使安置居民形成的社会网络多基于邻里关系。邻里关系构建的社会网络具有强情感性[108],其对安置居民生活的主要作用体现如下:一是可以传递有价值信息,尤其在信息传递不畅通的安置居民生活区域,社交网络是安置居民获取有关生活和生产信息的主要渠道之一;二是可以提供情感寄托,多数安置居民的物质条件较差,易引致消极的价值观,不利于形成有序高效的生活和生产状态,通过社交网络中的成员沟通,建立人际信任与互助关系,可以改观安置居民的精神面貌;三是可以促成非正规交易,社会网络中的群体存在掌握资源与权利的不均衡现象,资源与权利较少的群体通过社会网络中的非正规约束关系,以较大的机会和较小的代价与社会网络中位置较高的群体形成社会性交换[109]。

城市更新后,安置居民迁往各城市空间,原有以居住空间构建的社会网络断裂,社会网络中蕴含的社会资本价值也随之消失。原有社会网络断裂,新社会网络的建立又需较长时间与新的社会经济环境融合,当融合受阻时,不仅直接导致安置居民的生活状态恶化,还会由于较少的资源造成安置居民可行能力的降低,长期影响其生活质量的提高。因此,城市更新对安置居民的影响中,社会网络承载的社会资本是不容忽视的一点,确定安置居民在更新前后社会网络的改变可以反映出基于社会网络断裂与重组造成的安置居民在物质上与情感上的损失,以及由于可获取资源的减少对可行能力的影响。

社会网络的类型主要分为互动网络和支持网络,后者能反映出社会网络给安置居民带来的社会资本的水平,因此,定量化社会资本的研究中主要选择支持网络。而在中国社会情境中,拜年网常被作为典型的支持网络用以测量个体的社会资本[110]。在社会网络中,通常以拜年网规模、拜年网强度和拜年网质量分别从网络关系[111]、网络结构[112]、网络资源[113]上体现个人社会资本的水平。在本书中,将选用以上三个变量以及社会资本影响安置居民的就业与生活能力和态度相关变量共同探讨安置居民的生活状态的改变。

2.2.4　空间正义理论

安置居民在城市更新过程中不仅涉及居住环境的改变,还因为外迁被排斥在分享城市更新成果的名单之外。首先,拆除重建类的城市更新一般将安置补偿标准设定为对住房损失的补偿,按市场价格等值置换为其他资产。而对安置居民造成的社会资本损失、失业损失或就业成本增加、资源使用权的丧失以及更新区域的增值价值损失等均未纳入补偿范围内,因此,众多学者认为,当前的城市更新是对安置居民的一种社会剥夺[114]。即使安置居民在迁移至安置小区后住房条件得到了改善,但他们却由于实际损失和既得补偿不等值而造成生活贫困,这是一种在社会中丧失部分权利后引发的非物质贫困。

亚里士多德认为,生活贫困是因能力或自由被剥夺造成的贫困,一个社会个体在丧失应该参与某项活动的自由时,他便处于生活贫困中。安置居民在城市更新中往往缺乏参与权,在拆迁安置决策中被迫迁移更是丧失了空间使用权的自由。安置居民在被排斥于城市更新空间之外后,迁入的安置小区往往被隔离于商品房小区之外,形成居住隔离,而迁往安置房配建小区的安置居民,也会出现商品房群体因身份差异对安置居民产生心理排斥,形成社会隔离。这两种情况都限制着安置居民的生活机会,造成其可行能力的降低,进而拉低福利水平。

1. 城市权利的概念

造成安置居民生活贫困的根源在于安置居民的非自由迁移使得他们丧失了城市权利。列斐伏尔认为,居民在一定空间内的生活和生产活动构成了城市,居民享有的城市权利即是拥有在这一空间居住、生活和生产的权利,在此空间的生活不被破坏的权利,以及拒绝从该空间迁出而被隔离于其他空间的权利[115]。城市权利,即为生活于某一空间的居民享有的控制该空间的生活和生产的权利[116]。

地理学家大卫·哈维(David Harvey)著有《叛逆的城市:从城市权利到城市革命》一书,深入地分析了城市权利的内涵。他认为,城市权利是城市居民在城市化过程中对城市建设中各类诉求的控制权,即拥有获得城市各类资源的自由[117]。城市权利是多种权利的集合,包括使用土地[118]、参与城市规划以及使用公共空间的权利,还可以是一种包括使用自然资源、房屋、交通、公共设施与服务的社会经济类权利。

在城市的各个空间中,小至街道,承载的基础设施与公共服务均存在差异,城市权利的分化进而影响着城市的空间形态,城市空间逐渐碎片化,形成割裂式的、封闭式的、排他性的社区,以及越来越多私有化空间吞噬公共空间的现象[119]。

城市权利的提出旨在让社会关注生活在城市中的低收入人群的合法利益,即由于城市发展使得绅士化中被排斥于城市边缘的工人阶级以及移民的权利[120]。作为特殊的一类移民,安置居民在拆除重建类城市更新中经历了城市权利的全部丧失。安置居民在迁移后重新享有了新空间下的城市权利,但安置居民的城市权利仍被认为遭到破坏,究其原因,在于新空间的权利与原空间的权利不等值,城市权利存在空间的不均衡。

2. 空间正义理论概述

空间不仅承载着各类资源,还承载着由城市居民间的相互联系而构成的社会关系。同时,空间不仅是一个载体,空间本身还具有生产能力,它可以利用自身资源在时间维度上获得增值收益,这都是生活在该空间的居民享有的城市权利。

布尔迪厄认为,空间由各类资本通过特定关联建构而成,由于资本的有限性,空间中充满着争夺资源的竞争与博弈。居民在空间中的位置决定了他拥有资本的力量,进而决定了他的社会地位[121]。正是由于城市权利在空间中的不均衡才造成城市居民(尤其是低收入群体)在获取城市权利中出现不正义的现象。

随着贫民窟的集聚、片区发展不均衡等诸多城市问题的出现,人们逐渐意识到许多看似经济类问题,其根源是社会问题,是由不同空间的权利不平等所致。为消除城市权利在空间的不平等,实现空间正义,人们强调通过均衡各类资源在空间的分配,以满足处于不同空间的居民的生活与生产诉求。

西方国家的诸多学者对城市权利的探讨,目标均是消除空间不正义。在我国城镇化过程中,空间正义与城市权利的关系同样密切,表现在不同空间层级,如区域间、城市间、城乡间与城市内部。本书中主要涉及城市内部的空间关系,若对城市权利在空间上进行排序,见图 2.4。一般地,生活在城市中心的居民较城市边缘的居民有更高的城市权利,因为城市中心多为城市发展的核心区域,资源集聚、社会文化氛围浓厚,居住于此的居民可获得更高的资本水平。而更新虽处于城市中心,由于经济发展停滞、物质环境老旧导致城市权利较经济核心区 CBD 偏弱。城市更新的目的之一也在于通过改善物质条件增强资源的配置数量与质量进而提高该空间的城市权利,更新区在更新后城市权利提升逐渐成为新 CBD。

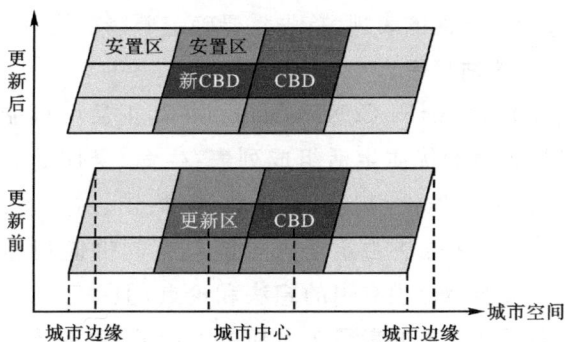

图 2.4　城市权利的空间分布
(注:空间颜色越深,代表城市权利水平越高)

对于安置居民而言,在更新前,其所拥有的城市权利为城市中心层级,处于中上水平,在更新后多迁出城市中心,其所拥有的城市权利从城市中心层级降为城市边缘级,处于中下水平。城市更新过程中,作为最大的利益相关者,安置居民的城市权利不但没有同步提升,反而出现下降,这是空间不正义的真实体现。空间的不正义反映在安置居民的生活状态上,影响着他们对资源的获取和可行能力的展现。外部环境改变导致安置居民的福利变化即体现出安置居民在更新前后的空间不正义。

■2.3　研究框架

本书从福利视角以森的可行能力方法搭建研究框架。可行能力方法将居民呈现的福利状态分解为居民通过自身能力将外部提供的各类资源与机会转化为可行能力,再根据个人偏好选择某一功能组合呈现出的生活状态。以选中的功能组合相关变量构建福利测量体系,代表居民的生活状态结果;以居民的可行能力相关变量构建福利影响体系,代表安置居民在城市更新引致的迁移过程中生活状态发生改变的根源。

2.3.1　与居民生活休戚相关的功能

森认为,人的资源财富或主观幸福只是能否达到福利水平的物质基础,评估人生活质量还应关注他们是否有能力过上有价值的生活,也就是收入、幸福感或者效用等可以为人们获取优质生活提供帮助,使人们有更多的选择机会和自由。福利的评估需要考虑从资源向功能转化中人的可行能力。个体福利可以通过个体表征的状态所体现,如人是否健康、是否接受过良好的教育等都是人生存状态的组成要素,也是人已经实现的功能,对这些要素的评估即是对个人福利的评估。为了评估福利,即人们在可行能力方面的表现,首先需要确定哪些功能对于美好生活至关重要,为此需要制订一个评估程序。

玛莎·C.娜斯鲍姆(Martha C. Nussbaum)在其正义可行能力方法中以哲学为基础给出了具有普适性的优质生活组成列表:生命、身体健康、身体完整性、感觉、想象和思考、情感、实践理性、归属、其他物种、娱乐、对环境的控制[122]。森否定了这种方法,他认为这种方法否定了人可能具有的价值观和民主的作用[123]。哲学家和社会科学家可能会提供有用的想法和论点,但关于人类重视的生活本质的决定的合法来源必须是以人的考量为本质的。因此,森提出了一项社会选择活动,既需要公共推理,也需要民主的决策程序。

社会科学家和哲学家如此热衷于制定一个列表的原因之一是它可以作为一个指标:通过对优质生活的所有成分进行排名,可以更容易地评估人们的表现。由于罗尔斯的"合理多元主义的事实",森的社会选择测试不太可能就不同功能的完整排名产生集体认同,但他认为,实质性的行动指导认同是可能的。首先,尽管通过不同的论点,不同的评估观点可能"相交",以达成对某些问题的类似判断。其次,可以通过引入权重而不是基数来扩展此类认同。例如,如果关于相对健康的相对权重(1/2,1/3,1/4 和 1/5)存在四种相互矛盾的观点,则其中包含一项隐含的协认同,即教育的相对权重不应超过 1/2,也不低于 1/5,因此拥有一个单位的识字率和两个单位的健康水平将比拥有两个单位的识字率和一个单位的健康水平更好。

森提出,在许多情况下,与基本需求相关的重要可行能力的子集可以相对容易地被识别并作为紧迫的道德和政治优先事项达成一致。这些"基本能力",如教育、健康、营养和住房,达到最低水平不会耗尽可行能力方法的资源,而只是简单地被一致认为耻辱地被剥夺了,这对于评估发展中国家的贫困程度和性质大有用处。然而,由于它只能评估人们的基本生活,对于评估个人的可行能力,基本可行能力路线需要得到改进。

2.3.2　与居民生活休戚相关的可行能力

功能体现了已实现的多维福利水平,而可行能力是潜在的或可行的多维福利状况[124],因此,评估可行能力有更多的信息需求,它不仅可以更广泛地了解福利获取所包含的内容,还可以评估人们实际选择高质量意见的自由度。可行能力方法原则上允许对多元的优势维度进行积极评估("这个人有什么可行能力")。这样就可以对人们生活的优劣做出开放性的判断,以揭示不同维度的未期缺陷或成功,而不是将它们全部汇总成一个数值。根据评估工作的目的以及相关信息的局限,有侧重性地进行维度的收缩。例如,如果仅限于考虑"基本能力",则评估可仅限于较小范围的维度以及试图评估这些能力的最低阈值的不足,这将排除对超过阈值的人的生活质量的评估。

除了关注人们的生活状况之外,可行能力方法还可以用来检验人与物之间关系的根本决定因素。由于传统的福利经济学忽视了人的差异和自由选择问题,森在传统福利经济学基础上优化提出,人的可行能力由人的差异性(自身禀赋,如年龄、性别、身体条件等,以及外部环境,如经济基础、社会准则、公共服务等)和自由选择性(一个人能够自由行动且做出选择)所决定。以下列出这些决定因素:

(1)个体生理特征,例如与疾病、残疾、年龄和性别相关的变量。这些变量一方面导致人在需求上的差异,另一方面影响人将资源转化为个人功能的程度。为了实现相同的功能,部分人可能有特殊的需求,但是即使有量身定制的帮助,其中一些缺点,例如失明,也可能无法完全"纠正"。

(2)当地环境多样性,如气候和污染。这些变量可能会产生特定的成本,例如或多或少地需要购置衣物或者为住房供暖,进而影响特定收入水平下的生活水平。

(3)社会条件的变化,例如教育和社会保障等公共服务的提供,以及社区关系的性质,例如跨阶级或种族划分。在可行能力上的重大人际变化,可将注意力引向相关的因果路径,同时,也会影响个人获取资源的能力。

（4）关系视角的差异，风俗或传统决定了预期行为和对资源的要求，如在富裕社区里相对收入贫困的人可能转化为空间能力上的绝对贫困。

（5）家庭内的分配规则，例如，家庭结构的不同从收入等资源的共享结果方面会影响儿童与成人、男性和女性之间的食物、资金分配。

2.3.3　其他相关理论对可行能力方法的补充与联系

可行能力方法为安置居民福利的测量与决定因素探究提供了理论支撑。在福利体系的构建中，由于可行能力并未提供确定的变量列表，需要其他理论辅助识别福利体系中的变量。

置换理论明确安置居民在城市更新过程中发生了资产置换与角色转换，包括住房的居住功能与投资功能，安置居民的社会资本、人力资本和权益资本。这些置换都影响着安置居民对外部资源与机会的获取，影响安置居民的可行能力水平，进而呈现出与更新前不同的功能组合状态。置换理论对福利测量体系与福利影响体系的变量识别与确定提供了维度类别的指引。

城市更新对安置居民影响最明显的是导致社会结构解体与重组，以及生活环境的空间位移，分别对应社会资本理论与空间正义理论。社会资本理论通过社会网络在安置居民生活中的经济与情感作用，影响安置居民的可行能力水平。空间正义理论通过资源与机会供给从物质环境、经济环境、社会环境等方面改变安置居民的可行能力。它们主要为福利影响体系的变量识别与确定提供依据，同时也为福利提升的政策建议提供优化路径指引。

本书的理论框架见图2.5。以福利为研究视角、可行能力方法为总理论基础引出第3、4、5章。第3章的福利体系是基于可行能力和置换理论构建的，随后从可行能力方法的功能对应的福利测量体系展开分析。第4章和第5章分别从可行能力方法的可行能力对应的影响福利变化的内部驱动体系和影响福利变化的外部诱导体系展开分析。此三章由同一案例贯穿，从总体样本分析到分群体和空间的对比分析，逐步深入城市更新影响安置居民的因果逻辑关系中。第3章基于置换理论通过安置居民在更新前后的福利变化分析城市更新对安置居民的影响结果。第4章基于社会资本理论探讨安置居民自身禀赋的特点对福利变化的影响。第5章基于空间正义理论探讨安置居民因迁往不同城市空间而导致其福利状态差异的逻辑关系。第6章则根据第3、4、5章的分析结果，在社会资本理论和空间正义理论的支撑下提出合理的政策建议。

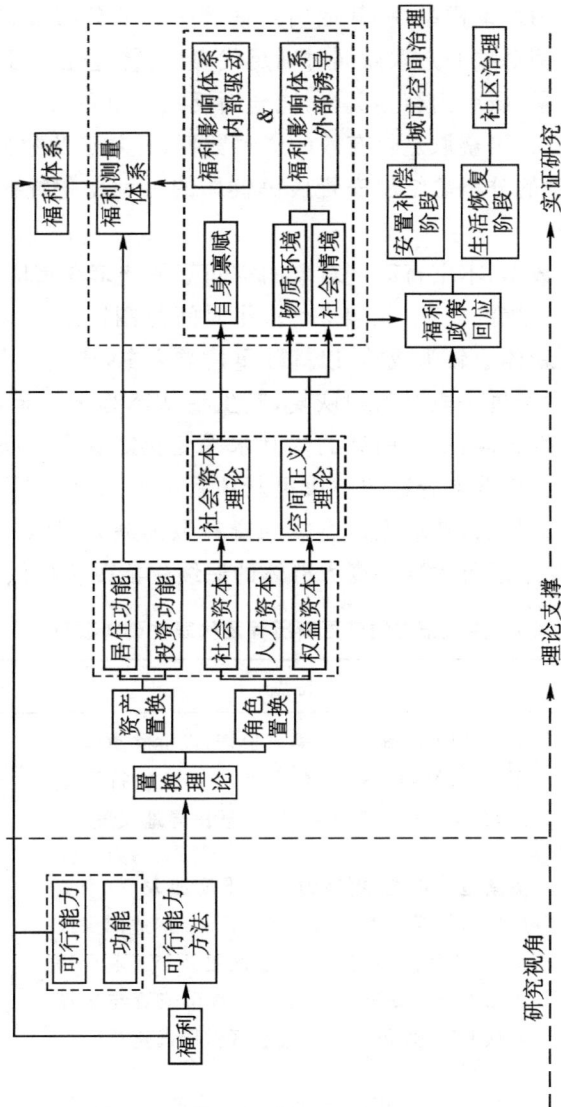

图 2.5　理论框架图

2.4 研究区域与数据来源

2.4.1 案例对象设置

本书以福利体系为理论模型,将其运用到案例中实证分析安置居民的福利变化及其决定因素。案例对象的选取须同时满足代表性、普适性和可行性原则,具体指案例对象与研究背景、研究内容相契合,能全面反映城市更新中集中安置居民在迁移前后的生活状态,且可获取足够有效的资料数据,并基于此数据资料选取恰当的研究方法,通过科学的分析总结出安置居民群体的福利变化规律及其决定因素的作用机理。

为方便获取资料数据,本书将案例对象的空间范围选定在重庆市主城区,通过对重庆市主城区更新历程的梳理(见表 2.1),将时间范围选定为城市更新的发展阶段。该阶段城市更新体系较为成熟,以拆除重建类为主,产生了大量需集中安置的居民,且居民迁移后经过一段时间的恢复,其生活状态趋于稳定,从该阶段项目收集的资料数据可靠性较高,更新前后的福利水平变化能真实反映城市更新对居民生活的影响结果。从中选取合适的城市更新项目案例,作为在同种城市更新背景下的集中安置居民的代表,获取充足有效的资料数据展开对该类群体的福利变化研究。此外,研究结果还可为这一庞大群体的后续生活改善提供相关政策建议。

表 2.1　重庆市主城区更新历程及代表性更新项目

时间	阶段	特点	主要更新项目
1997—2000 年	探索阶段	更新范围小、难度低、需求迫切,以拆除重建为主。仅对渝中区 10 余个老旧片区进行了更新,将居民区更新为商业区,居民异地安置	渝中区依仁巷片区更新
2001—2010 年	发展阶段	更新范围扩大,更新力度及难度加大,单个更新项目规模增大。以老旧小区更新(危旧房改造)为主逐渐转变为老旧小区更新与工业厂房更新并重。安置补偿模式以货币安置与房屋置换并行,提供多个安置小区供居民选择	渝中区化龙桥片区更新,江北区五里店片区更新
2011 年至今	转型阶段	更新模式由拆除重建逐渐向外立面改造、社区更新转变,大规模的居民迁移项目减少。对于拆除重建类更新逐渐采取货币安置为主的补偿方式	渝中区嘉陵桥西村更新

在重庆市城市更新发展阶段实施的城市更新项目中,代表性项目有渝中区化龙桥片区更新和江北区五里店片区更新,这两个项目都涉及大规模的人口集中安置,但安置模式存在差异:五里店片区更新提供的安置小区较为集中,全部位于江北区石马河街道及附近;而化龙桥片区更新提供的安置小区较为分散,分别分布于渝中区化龙桥街道、石油路街道、菜园坝街道以及渝北区人和街道。受研究框架结构、研究工作量和数据获取可行性的限制,未同时选取两个片区做对比研究,而仅选取化龙桥片区更新为案例,原因在于,该片区更新的四个安置小区各具代表性,分别涵盖了同一更新项目的安置居民、不同更新项目的安置居民、同一更新项目的安置居民和商品房居民、不同更新项目的安置居民和商品房居民四类居民结构类型,以及就地安置、就近安置与异地安置三类空间安置类型,从自身禀赋和外部环境两方面构成了分异性对比研究条件。该案例可通过对比分析迁往不同安置小区的居民的生活状况,探究具有不同自身禀赋、处于不同外部环境中的安置居民的福利变化分异规律及成因。

此外,化龙桥片区更新是重庆市第一个涉及大规模居民迁移的城市更新项目,从其更新之初至今一直受到社会各界的关注,对该片区进行安置居民福利变化的研究可为其更新后评价提供一定的借鉴,也可为重庆市后续城市更新项目的实施提供参考。因此,以化龙桥片区更新为例可同时满足案例具有代表性、数据可获取性以及与研究背景、研究内容相契合等各类条件,通过迁往不同安置小区的重组社群的对比分析,在总结城市更新中集中安置居民的福利变化规律的基础上,进一步探讨福利变化的决定因素对其的作用机理,以此支撑本书的框架体系。

2.4.2　研究区域

1. 重庆市渝中区化龙桥片区改造

化龙桥片区位于重庆市渝中半岛东南部,东临上清寺街道,南靠石油路街道、大坪街道,西与沙坪坝区土湾街道接壤,北濒临嘉陵江南岸与江北区猫儿石隔江相望。该片区面积 3.35 km²,是渝中区地域面积第三大片区。其原是渝中区第二产业的主要集中地,后经更新改造,定位为渝中现代服务业新的经济增长极[①]。

最早的化龙桥片区是距离重庆主城区十多千米的一片荒凉偏僻的地方,20 世纪 20 年代修建成渝公路,经过此地,一些饭馆与商店逐渐沿公路出现,人口也慢慢积聚于此,随即修建工厂,特别是抗战时期,工厂内迁,微电机厂等兵工企业于此落地,化龙桥慢慢就成了工厂区。化龙桥片区大大小小的工厂有十多个,数万人工作与生活在这个片区。重庆微电机厂(国营 907 军工厂),因为其在兵工系统中的重

---

① 资料来源:重庆市渝中区人民政府。

要性,在化龙桥包括汽配厂、弹簧厂、中南橡胶厂等老厂组成的这个庞大工厂区里,占据着非常特殊的地位,其规模巨大,在高峰时期有三四千人规模。

化龙桥片区在 20 世纪 80 年代鼎盛时期,产生的工业总产值达数亿元。为便利职工的家庭生活,各工厂大都自办有子弟小学、托儿所,朝阳厂还有电影院。国有企业与生俱来的物质和地位上的优越性,让化龙桥片区一度成为重庆人最向往的生活地。然而,到了 20 世纪 90 年代末,伴随着国有企业改革与建立社会主义市场经济体制,化龙桥片区的产业疲态逐渐凸显,大批国有企业纷纷倒闭。化龙桥片区的工厂巨头重庆微电机厂于 2004 年宣布破产,随后,其他工厂也因为城市建设的需要陆续搬离,该片老工业区渐渐衰败。当时的化龙桥片区见图 2.6。

图 2.6　更新前的化龙桥

没有了产业支撑,化龙桥片区发展减缓甚至停滞,随之形成城市基础设施差、危旧房屋密集的局面。仅剩的企业也经营困难,居民收入低,环境污染也很严重。化龙桥片区被认为是主城区的"贫困一条街"。

为改善区域环境、恢复区域经济,打造重庆新标的,2003 年底渝中区政府和某集团签订了化龙桥片区开发建设第一期土地出让协议,进行"重庆天地"项目开发。该片区在新的规划中被划为大石化新区,与大坪和石油路街道共同构建"渝中西部都市新核"。图 2.7 为规划中的化龙桥。

图 2.7　更新后规划的化龙桥

化龙桥片区计划用 10 年时间进行整体改造,采用滚动式分期开发。更新后化龙桥的定位是重庆的制造业服务中心,提供相应的商务配套设施和高档住宅小区,包括会展和贸易及批发中心、山城花园小区、高档星级酒店、智能化写字楼以及餐饮、娱乐、购物、休闲等相关设施。而该房地产有限公司当时对新片区的希望则是这里能成为国内外驻渝人士、商贾、企管、设计、开发、市场推广、贸易等各界人士的汇聚点。项目建成后,化龙桥片区将成为渝中半岛乃至重庆城区真正依山傍水的绝版后花园[①]。其高尚住宅小区,以及商业设施预计售价在 8000 元/m² 以上。该片区建成后,实现了空间环境优化、基础设施升级、土地房屋增值等一系列改变,给迁居于此、消费于此的群体提供了优质的资源与服务。

2. 化龙桥片区更新安置居民

20 世纪 60 年代,化龙桥片区的企业单位集中修建了大量职工住房,形成了繁荣的住宅区,各类房屋建筑面积共计近百万平方米。至该片区更新前,居民职业较为单一,仍以工厂职工为主,他们具有相同的社会经济背景,以生产为纽带加上长期稳定的邻里联系,形成了和谐的社会氛围。当该片区没落后,居民的居住环境也逐渐恶化,因经济原因,他们的居住呈现房屋面积小、人口密度大的特征,该区域存在大量 10～20 m² 的房屋。

化龙桥片区更新中,共涉及拆迁 15000 余户,近 60000 余人。2004 年 3 月 27 日重庆市渝中区房地产管理局发布第一期拆迁公告,拆迁补偿标准为 2200 元/m²;2007 年 6 月发布第二期拆迁公告,拆迁补偿标准为 2400 元/m²;2007 年 7 月 6 日发布第三期拆迁公告,货币补偿标准为 2520 元/m²。除货币补偿方式外,政府还提供安置房供拆迁户选择,按照拆迁面积 1∶1 进行补偿,对于安置房面积与补偿面积的差值,以补偿价格核算,在相对公平的补偿基础上,对残疾人与低保户给予特殊优惠,以增强补偿的人性化。

3. 更新后安置居民迁移的社区

虽然政府提供货币补偿和实物补偿两类补偿模式,但对于大部分化龙桥居民而言,原有住房为唯一住房,因此,多数居民选择安置房置换。居民主要迁往四个安置小区:嘉韵山水城、金银湾小区 221 号院、民新花园和人和花园,安置居民的空间迁移路线见图 2.8。

从图 2.8 可知,嘉韵山水城仍属于化龙桥街道,迁居该社区属于就地安置;金银湾小区 221 号院和民新花园不属于化龙桥街道,仍位于渝中区,迁往该两个小区属于就近安置;人和花园位于渝北区,与化龙桥片区所处区位分属不同的区,该小

---

① 资料来源:重庆晚报。

图 2.8　化龙桥片区安置居民迁移空间路线

（资料来源：百度图片，笔者加工）

区与化龙桥片区距离最远，迁往该小区属于异地安置。四个安置小区的基本信息①如下：

1）嘉韵山水城

嘉韵山水城（见图 2.9）位于重庆市渝中区化龙桥街道李子坝社区。小区于 2006 年修建，占地面积 32000 m²，建筑面积 160000 m²，绿化率 42%，容积率 5，物业费 0.45 元/(m²·月)。小区由 6 栋高层电梯塔楼组成，其中 1～4 号楼全部为安置房，主要户型为一室一厅、两室一厅的小户型，建筑面积 30～79 m²；5～6 号楼大部分为商品房、小部分为安置房，主要户型为两室一厅、三室一厅的大户型，建筑面积 77～146 m²。

业主居住于该小区出行便捷，小区外为华村立交桥，有便利的交通道路体系。小区门口设有华村公交站，经过华村的线路有 210 路、215 路、219 路、261 路、262

---

①　资料来源：安居客(https://chongqing.anjuke.com)、贝壳二手房(https://cq.ke.com)，以及笔者实地调研。

路、318 路、501 路、503 路、802 路、808 路公交线路,分别通往牛角沱公交站、菜园坝火车站、轨道李子坝站、解放碑商圈以及沙坪坝方向,至最近的轻轨轨道 2 号线佛图关站约 900 m(步行 13 分钟)。小区周边配套齐全,形成了成熟的生活类配套,如农贸市场、超市、便利店等。休闲类场所有李子坝公园、佛图关公园、重庆天地、红岩村纪念馆。可利用教育资源良好,该小区业主的孩子可就读重庆市红岩村小学、重庆市人和街小学、重庆市 29 中、重庆市 57 中。

　　由于该小区距离化龙桥更新项目重庆天地较近,部分业主将房屋出租给就职于重庆天地的上班族,因此形成了以安置居民、商品房居民以及职业白领租户混居的人口结构。

　　该小区处于老城区,公共设施和服务较完善,但仍存在诸多缺点:立交环绕、小区老旧、采光不足、车位紧张、租客较多、物业管理差。此外,通过对该小区的安置居民的访谈,笔者得知,1～4 号楼安置居民的住房满意度较差,他们普遍认为户型结构较差,层高较矮。较年长的安置居民对社区空间与环境依赖性较强,他们认为社区休闲娱乐空间不足、卫生环境较差。

(a)建筑

(b)绿化

(c)场地

(d)便民点

图 2.9　嘉韵山水城

2) 金银湾小区 221 号院

金银湾小区 221 号院(见图 2.10)位于重庆市渝中区石油路街道金银湾社区。小区于 2008 年修建,占地面积较小,由 1 栋电梯房和 2 栋无电梯房组成,户型以一室一厅和两室一厅的小户型为主,建筑面积 46～86 m²。小区全部为安置房,业主均来自化龙桥拆迁居民。

小区距轻轨 1 号线石油路站 700 m(步行 10 分钟),小区门口设金银湾小区站,公交线路 408 环线打通大坪和虎歇路。小区周边配套齐全,小区外沿街商铺业态齐全,可满足居民日常生活所需。此外,该小区处于龙湖时代天街、升伟中环广场、英利国际几大商圈附近,可满足居民的购物娱乐所需。小区周边学校资源较多,但并未划入小区所在学区,业主子女入学困难。

该小区处于老城区,公共设施和服务较完善,但仍存在诸多缺点:车位很少,绿化率低,物业管理松散,无门禁,安全性较差。通过对迁往其他安置区的安置居民的访谈,笔者得知,居民在安置房选择时放弃迁往此小区的原因是交通不便,当下虽然有一条公交线路设于小区门口,但由于小区远离主干道,出行仍有一定不便。

（a）建筑

（b）绿化

（c）场地

（d）便民点

图 2.10　金银湾小区 221 号院

3）民新花园

民新花园（见图 2.11）位于重庆市渝中区菜园坝街道平安街社区。小区于 2000 年修建，占地面积 7500 m²，建筑面积 30000 m²，绿化率 30％，容积率 3。小区由 2 栋电梯房和 3 栋无电梯房组成，户型以小户型居多，一室一厅建筑面积 35～48 m²，两室一厅建筑面积 50～78 m²，三室一厅面积 70～95 m²。全部为安置房，但安置居民中仅有一半左右来自化龙桥片区。该小区形成了不同更新项目的安置居民混居结构。

小区出行较便利，距离黄沙溪公交站 250 m（步行约 4 分钟），公交线路有 207 路、325 路、419 路、429 路、606 路、118 路、128 路、138 路、268 路、299 路、402 路、403 路等，分别通往菜园坝火车站、解放碑商圈、观音桥商圈、袁家岗等。轻轨轨道 1、2 号线虽经过小区附近，但小区距站点较远（步行需半小时以上），需借助公交换乘。周边配套齐全，永辉超市、新世纪百货、重客隆超市满足日常所需，距龙湖时代天街 1.9 km，满足购物休闲所需。教育资源有马家堡小学、中华路小学黄沙溪分部、重庆六十六中、复旦中学分部等。社区居委会设于该小区内，安保到位，小区安全性较高。

该小区与前两个小区同样存在车位紧张的问题，社区硬件配套较差，但访谈中了解到，该小区安置居民的社区融合性较好，邻里关系融洽。入住初期，仅相同迁移地的安置居民进行内部群体交流，后居民逐渐熟络，偶尔自发组织交流互动，如百家宴。

（a）建筑

（b）绿化

（c）场地

（d）便民点

图 2.11　民新花园

4)渝北区人和花园

渝北区人和花园(见图 2.12)位于重庆市渝北区人和街道万年路社区。小区于 2001 年修建,绿化率 25%,容积率 3.6。小区分 A、B 区,被城市道路分隔,其中 A 区为化龙桥片区安置居民区,B 区为化龙桥片区安置居民区、商品房居民区和农转非居民区。B 区与 A 区相比,占地面积较大、建筑面积较多、绿化率较高、容积率较低。A 区物业费为 0.4 元/(m²·月),而 B 区物业费为商品房业主 0.8 元/(m²·月)、非商品房业主 0.4 元/(m²·月)。A 区由 4 栋塔楼电梯房组成,户型面积 42~80 m²;B 区由 8 栋塔楼非电梯房组成,户型面积 53~105 m²。

小区周边交通较为便利,A 区距人兴路公交站 210 m(步行约 3 分钟),十几条公交线路可零换乘抵达南坪万达、观音桥、光电园、沙坪坝商圈,而 B 区由于地势较低,进出小区需行走 7 层楼梯高度或约 300 m 的坡道,较为不便。同时该小区处于轻轨轨道 3 号线龙头寺站以及 5 号线人和站中间点,步行或搭乘公交即可快速达到。周边众多小型购物超市可满足日常购物需求;车行 1000 m 到达集饮食、购物、娱乐为主的星光天地购物广场,可满足大型购物需求。步行约 500 m 可到达两江新区第一人民医院(二甲医院)。所处社区为万年路社区,成立于 2008 年,是由老城区单体楼、商品房、渝中区拆迁安置房、农转非安置房共同组成的一个复合型社区。

人和花园与前三个安置区不同,地处渝北区。与渝中区相比,渝北区公共配套较落后,但随着渝北区的发展,这一劣势正逐步减小。该小区与其他三个安置区相比,优势在于绿化环境、空气质量较优,更具宜居性。此外,响应渝北区构建和谐示范社区的政策,该安置区所处社区较好的精神文明建设使得安置居民生活积极性与居住满意度较高。

(a)A 区建筑　　　　　　　　　　(b)B 区建筑

（c）A区绿化

（d）B区绿化

（e）A区场地

（f）B区场地

（g）A区便民点

（h）B区养老服务站

图 2.12　人和花园

2.4.3　数据来源

为获取安置居民的自身禀赋信息、安置居民迁移前后的生活状态信息以及居住环境信息,主要采用问卷调研(问卷见附录 A)获取足够的安置居民样本以作为福利测量与自身禀赋分析的数据。此外还对安置居民、物业管理公司员工、社区居委会工作人员做深入访谈(访谈提纲见附录 B)以了解安置区基本信息、人口结构信息、社区管理状态信息等。安置区周边资源信息除在访谈中获取外,还通过百度地图数据、边界猎手 App、房天下、安居客、贝壳二手房等网站和实地走访获取。由于后续所需安置居民福利测量分析和自身禀赋分析所需数据均来自问卷,此处对问卷的设计、发放及回收情况进行介绍。

问卷调研可获得大量数据以支撑定量化分析。本书的案例群体特定,即因化龙桥片区更新迁往嘉韵山水城、金银湾小区 221 号院、民新花园和人和花园四个安置小区的安置居民,针对性较强,可明确锁定调研群体。但调研群体劳动强度偏大限制了与该群体的接触机会,以及文化程度偏低增加了与该群体的沟通难度,加之调研内容较多,不利于该群体的积极配合。问卷调研的方式包括入户访谈、网络调研和电话调研。结合本研究中调研群体特定、调研题目较多的特点,为在有限的调研总量中提高有效问卷的回收率,获得足够的调研样本,本研究采取入户访谈式问卷调研,即问卷发放者入户发放问卷,并站在中立立场与问卷应答者进行解释交流,帮助应答者梳理信息并完成问卷。

1. 问卷设计

问卷设计首先需明确调研的目的,本书主要通过问卷获取化龙桥片区更新集中安置居民的自身禀赋信息以及更新前后生活状态的主客观情况。问卷内容则基于此调研目的展开。本书中,问卷匹配理论框架,以构建的安置居民福利体系识别的变量为基础进行内容设计。问卷共设四部分,包括个人及家庭信息、更新前后生活状态情况调查、更新前后生活状态评价调查以及拆迁安置情况调查。根据各部分的题目内容,选取恰当的提问方式设计问卷。

问卷内容设置可划分为行为调研和意愿调研。本书中的行为调研指安置居民作为应答者对其更新前后的生活状态进行描述性选择或作答,是获取应答者个人属性特征和客观生活状态特征的主要方式。意愿调研是应答者根据自身偏好进行主观意愿上的选择,在本书中,安置居民作为应答者对其更新前后的生活状态进行满意度评判,是获取应答者主观的生活状态评价的主要方式。此外,由于问卷设计的目的在于对比分析安置居民在更新前后的生活状态,因此问卷设计采用对比法将每个题目划分为更新前和更新后两个分题目请应答者同时作答。

(1)行为调研。该种类型的调研较为客观,不易受到应答者主观意愿的影响,多通过设置备选项或直接作答方式进行题目设计。本书中安置居民的个人及家庭信息、其更新前后生活状态情况以及安置补偿情况三部分内容选用行为调研。第一部分为个人及家庭信息,此部分问卷内容的目的一方面可以确保抽样的合理性,控制样本的性别和年龄处于分层抽样比例范围内,另一方面是为完成本书中安置居民自身禀赋及安置居民的部分功能状态的数据收集。本部分包含两类题目:第一类为个人及家庭属性,按照常用划分标准设置备选项供应答者选择,设置题目包含性别、年龄、教育程度、户籍、职业以及家庭结构、家庭人口类别。第二类为个人生产与生活能力,因能力较难量化,故引入模糊概念将其划分为由强到弱 5 类,并赋予恰当的表达,设置题目包含职业能力、就业信息获取能力、性格、生活态度与环境适应能力。

问卷的第二部分为安置居民更新前后生活状态情况调查,此部分问卷内容的目的在于获取安置居民更新前后各类生活状态信息,为安置居民的福利测量提供数据。设置题目包含居住状态、就业状态、健康状态、社交状态和财富状态 5 类。居住状态类主要包含居住房屋属性、与外部公共设施(如公交、超市、公园、诊所、学校)的通达性等题目。就业状态类主要包括通勤方式、时间、费用等题目。健康状态类主要包括就医情况和休闲娱乐情况等题目。社交状态类主要包含拜年网属性相关的题目。财富状态类的题目主要涉及家庭收支情况。该部分题目选用选择与填空相结合的作答方式,对于有明确备选方案且易划分类别的题目设计为选择题,对于答案范围不易划定的题目,则设计为应答者直接作答。

此外,拆迁安置情况单独成一部分内容,作为安置居民生活状况信息的补充数据。该部分内容包含拆迁情况与补偿情况,同样选用选择与填空相结合的作答方式。其中,对补偿方式、补偿标准和意愿、补偿满意度的调查从主客观角度提供了化龙桥片区更新给予安置居民的补偿的公平性与公正性信息。

(2)满意度调研。美国心理学家路易斯·列昂·瑟斯顿(Louis Leon Thurstone)于 1928 年创建瑟斯顿量表,用以衡量一个人对某一事物的态度。该量表由关于特定问题的陈述组成,每个陈述都有一个数值,表明它被判断为喜欢还是不喜欢。应答者判断他们同意的每个陈述,并计算平均分数,表明他们的态度。美国教育家和组织心理学家伦西斯·李克特(Rensis Likert)于 1932 年创建李克特量表,用以衡量一个人对某一事物的态度和感受的程度。李克特量表由一个或多个题目组成,每个题目通常设有几个备选项(通常为 5 个),每个备选项都是一个描述性短语,且为特定排序。安置居民在更新前后的生活状态(包含居住状态、就业状态、健康状态、社交状态和财富状态)评价调查可采用李克特量表法,设置 5 个选项,由"非常满意""比较满意""一般""比较不满意""非常不满意"组成。安置居民对其生活状态的主观评判可为其福利测量提供数据。为增强问卷的视觉效果,增加问卷的趣味性,将 5 个选项改用代表不同满意度情绪的表情图案供应答者选择,效果见附录 A。

在问卷设计中,为便于应答者理解,问卷中部分专业词汇替换为易理解的近义词,如"更新"在问卷中以"搬迁"替代,"拜年网"相关题目扩充为以"联系人数、关系疏远、权势/资产/朋友等"加以解释,在确保题目转化后不影响意思表达结果的基础上,使问卷符合应答者的理解能力和认识能力。

问卷设计完毕后,需要评估问卷的合理性,通过预调研可以发现问卷在内容设计上存在的问题,及时修改以完善问卷。在嘉韵山水城向该安置小区的安置居民进行小规模预调研,共回收问卷 20 份,根据预调研的反馈情况与该领域的学者专家进行交流,删除不合理题目,修订不恰当题目,增加遗漏题目,得到最终问卷,进而展开正式问卷发放。

2.问卷发放与回收

本书以案例研究为主,调研群体十分明确,问卷发放群体、发放地点也相应确定。问卷发放群体为化龙桥片区更新中集中安置居民。问卷发放地点为嘉韵山水城、金银湾小区 221 号院、民新花园和人和花园。为提高与应答者的接触概率,确保应答者有充足的时间完成问卷,将问卷发放时间确定为周末或节假日。

由于调研时间与调研费用受限,本书无法对全部研究对象进行调研,因此选用随机抽样,从整体样本中抽取少量具有充分代表性的样本,以获取的数据展开分析与探讨,来反映整体研究群体的共性特征。

随机抽样中,主要从以下三个方面把握样本抽样的技巧,以确保选取到的样本符合随机抽样要求:其一,抽样范围,为保证研究群体内的所有个体都有相同的被抽取机会,将抽取范围与案例研究群体范围划定为一致;其二,抽样方式,确保样本被抽取的概率是相同的,以实现样本可以代表整体研究群体的特性;其三,抽样误差,随机抽样仅用少量样本代表整体样本特征,因此需要确保抽样样本的误差在一定范围内,以提高调研数据的准确度。

在随机抽样的问卷发放方式基础上,选用分层抽样以控制样本的部分个人属性对结果的影响。主要以性别和年龄作为分层依据,在基于男女比例相当(本书中将样本的男女比例控制在 0.85~1.15),以及同一个安置小区内各样本层构成的年龄结构与安置居民群体年龄结构相同的标准上,对每一层分别随机抽取独立的样本。

问卷发放量的确定需要结合样本总量、抽样样本对样本总量的反映情况、样本数据的可信度和问卷发放与回收的难易程度来共同确定。向各安置区所在的社区居委会了解,四个安置区的安置居民家庭户数分别为 800 户、570 户、530 户和 650 户,但嘉韵山水城安置房出租率较高,据不完全统计,出售和出租率在 35% 以上,而其他三个社区也存在出租现象。结合与各类群体的访谈情况,估算四个安置区在居的化龙桥片区安置居民户数占迁居户数比为 65%、90%、90% 和 90%,分别为 520 户、513 户、477 户和 585 户。将在居安置居民家庭户数的 10% 作为调研样本容量,拟向嘉韵山水城、金银湾小区 221 号院、民新花园和人和花园四个安置小区分别发放问卷 60 份、55 份、55 份和 65 份。

问卷发放者由笔者及所在研究团队的其他三名成员组成。在问卷发放前笔者对另外三名问卷发放者就调研目的、问卷的内容及调研方式等进行了详细的培训。表 2.2 给出了问卷发放的具体信息。

表 2.2　问卷发放信息表

调研时间	调研地点	问卷发放量/份
2018.09.15	嘉韵山水城	28
2019.09.16	嘉韵山水城	32
2018.09.22	金银湾小区 221 号院	30
2019.09.23	金银湾小区 221 号院	25
2019.10.06	民新花园	27
2019.10.07	民新花园	28
2019.10.13	人和花园	35
2019.10.14	人和花园	30

由于问卷的发放采用入户调研的形式,问卷的填写也由问卷发放者协助完成,对不符合应答者身份和未完成问卷的应答者不计入统计中,因此问卷的填写率和回收率达到 100%。由于回收的问卷并不一定是有效问卷,需要进行筛选,通过一定的筛选方式剔除无效问卷,以提高数据的有效性。以关联问题的答案一致性作为评判标准对问卷进行有效性判断,共得到有效问卷 216 份,其中,嘉韵山水城、金银湾小区 221 号院、民新花园和人和花园四个安置小区回收的有效问卷分别为 54 份、50 份、50 份和 62 份,样本容量占比控制在 9.7%～10.6%,符合基本样本量要求。对有效问卷进行重新编码,借助办公软件 Microsoft Excel 和统计产品与服务解决方案(SPSS)软件对问卷数据做整理,以备研究分析所用。

2.5　小结

本章以森的可行能力方法为总理论基础,从福利视角分析安置居民在更新前后的生活状态变化及其决定因素。福利是由安置居民的可行能力及选择的功能合集所决定的,两者构成因果关系,即安置居民的可行能力决定着其可获得的功能的总量,经过一定的决策过程,最终选择的功能合集呈现出的生活状态即是福利的体现。置换理论明确了安置居民在城市更新过程中发生了资产置换与角色转换,为福利测量体系提供变量识别指引。社会资本理论与空间正义理论分别从决定安置居民可行能力的内部驱动因素和外部诱导因素两方面明确安置居民福利变化的原因,为福利影响体系提供变量识别指引,为福利提升的政策建议提供优化路径指引。在理论模型构建的基础上,选取重庆市化龙桥片区更新中的安置居民为研究群体,通过发放调查问卷、半结构式访谈以及搜集网络信息等方式获取与安置居民福利变化相关的数据与资料。

第 3 章

集中安置居民多维度多层次福利的测量及其变化研究

■ 3.1 集中安置居民多维度多层次福利体系

3.1.1 福利的边界范围

从福利概念的历史发展过程中解读出,福利的边界范围随着时代的发展与社会的进步在渐次扩展。为真实反映本书的结果,首先需要界定在当下社会经济背景下的福利范围,为后续福利测量与分析提供正确的概念与理论支撑。

1.层次的扩展:从保障性福利扩展为多层次福利

资本主义历史上最早出现的是带有临时救济性质的社会福利制度,对由于各类特殊原因基本生活出现暂时困难的家庭和个人给予非定期、非定量的生活救助,以缓解他们的特殊困难,保障他们的基本生活,这种发挥"补缺"作用治疗社会病态的范围是一种"小福利"。随着广义的公民权利理论的普及,福利逐渐变成人人都拥有的涉及社会生活方方面面的经济与社会权利,人们因拥有财富、知识、情感和欲望而得到满足均属于福利范围。如,江亮演[125]将福利的概念由狭义向广义扩展,指明福利不仅指保障人们基本生活的条件,还可以在提高物质生活水平的同时,满足人们对于精神生活的需求,以达到优质生活。因此,福利不仅包括人生存发展的基础性能力,如营养、健康、教育等,还包括如机会平等、社会凝聚力等的外部社会环境以及如情感、社交等的主观幸福感[126]。

2.维度的扩展:从经济福利扩展为多维度福利

国内外对福利的研究是从福利经济学开始的,在以满足物质需求为主的资源匮乏时期,经济收入是福利水平的直接体现,利益成为福利的测量指标,新的福利经济学也并未将福利范围拓展至非经济维度,而只是通过强调个人效用的不可比性否定了旧福利经济学对"收入均等能实现社会福利最大化"的理论说辞。森的可行能力方法打破了序数与基数之争,为福利水平及其变化的测量提供了可操作性的分析框架,是识别安置居民福利功能指标的基础与指引。

社会学家引入"生活质量"与"人类发展"等概念作为福利概念的解释与补充，扩充了随着人们生活追求的提高而逐渐被重视的非经济福利。英国社会福利学家Pinch[127]认为福利不仅指居住、工作等方面的个人需求，还包括社会中的权利义务、社会融入机会等的需求，这是对经济福利的扩充，除了可以用货币等值代替的物质性福利外，人的情感在社会中的价值体现以及对生活的主观感受都成为福利水平的体现。Aidukaite[128]指出，福利是社会生活和整体利益的良好状态，如财富、健康、幸福、满足和平等，它源于福祉、稳定、安全和团结。因此，当下社会经济背景下，福利维度从最初的经济维度扩展为物质、经济、社会、文化及公平权利维度，涵盖居住、就业、休闲、娱乐等各种生活状态。

福利的内涵具有多层次性与多维度性，个人生活状态所表现的必备要素从基础生存需求到社交自由、尊重与被尊重、权利公平、自我价值实现等层面，涵盖物质、经济、社会、文化等维度，它在满足社会成员的基本需求、促进个体发展、维护社会稳定等方面扮演着重要的角色[100]。本书的研究对象为市民身份的安置居民，为全面反映他们的生活状态，采纳广义概念，即区别于对特殊社会成员最低生活保障的救助，是能使人们生活幸福的各种条件的集合。它既包括人的身体应得到的保护和照顾，也包括影响人的智力和精神自由发展的各种因素。本书将从层次及维度视角识别安置居民福利的量化测量因素及决定因素，构建多维度多层次的安置居民福利体系，作为测量安置居民福利水平的基础依据。

3.1.2　福利的层次与维度

1. 基于移民安置模型的福利层次界定

移民的福利状态是安置效果的最直接表象，而安置内容与形式则在一定程度上可以影响移民的福利状态。国际上对于非志愿移民的安置问题一直未给出令各类群体均满意的解决方案，世界银行的安置措施是目前最有成效的，摒弃一次性的货币与救济的安置方式，而以移民的生活与生产的保障能力为首要目标，有利于移民福利的恢复与维持。

由于社会关系的解构与经济来源的不稳定，非志愿移民很难较快适应新的生活方式、构建新的生计途径，其社会文化背景、生活观念、谋生能力在相同的安置方案下也往往产生差异性效果。伯伦茨（Brenchin）、韦斯特（West）等在《自然保护公园的移民问题》中指出，非志愿移民的社会经济问题在诸多项目中并未被重视，建立一种综合的预测模型，对非志愿移民的生活生产活动进行综合分析与预测，有利于为非志愿移民的安置方案提供指导性建议。

世界银行社会学与社会政策专家迈克尔·M. 塞尼尔（Michael M. Cernea）提出贫困风险与重建模型（impoverishment risks and reconstruction model，简称 IRR 模型）来分析移民搬迁产生的贫困风险以及消除或减少这些风险的方法[129]。IRR 模型揭示了非志愿移民在安置过程中存在的潜在贫困风险,包含经济风险与社会风险,并通过与贫困风险相对应的重建战略配给合适的资源,以控制和规避非志愿移民在安置过程中的各类风险。IRR 模型认为,非志愿性迁移使迁移者丧失了各种形式的资产,包括自然资本、人力资本以及社会资本,因此带来收入性贫困和非收入性贫困,例如住房、营养、健康、收入、教育、社交、权利方面的贫困。根据非志愿迁移给移民带来的潜在贫困风险分析,IRR 模型相应给出八个贫困风险变量:丧失土地、失业、失去家园、边缘化、食物安全无法保障、发病与死亡率增加、丧失资源享有权利和社会组织结构解体,并根据贫困风险变量对应提出八个重建总策略:土地开发、再就业、住房重建、社会融合、营养供应、医疗保障、权利内资源恢复、社会网络重建[130]。根据贫困风险和重建策略对迁移者生活状态的影响情况,同时依据马斯洛需求层次理论将其进行层次划分。马斯洛需求层次理论的五个层级:第一层,生理上的需要,维持生存所必需,包括饥、渴、衣、住、行的方面;第二层,安全上的需要,人的感受器官、效应器官、智能和其他能量寻求安全,包括保障自身安全、摆脱失业和丧失财产威胁、避免职业病的侵袭、解除严酷的监督等方面;第三层,情感和归属的需要,与人的生理特性、经历、教育、宗教信仰有关,包括家庭、团体、朋友、同事等的关怀爱护理解;第四层,尊重的需要,个人的能力和成就得到社会的认可,包括自尊与被尊重;第五层,自我实现的需要,发挥个人的最大能力实现理想与抱负,包括道德、公正度、接受现实能力、问题解决能力、自我实现、创造力、发挥潜能等。IRR 模型中的变量根据从低到高的生活需求层次,可分为生存层次、生计层次、生活层次与发展层次,如图 3.1 所示。

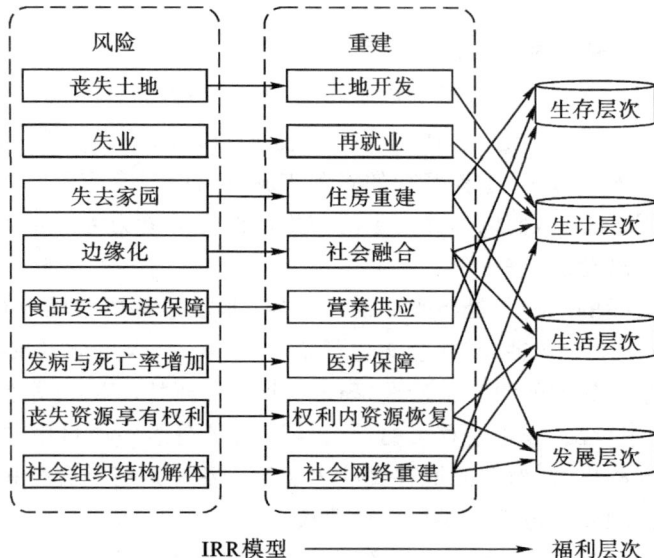

图 3.1　基于 IRR 模型的福利层次界定

　　生存层次涵盖营养、医疗与住房三个变量,是使移民得以健康存活的基础需求。移民在迁移后由于自然环境与经济水平的改变,食物与居所的获取受到不同程度的影响。就食品数量而言,自然环境与产业结构决定粮食产量,决定食品的供应能否满足移民的需求;就食品质量而言,环境污染程度决定流入市场的粮食是否安全,市场监督决定食品的质量,对移民的健康直接产生影响。反之,移民的经济水平能否支撑其对健康食品需求的获取可能,都是迁移的风险所在。居所为移民提供必要的栖身之地,一定程度上保障其不受恶劣的自然环境与社会危害侵袭,减少移民的生病率,而居所的卫生环境与安全性能否保障居民的基本健康,同样由房地产市场租售水平及移民家庭经济水平决定。而基本的医疗资源的提供,是在移民身体健康不达标时得到及时救助的保障,政府和社会在提供医疗资源的同时对移民的医疗经济补助也决定了移民对医疗资源的可负担性。只有在保障最基本生活条件可得性的基础上,移民才会考虑更高层次的需求,获得更高层次的福利感受。

　　生计是移民在确保生存不受威胁的基础上为长远生存或获取更好的生存条件而做出的努力,包括就业机会、就业能力与就业水平,对应于 IRR 模型中的变量有土地、就业、生活区位与社会结构。就业是我国最主要的民生工程之一,更高质量和更充分的就业不仅可以确保移民长期的经济来源,也是社会长治久安、稳固发展的根本。土地主要涉及农民身份的移民,迁移后保有其原有耕种职业,实现其身份与能力的延续。部分移民的职业受地域限制。在移民失去原有就业机会或就业环境后,在新的生存空间中,一方面移民能够通过自身就业能力的提高获取更好的就业机会,另一方面政府和社会应提供足够的就业岗位或就业培训满足移民一定就业质量的需求。而社会资本是移民通过社会网络获取就业信息与机会的重要途径,移民的迁移造成生活区位与社会结构的改变,影响其就业质量与收入水平。因此,移民的自身就业能力与获取外部就业机会的能力左右着移民的生计水平,在经济维度制约着移民的生活水平。

　　生活并不局限于生存与工作,在生活达到一定物质水平后,移民开始追求高质量的生活,如通过获取各种公共资源(物质资源与社会资源)增加其生活便利性与舒适性,追求情感上的社会认同。人有别于动物是因为人的生活基于情感思维,IRR 模型中的社区内与社区外有助于提高移民生活便利性与舒适性的各类设施与服务,以及维系人实现群体性活动的邻里与社会交往均是移民生活层次的影响变量。移民从居住、出行、购物、休闲、娱乐、交往等方面获得物质与精神的满足。

　　短期内的福利状态并不能使移民获得持久的安全感与幸福感,对当前的生活层次获得一定满足的移民会通过储备各类资源使自己有更好的生活状态,包括自身就业能力的提升、对子女教育的重视以及培育各类社会资本。IRR 模型中仅涉及就业与社会网络的风险预估和建设,即对收入水平产生直接影响的变量,忽略了对就业质量与收入水平产生间接影响的教育变量。同时,社会网络也对移民的情感生活构成影响,通过增强移民的社区归属感与认同感,促使移民产生更强烈的生活安全感与幸福感,实现可持续的高质量生活状态。

此处基于移民安置模型对移民福利进行层次划分,由于多层次福利存在由低到高的序列性特性,在对安置居民的福利进行测量时需考虑不同层次福利的贡献值。

2.基于可行能力的福利维度界定

对于福利经济学的研究,森在 1979 年的 Tanner 讲座中,首次提出"基本能力平等(basic capability equality)"的概念,随后能力方法(capability approach,CA)衍生出的人类发展指数(human development index,HDI),以"预期寿命、教育水平和生活质量"三项基础变量衡量人类发展水平,其受关注度和影响力逐渐扩大。

CA 是一个规范性框架,其作用之一是可以评估个人福利,强调实质自由(即能力)与结果(即可实现的功能)。森认为生活是各种"所为(doings)与所是(beings)"的集合,根据个人获得有价值的功能(functionings)的可行能力(capability)来评估该人的生活质量。若将所有功能作为一个空间功能集合,在功能空间中代表着 n 维功能的任一点反映了个人的所为与所是的组合。而一个人的能力反映了这个人能够获得的功能的不同组合,即能力就是这样一种 n 维功能的集合,反映了各种不同的所为与所是的组合,在其中个人可以自由选择可行能力范围内的任何一种组合。CA 主要关注的是价值对象的确认,并根据功能和能够行使功能的可行能力来看待评价空间。以下就功能、能力与自由进行福利因素识别,如图 3.2 所示。

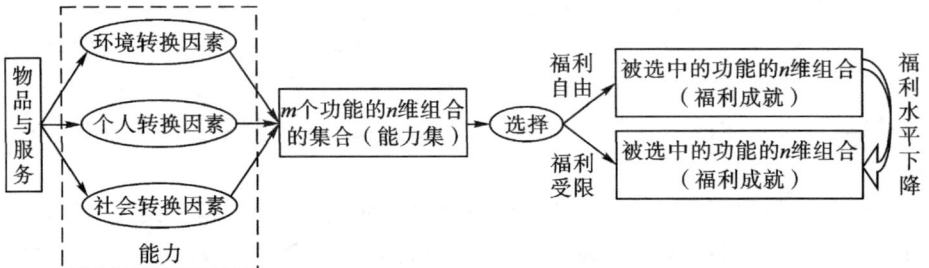

图 3.2　森的"能力-功能-福利"框架

1)功能

森指出与福利相关的功能包括基础性的功能,如避免死亡与减少疾病、得到充分的营养、保持身体健康、拥有活动自由等,以及复杂的功能,如得到幸福、获得自尊、参与群体生活、有尊严地出现于公共场合等(最后一点得到了亚当·斯密富有启发性的讨论)。CA 虽并未给出功能清单,但从其对功能的内涵与解析中可以分析出 n 维功能组合主要包含所为,涉及居住、就业、通勤、教育、医疗、购物、娱乐、社交、社会参与等,以及所是,涉及安全、健康、受尊重、价值体现等。

2）能力

n 维功能组合组成了个人的存在状态，而个人福利由所能获得这些功能的能力和与之相匹配的选择自由所决定，功能具有自身客观价值，但是个体赋予这些功能的权重可能存在很大差异，即个人能力导致不同的个体对 n 维功能组合的选择存在个人差异。个人的能力依赖于各种因素，包括自身禀赋与外部条件。将各类商品通过个人能力转换为被选择的功能的决定因素分为个人转换因素、社会转换因素与环境转换因素。

个人转换因素即自身禀赋。禀赋是指人所具有的智力、体魄、性格、能力、智慧、道德等素质或者天赋。智力和体魄可以预测合适的生活与工作状态，性格和能力可以决定个体的选择偏好，智慧和道德可以使个体获得更高的权威和声望。自身禀赋是个人能力对商品的功能转化结果的最主要体现，由性别、年龄、职业、教育程度、家庭背景、经济背景、认知能力等组成。

商品在不同外部条件下会存在差异性功能转化特性，即同一个个体在不同的外部环境下会选择并获得不同的 n 维功能组合，从而出现不同的生活状态和福利结果。外部条件包含环境转换因素与社会转换因素。环境转换因素为物质性外部因素，如气候、地理位置、各类生产生活设施条件等自然环境，以及经济发展水平、市场发展水平、供需状况等经济环境。社会转换因素为非物质性外部因素，如宏观政策、社会风气、他人行为影响等。

3）自由

自由对于个人福利而言具有内在重要性，自由可以使得更好的备选项成为可能，只有个人具有绝对的选择自由，才能真正实现其可行能力的价值，自由行动和能够做出选择可以直接产生福利。个人福利的促进和获得成就的自由构成"福利成就"与"福利自由"，"福利成就"取决于个人根据自身能力与选择偏好所获得的功能，而"福利自由"还代表着选择福利成就的自由，即享有与能力集中不同的 n 维功能相关的各种可能的福利的自由。在选择自由的前提下，个人的选择决策受个人偏好及外部社会因素的影响。若个人的选择自由受到限制，福利结果有可能与受限制下的福利结果相同，即决策结果在限制范围内，受限下的个人福利水平会因为限制选择而下降。在城市更新中，安置居民的自由选择明显受到了限制，因此在进行安置居民福利测量时需考虑福利受限的影响，如拆迁与补偿满意度。

从以上对功能、能力与自由的分析中可得，安置居民在城市更新前后的福利水平可以从功能体现的居住、就业、通勤、教育、医疗、购物、娱乐、社交、社会参与、安全、健康、受尊重、价值体现，总结为健康维度、居住维度、就业维度、社交维度、财富维度；从能力所体现的性别、年龄、职业、教育程度、家庭背景、经济背景、认知能力，以及受外部自然、经济、社会条件的限制，总结为自身禀赋维度、社会情境维度与物质环境维度；从自由体现的决策偏好及自由程度，总结为迁移意愿，因该变量与安置居民认知能力有关，将其并入自身禀赋维度。故本研究将福利维度划分为健康维度、居住维度、就业维度、社交维度、财富维度、自身禀赋维度、社会情境维度及物质环境维度。Martinetti[91]将学者们在研究发达国家中主要选取的功能维度总结为居住条件、教育与知识、健康状况、社交状况、心理状况、就业市场状态、经济资源七个维度，与本书总结的几类维度划分基本吻合。

3.1.3　福利的变量

CA 创造性地以人的可行能力角度从功能与能力方面进行福利分析，为福利测量提供了一套可操作性的研究框架，本书也在此基础上总结出福利的维度，但是它并未明确给出功能与能力的变量清单，而基于此方法理论延伸的相关生活质量与福利测量的研究，可为本书确定福利因素提供基础素材。因此，本小节梳理整合基于 CA 的福利研究文献，结合本书的研究背景，共同识别福利的变量。

由于功能是不以个体或研究背景而产生差异的，因此功能指标具有普适性，在此本书对功能指标进行文献梳理，进而结合研究对象与研究背景，识别能力指标，共同整合为全部的福利变量。相关文献主要从宏观城市层面与微观个体层面对功能指标进行识别。梳理宏观城市层面的文献，用于反映一个国家、一个城市的经济社会水平的综合指数，根据提出时间的先后顺序主要有：可持续经济福利指数（index of sustainable economic welfare，ISEW），人类发展指数，真实发展指数（the genuine progress index，GPI），经济福祉指数（the index of economic well-being，IEWB）。而微观指标以个人特征汇集而成，主要有更好生活指数（better life index，BLI）和生活质量指数（quality of life index，QLI）。表 3.1 汇总了各指数的形式化表述。

表 3.1　福利综合指数汇总表

作者	年份	综合指数	功能指标公式
Cobb & Daly	1989	ISEW	ISEW $= \sum$（个人消费＋公共非防护性支出－私人防护性支出＋资本形成＋来自家庭劳动力的服务－环境退化的代价－自然资产折旧）
the United Nations Development Programme	1990	HDI	HDI $= \sum$ [出生时预期寿命＋（2/3 平均受教育年限＋1/3 预期受教育年限（即预期中儿童现有入学率下得到的受教育时间）＋实际人均 GDP]

续表

作者	年份	综合指数	功能指标公式
Redefining Progress	1995	GPI	$GPI = \sum$（有利于私人消费的收入＋产生福利的非市场服务的价值－自然恶化的私人防御成本－自然和自然资源恶化的代价＋增加资本存量和国际贸易平衡）
Osberg & Sharpe[131]	2002	IEWB	$IEWB = \sum$（人均消费＋人均财富＋经济分配＋经济安全）
Organization for Economic Co-operation and Development	2011	BLI	$BLI = \sum$（住房＋收入＋工作＋社区＋教育＋环境＋公众参与＋健康＋生活满意度＋安全＋工作与生活的平衡）

1）ISEW

ISEW 最初由杰出的生态经济学家和稳态理论家赫尔曼·戴利（Herman Daly）与神学家约翰·柯布（John B. Cobb）于 1989 年提出，随后他们继续添加了其他几个"成本"对 ISEW 的定义进行优化。ISEW 根据可持续发展的理论，度量城市的可持续经济福利水平[132]，对 GDP 进行优化，改变消费者支出使用对所有支出（如 GDP）进行简单求和的方法，通过对收入分配和与污染相关的成本以及其他不可持续的成本等因素进行平衡来得到最终结果。ISEW 的变量说明如表 3.2 所示。

表 3.2　ISEW 的变量说明

＋/－相关性	变量	简要说明
＋	加权个人消费	个人消费/分配不公平系数（由"基尼系数"演化）
＋	家务劳动价值	一个家庭若雇佣他人必须为此支付的服务金额
＋	高速公路和街道的服务价值	对街道和高速公路的使用费用（路桥费）
＋	健康与教育方面的公共支出	健康与教育的一半价值是为了提高自身的工作能力，因此计算两类因素一半的价值
＋	耐用消费品等家庭资产和公共基础设施的服务价值	区分耐用消费品的服务价值与购买时的支出，服务价值作为效益，而耐用消费品的购买支出作为成本

+/－相关性	变量	简要说明
＋	净资本投资	未来消费的来源。计算值为净资本存量置换为成本的值,同时考虑劳动力变化情况
－	资源损耗与生态环境恶化成本	不可再生资源的损耗,以及耕地、湿地缩减与水土流失对未来消费形成限制
－	环境污染成本	对人体健康和环境的损害,包含空气、水和噪声污染产生的成本
－	长期环境破坏成本	某些特殊能源的消费以及臭氧层破坏的损失
－	防护性成本	人类为保护生命和财产安全而产生的开支,部分可以参考相关的保险金额
－	城市化成本	城市化的外部效应产生的成本,如房价上升造成的住宅消费成本增加、交通拥堵造成的通勤成本增加
－	净外债	经济发展能力的依赖性,是国家或城市长期发展能力的体现

2) HDI

人类发展指数(HDI)由联合国开发计划署(the United Nations Development Programme)在《1990 年人文发展报告》中发布,强调人类与其可行能力是评估一个国家发展的最终标准,而不仅仅使用经济增长指标。HDI 是人类发展关键维度的平均成就的综合衡量标准(见图 3.3),即健康长寿、知识渊博、生活水平高三维度归一化指数的几何平均值。健康维度使用出生时的预期寿命进行评估;教育维度使用 25 岁及以上成人的学校教育年数和入学年龄儿童的预期受教育年数来衡量,权重分别占比 2/3 和 1/3;生活水平标准以人均 GDP 来衡量。

人类发展指数首次将收入、预期寿命和识字率结合起来,并采用对数化消除维数,但没有考虑到任何生态因素。Jones 等[133]建立了基于人类发展指数的消费等效福利措施,将收入、预期寿命和识字率三维度转化为消费、休闲和不平等三维度。此福利测量方法最大的贡献是考虑到不平等。同时,尽管传统的人类发展指数忽视了不平等而只是将不平等与较低的发展水平联系起来有其根本原因,针对忽视不平等这一评论,1991 年至 1994 年《人类发展报告》中发布了一个针对收入不平等调整的替代性人类发展指数,但由于方法原因已停止[134],此后部分作者呼吁以更实质性的方式将不平等纳入人类发展指数。

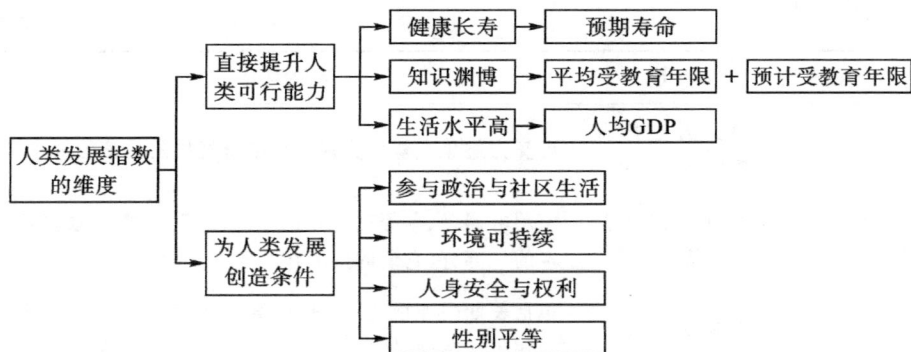

图 3.3　人类发展指数所依循的基本原则

3）GPI

在 ISEW 研究中,学者们还提出另一个宏观经济指标 GPI。它是 ISEW 的延伸,强调社会的真实进步,并特别寻求监测福利和经济的生态可持续性。ISEW 和 GPI 根据 GDP 将经济产出概括为单一数字的相同逻辑,通过单个数字来概括经济福利。GDP 及相关测量指标与经济福利间的联系十分模糊,而 GPI 与之不同,它试图通过考虑市场和非市场商品及服务的利益以及经济活动的经济、社会和环境成本来直接衡量经济福利。该指标体系有 26 个指标衡量,全面涵盖了居民生活水平的客观量化指标。除经济因素外,该指标还包括环境和社会因素,将社会和环境成本转化为经济增长,以反映经济对社会的真正影响,其中,GPI 对环境变量给予更大的权重以反映环境对社会可持续发展的重要影响作用。然而,由于用于估算与这些变量相关的损失的特定方法,GPI 给予环境变量过大的权重,造成损失值较真实值偏大,由此学者对 GPI 产生了越来越大的偏见。GPI 的变量说明如表 3.3 所示。

表 3.3　GPI 的变量说明

＋/－相关性	变量	简要说明
经济维度		
＋	个人消费支出	GDP 的主体部分,消费也会通过基准线对其他指标进行增减调整
－	收入不均	使用世界银行公布的基尼指数和收入分配指数(IDI),其相对变化随时间变化
＋	个人调整消费	(个人消费/IDI)×100,形成添加或减去剩余指标的基数

＋／－相关性	变量	简要说明
－	消费者耐用品的成本	计算为避免重复计算耐用品本身提供的价值的成本
＋	消费者耐用品的价值	家用电器、汽车等在一年内不会用完,被视为家庭资本的一部分,它们的价值在几年内折旧
－	失业成本	包括长期失业的工人、非自愿的兼职工人和其他有工作生活限制(缺乏托儿机构或交通工具)的人
＋／－	净资本投资	＝国际市场资本投资－国外投资收入。如果贷款则为正相关,如果借款则为负相关
环境维度		
－	水污染成本	化学品或养分等物质对水质造成的损害,以及水道中的侵蚀/沉积成本
－	空气污染成本	包括对植被的破坏,材料的降解,烟灰或酸雨的清理成本,以及由此导致的财产价值降低、工资差异
－	噪声污染成本	来自交通和工厂的噪声可能导致听力损失和睡眠不足
－	湿地损失	评估当湿地失去发展时损失的服务,即缓冲气候,作为栖息地,水净化能力
－	农田损失,土壤质量下降或退化	是由城市化、土壤侵蚀和硬化导致的。该指标是累计测量的,以说明由于它影响了自给自足的食物供应而导致的损失累计
－	原始森林被破坏	生物多样性丧失,土壤质量下降,水净化能力和碳固存能力减弱等。逐年累计影响
－	二氧化碳排放量	恶劣天气的增加导致数十亿美元的损失。根据Richard Tol对103项经济损失成本的独立研究进行的荟萃分析研究,使用了93美元/吨二氧化碳排放的价值
－	臭氧消耗的成本	消耗大气层中的保护层可导致人类癌症、白内障等发病率的增加和植物衰退甚至灭绝的风险。赋值为49669美元/吨

续表

+/－相关性	变量	简要说明
－	消耗不可再生能源	这些资源无法在人的生命周期内实现更新。耗减是根据实施成本和替代可再生资源来衡量的
社会维度		
+	家务和养育的价值	一个家庭若雇佣他人必须为此支付的服务金额
－	家庭变化成本	社交功能障碍在家庭生活的早期出现。注意避免由于与父母分户而重复计算的商品和服务
－	犯罪成本	包括医疗费用、财产损失、心理护理和预防犯罪的安全措施
－	家庭清洁成本	居民清理自己家中的空气和水,即空气净化和水过滤的成本
+	志愿者工作的价值	被视为对社会福利的贡献。邻里和社区可以通过同龄人和志愿者工作找到非正式的安全网
－	闲暇时间损失	相比 1969 小时的休闲时光,认识到商品和服务产量的增加会导致失去与家人相处、做家务或其他方式的宝贵闲暇时间
+	高等教育的价值	计算所产生的知识、生产力、公民参与、储蓄和健康的贡献;"社会溢出效应",每年定为 16000 美元
+	高速公路和街道的价值	对街道和高速公路的使用费用(路桥费)。价值为当地、市、省高速公路净存量的 7.5%
－	通勤费用	用于支付运输费用的资金和在运输途中损失的时间,而失去其他更有趣的活动的机会
－	汽车事故成本	交通事故造成的损坏和损失。交通密度的增加是工业化和财富积累的直接结果

4)IEWB

IEWB 是由拉尔斯·奥斯伯格(Lars Osberg)和安德鲁·夏普(Andrew Sharpe)于 2002 年建立的综合指数,通过对四个经济福利维度(人均消费、人均财富、经济分配、经济安全)的变量加权求和,以反映当前和未来的经济福利,同时兼顾了社会成员间经济资源的平均获得与分配[131]。IEWB 的变量说明如表 3.4 所示。

表 3.4   IEWB 的变量说明

＋／－相关性	维度及变量	简要说明
＋	人均消费	个人对市场商品和服务的消费＋家庭生产＋政府服务，并对变化进行调整
＋	人均财富	包括实物资本的净积累、自然资源存量、国际净投资、人力资本和研发存量的变化，并根据环境退化成本进行调整，即温室气体排放量
＋	经济分配	贫困强度（发生率和深度）与基尼收入不平等指数的加权
＋	经济安全	失业、无业、生病、家庭破裂和老年贫困引致的风险

5）BLI

作为幸福综合指数的潜在替代方法之一，BLI 不仅可以衡量经济产出，还可以衡量一个国家或城市是否能够促进其公民获得更高的生活质量[135]。BLI 的变量说明如表 3.5 所示。

表 3.5   BLI 的变量说明[136]

维度及变量	简要说明
住房	
住房费用	取决于居住区位，是多数个人/家庭的最大单笔支出，包括租金、水费、电费、燃气费、家具费或维修费等[137]
个人房间数	反映居民生活的拥挤程度，等于住房房间数/家庭总人数。过度拥挤会产生例如身体过多接触、不良卫生习惯、缺乏隐私、睡眠不足、交流减少、儿童成长不利等负面影响
带有基本设施的住宅	可使用基本设施的住宅（例如室内冲水马桶）
收入	
家庭净调整可支配收入	家庭年税后收入，代表家庭可用于购买商品或服务的资金
家庭金融财富	家庭财务价值或所有家庭收入减去负债的总价值。金融财富有货币黄金、储蓄、货币和存款、股票、证券与贷款

维度及变量	简要说明
工作	
就业率	就业的劳动力百分比
长期失业率	当前失业但积极寻求就业机会并愿意工作的劳动力的百分比
个人收入	就业获得的工资和其他金钱利益
工作保障	被长期雇佣的稳定性。公共部门的工作通常被认为与劳动力市场波动隔离,因此,被认为更安全[138]
社区	
支持网的质量	强大的社交网络或社区可以提供诸如情感、工具和信息等支持。信息支持是指提供旨在帮助个人应对当前困难的信息。工具支持涉及提供物质援助,例如,经济援助或帮助完成日常任务。情感支持包括表达关怀、同理心、安心和信任,为情绪表达和发泄提供机会[139]
教育	
教育程度	高就业能力和高收入的可能性是基于良好教育的。受过高等教育的人抗失业风险强,主要由于受教育程度使人更具有竞争力。但是,该变量并不能直接衡量从学校获得的知识和技能[140]
受教育年限	终身学习至关重要,包括学校接受教育与毕业后参加培训的时间,以便随时掌握前沿知识与技能
学生的技能	参考获得的技能,如书面和有效的口头交流,批判性思维和解决问题。此外,还包括获取和分析信息等
环境	
空气污染	清洁的空气是整个生态系统中人类生存和健康的基础,因而显著影响生活质量。有害物质通过大气、水和陆地转移到偏远地区。空气污染还会引起呼吸道、肺部等疾病[141]
水质	饮用水对生命至关重要,获得清洁和淡水对人类福祉非常重要。水污染对整个生物群落都有害

维度及变量	简要说明
公众参与	
选民投票率	选举期间投票的登记人口百分比。投票对国家政治制度和参与其中的人都很重要。投票的居民与一系列积极的社会因素有关
咨询政策制定	该指标描述了正式协商过程在监管立法过程中的构建程度。由协商过程的公开性和有透明度的各种信息组成
健康	
预期寿命	最广泛使用的健康指标,仅考虑生命长度而不考虑生活质量[142]
自我感知的健康	通过问询"你的健康状况如何?"获取数据,是人们未来医疗保健使用的极好预测指标
生活满意度	一种衡量幸福感的指标,衡量人们如何评价自己的整体生活。此外,它可以概括地描述怎样的个人"生活是好的"
安全	
袭击率	该地区的犯罪与人口的比率
凶杀率	每10万居民的谋杀案数量。凶杀率最能体现人们是否在他们居住的地方感到安全
工作与生活的平衡	
用于休闲和个人护理的时间	业余时间的数量和质量对于人们的整体健康非常重要,并且可以带来额外的身心健康益处。闲暇时间的体育活动与健康相关的生活质量得分相关[143]
员工长时间工作	工作与生活平衡的一个重要方面是一个人在工作中花费的总时间。数据表明,长时间工作可能会损害个人健康,增加压力并危及安全

　　以上所述五个综合指数是国际上用以测量国家或城市层面的社会经济发展水平及人们的生活水平在不同时期被高度认可的指标,为群体或个体层面的福利测量提供类别、变量的基础参考。表3.6是群体和个体层面的文献梳理,"○"表示文献提及的因素。

近年来在福利测量研究中，学者们主要集中在居民生活质量的研究上，包括主观和客观的生活质量。客观方法通常以不同地理或空间尺度的研究成果对二手资料数据进行分析，而主观方法通过社会调查收集个人层面的原始数据，重点集中在人的行为、普遍生活质量和特殊城市生活质量的不同方面的评估[144]。表 3.6 是学者们识别出的评估生活质量的变量清单。

表 3.6　生活质量评估因素文献梳理

因素	住房	社区设施	公共设施与服务可达性	物质环境与自然资源	安全	健康	文化/休闲	经济/收入/财产	就业/生产力	教育	家庭和社会关系	社区归属感	个人发展	人权
Cummins[145]	○	○			○	○			○		○	○		
Mitchell[146]		○	○	○	○	○							○	
Martinetti[91]	○	○				○	○	○	○	○			○	
Henderson 等[147]	○		○		○	○		○			○		○	○
Mitchell 等[148]											○			
Johansson[149]	○		○		○	○		○			○			○
van Kamp 等[57]		○		○	○	○					○		○	
Rojas[150]		○				○					○			
Lee[151]	○	○		○	○							○		
Wang[14]	○	○	○	○	○	○								
李凌江等[152]	○					○					○			
陈海梁[153]			○			○								
方福前等[154]	○		○	○	○	○		○		○			○	
党云晓等[155]	○	○	○								○			
刘惠文[81]	○								○		○			
张桂玲等[45]	○	○				○						○		
陆路等[156]	○	○	○			○								
魏宗财等[157]	○	○	○									○		
王森等[158]				○		○		○	○					
王祖山[159]			○			○							○	
徐维祥等[160]	○	○	○											

3.1.4　多维度多层次福利体系

上一小节梳理了不同时期被普遍认可的以森的可行能力方法为分析框架而构建的福利测量指数,它们都是参照人的生活内容,构建物质与非物质方面的功能变量体系。而 CA 分析框架指明,福利的层次内容包含两个层面:一是如上文介绍的在福利测量指数中以目标人群可达福利的生活内容为域;二是目标人群获取生活内容集所需要的能力与自由。因此,在上一小节基础上,结合本书的研究背景与研究对象,分析研究目的与群体属性,识别群体的能力与自由相关变量,以此构建基于可行能力方法的多维度多层次的福利测量体系。

本书的研究背景是在中国全面建成小康社会指数约为 97.00[①] 的社会大环境下,由于城市更新对更新区域的改造或重建使得空间的生活生产功能发生改变,生活在更新区域的居民的稳定生活状态受此影响被打破,被迫引起生活方式、地理与经济区位、生活环境、社交网络等的改变。在变量选取时,除需考虑这一背景外,还应根据数据的可获取性与可操作性进行相应取舍与调整。以下对城市更新中安置居民福利变量进行分析。

1. 居住状态

住房是关系到居民生活水平与质量至关重要的因素,自然是居民福利的重要组成部分。住房与马斯洛的需求层次理论中前三类需求——生理需求、安全需求、社交需求——均存在莫大关联。对于生理需求,住房作为提供休息睡眠的场所,可以保障人的身体机能的正常运转,而住房分隔出的私密空间可以在一定程度上保障人们免受恶劣自然天气及外部社会不安定因素的侵袭,满足人们身心安全的需求,住房所维系的家庭关系与住房所处社会环境创造的空间社会关系网可以满足人们的情感和归属需求。安置居民在迁移后由于住房的变更,与住房相关的一切空间联系需重新构建,住房质量(如安全性、舒适性)、住房所处的自然环境(如空气质量、声光环境)、住房配套设施的使用(如水、电、气的供应,室内卫生设施)、住房所处的社会环境(如邻里关系、公共设施与服务)都给安置居民福利的功能性居住生活带来了影响。

对于住房内空间,变量选取住房面积结合个人属性确定住房拥挤程度,选取住宅类型、户型功能结构、装修程度表明住房舒适性,选取水电气的供应、卫生设施反映住房配套设施的可使用情况。对于住房外空间,变量选取 20 分钟步行内的公交/地铁站、超市、公园、诊所/医院以及学区内小学/中学的数量反映与居住生活息

---

① 独立第三方机构竞争力智库和国家发展改革委主管的中国信息协会信用专业委员会联合发布的《中国城市全面建成小康社会监测报告 2017》对全国、31 个省(区、市)(不含港澳台地区)和 653 个城市全面建成小康社会情况进行了监测,结果显示,2017 年中国全面建成小康社会指数约为 97.00,连续 7 年上升。

息相关的公共服务与设施的情况,配套的齐全程度可以反映居民生活的便利程度,以此评估居民生活福利水平。

2. 就业状态

就业是民生之本,是维持生存、发展的基本保障。古人云:"无恒业者无恒产,无恒产者无恒志。"工作不仅是一种谋生手段,还是介入社会的途径,更是实现自我价值的平台。城市更新区域多以工厂/企业职工或自营个体为主,更新后由于迁移引发安置居民就业状态改变,对于以原有生活环境为空间依托的自营个体而言,迁移便意味着失业;对于工作地位于居住地附近的职员而言,迁移至远离更新地的区域或面临通勤困难或需要更换工作。因此就业状态不仅关乎安置居民的收入财产状况,还对安置居民的身心健康及生活产生重大影响。

反映就业状态的功能变量,包括工作酬劳满意度、工作稳定性、职位上升潜力,以反映当前就业水平及未来发展前景,以及通勤方式、通勤时间、通勤费用,以反映就业对生活造成的影响。

3. 健康状态

健康是最基本的福利状态,包括身体健康和心理健康。身体健康、免受疾病侵扰是追求一切其他需求的前提,而安置居民在更新前的居住环境往往无法满足现代卫生标准,易引发多种疾病,危害安置居民的身体健康,城市更新的原因之一就是改善安置居民的居住卫生条件,降低因为卫生不达标产生的疾病发病率。同时,当前的快节奏生活引发的精神压力正逐渐蚕食人们的心理健康,也对人体的免疫力产生威胁,人们的身体素质随之下降。世界卫生组织颠覆以往传统健康观念,将体格、精神以及对社会的适应纳入健康水平的评估中[161],因此除医疗保障消除疾病外,安置居民可以通过适当的健身与休闲维护身心健康,以提高健康福利水平。

在反映健康状态的功能变量中,就医次数与就医花费可以衡量安置居民身体健康水平,空气质量、噪声污染、社区绿化及开放空间、社区安全性用以表示对人体健康造成影响的自然条件,而健身及休闲方式与时间用以表示安置居民为保持身心健康所做出的努力。

4. 社交状态

安置居民在物质条件达到生存与发展的基础要求后,开始寻求个人权利与平等自由,希望获得社会的尊重与认可。安置居民与邻里、社会的交往不仅可以通过情感维系提升心理健康水平,还是安置居民获取各类信息与帮助的纽带,间接影响健康状况与就业状况。安置居民因较差的社会经济条件常被社会划分为单独的一类群体,在空间与情感上被排斥隔离,这一现象在更新后表现更为突出。更新前,安置居民群体间因职业关联、亲缘关系形成长期稳固的密切社交网络,而安置居民外迁被高收入人群替换,社会解构使得安置居民原有邻里社交关系崩裂,社交状况骤降,新的社交环境需要安置居民开放的社交观念及合适的社交空间,以促使安置居民快速加入新的邻里与社会关系网,以较好的社交状态提升福利水平。

衡量社交状态的功能性活动变量,本书选择居住时间与邻里属性,如邻居与我经济状况、职业与年龄等相似,邻居与我联系紧密,反映邻里关系的稳定程度;选取拜年网形成的关系规模、关系强度和关系质量衡量社交水平;选取社区活动组织方式、组织类型、组织次数反映外部环境提供的社交助力情况。

5. 财富状态

因为精神财富可以由社交状况体现,本部分主要指物质财富,即财产。虽然物质基础处于安置居民需求的较低层次,但是它可以决定上层建筑。安置居民只有拥有一定财富,才能在一定程度上存在获取商品和服务的能力,进而通过其他能力将商品和服务转化为功能。物质财富主要由工资收入、投资收入以及继承财产与接受赠与获得,表现形式可以是金融资产,也可以是实物资产。安置居民在更新前后的物质财富状态改变主要表现在安置补偿及就业状态上,放弃原有房屋获得货币或安置房补偿,同时由于调整工作引起收入变化或虽未调整工作却因迁移造成通勤成本发生改变。此外,物质财富的保值增值性的差异会带来安置居民未来财富价值的量变差异,因此在进行变量选取时,需考虑当前财富值与未来财富变化趋势。

财富状态的变量,选取家庭收入、消费支出衡量货币资产的情况,选取更新前后安置居民住房产权性质、房屋损失价值(拆迁房市场价格)与补偿价值(安置房市场价格)反映不动产因城市更新发生的变化,选取住房物业维护、城市更新前后产权房屋的区位衡量安置居民的财富增值潜力。

森认为福利的表现是个体能力所选择的功能集合,商品和服务是外部环境的供给,而将商品和服务转化为功能的是个人能力,一个人的能力由个人属性及外部自然、经济与社会环境所决定,它们从内部条件与外部环境共同影响人将物品和服务转化为功能。

1. 自身禀赋

个人属性通过内部因素对外部资源供给的接受与转化能力,反映安置居民的福利水平。在前五个功能维度中所涉及的安置居民自身因素或功能性活动所能反映的自身因素均属于自身禀赋,包含个人及家庭人口特征,个人的生活和生产能力,以及个人对待外界的态度与认知能力等。除前面已经提及的自身禀赋外,本书的研究群体存在的特殊自身禀赋的体现是对城市更新的迁移意愿与补偿意愿。城市更新带有强烈的外部干预性,因此可以定性为迁移自由受限,CA中表现为个人能力的降低,个人可获取的功能合集较自由状态下减少,影响安置居民的福利水平。

选取的自身禀赋变量,包括决定居住状况与就业状况的性别、年龄、家庭结构、职业能力、就业信息获取能力,决定社交状况与健康状况的环境适应能力、生活态度、性格,以及迁移满意度、补偿满意度。

2. 物质环境

商品和服务向功能的转化还受物质环境的限制,且这种限制无法以个人的能力打破。自然环境可以制约人对商品或服务的能动性的发挥,如山城重庆的地形使得人对交通工具的选择受限;产业的发展现状决定人的就业机会的获取难易程度,如第二产业的外迁使得拥有该产业生产技能的内城居住者很难在内城取得合适的就业岗位;经济环境水平影响人的财富增值性,如经济发展迅速、政府重点开发区域具有较高的产业与人口吸引能力,该区域则拥有较高的不动产升值潜力。

对于物质环境的变量选取,生活宜居性、公共资源配置、社区治理强度影响安置居民的生活状态;职住平衡状态反映人的就业状态的外部限制;片区发展规划衡量区域升值潜力,对个人财富状态尤其是不动产的未来增值具有决定作用。

3. 社会情境

个人在自身能力范围内将商品和服务转化为功能时往往受到外部社会因素的影响,如社会制度、社会习俗的制约,他人行为的干扰。本书中,城市更新的安置补偿机制也通过一种或几种补偿方案限制着安置居民的迁移路径。社会情境通过外部干预降低安置居民的能力使用权,使安置居民对功能合集的选择自由度下降,可以认定安置居民的福利水平因社会情境下降。

社会情境包括对安置居民能力产生约束的保障房供给制度,教育资源分配制度,失业保险、医疗保险、养老保险,为安置居民行为形成参照的他人行为,以及安置居民因迁移所获得补偿方式与补偿标准的公正性与公平性。

图 3.4 为本书基于可行能力方法,结合文献中相关研究选取的变量与本书的研究背景,构建的多维度多层次福利体系,共 60 个变量,按照可行能力变量的自身禀赋、物质环境、社会情境和功能变量的居住状态、就业状态、健康状态、社交状态、财富状态五个维度,以及生存层次、生计层次、生活层次和发展层次四个层次进行逻辑分类搭建,根据功能需求对人的重要程度,设定维度间重要性相同、层次间重要性逐级升高的衡量标准。其中,自身禀赋类可行能力变量有 10 个,构成影响安置居民福利变化的内部驱动体系;物质环境和社会情境类可行能力变量有 11 个,构成影响安置居民福利变化的外部诱导体系;五维度、四层次功能变量 39 个,构成安置居民福利测量体系。

福利　　选择　　层次　　功能　　物品服务　　可行能力

维度	生存层次	生计层次	生活层次	发展层次
居住状态	住房面积		户型结构 装修程度 住房类型 水电气的供应 卫生设施的使用	最常去公交地铁站的可达性 最常去超市的可达性 最常去公园的可达性 医院的可达性 学区内小学/中学的可达性
就业状态		工作酬劳满意度 通勤费用 就医花费	通勤时间 通勤方式	工作稳定性 职位上升潜力
健康状态	社区安保次数 就医次数		空气质量 噪声污染 社区绿化及开放空间	休闲方式 休闲时间 医疗保险
社交状态			居住时间 邻里属性相似性 参加社区活动次数	拜年网关系规模 拜年网关系强度 拜年网关系质量
财富状态	恩格尔系数	家庭可支配收入 家庭消费性支出	产权性质 拆迁房市场价格 安置房市场价格	不动产的保值增值 养老保险

内部驱动

自身禀赋
家庭结构
拆迁满意度
职业能力
就业信息获取能力
性别
年龄
环境适应能力
生活态度
性格
补偿满意度

外部诱导

社会情境
保障房供给制度
教育资源分配制度
社会风气与风俗
他人行为参照
补偿的公正性
补偿的公平性

物质环境
生活宜居性
职住平衡状态
社区治理强度
公共资源配置
片区发展规划

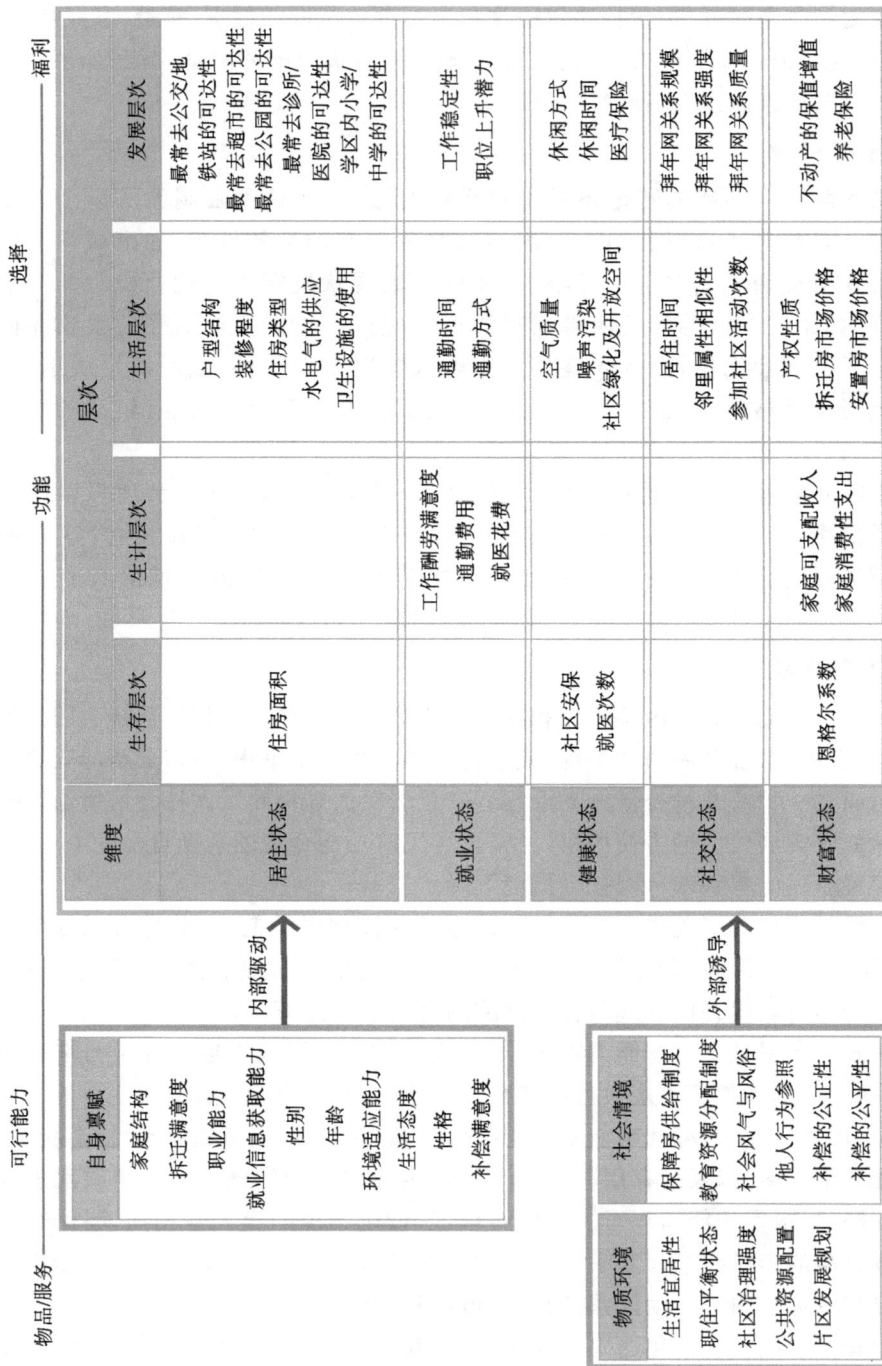

图 3.4　多维度多层次福利体系

3.2　集中安置居民多维度多层次福利测量模型

3.2.1　福利测量方法

随着对福利研究的成熟,该领域的研究机构和学者们从福利体系的理论构建逐渐深入研究通过一定的统计模型进行定量分析。福利体系的构建为福利测量提供了指标基础,通过对变量的赋值,以及一定的函数构建,即可获取福利综合指数。在现有的福利测量方法中,研究机构多进行宏观福利指数研究,学者们越来越重视并构建微观福利测量指数。

(1)宏观福利指数。3.1.3 节中有所提及,因测量层次为国民生活水平,多不涉及群体属性及相关指标,在可操作性上,部分宏观福利指标对应的微观福利指标无法获取数据,因此,微观福利体系与宏观福利体系在指标选取上存在一定差异。宏观福利指数的测量原理是将国民在生活中获取和使用的物品及服务进行经济化,即进行等价值收益或成本的转化,通过简单的算术加减获取总的收益(或成本)作为福利水平的显性结果。此种指标转化方式一定程度上忽略了居民的主观感受,对于不能进行经济量化的指标而言,适用性很弱。此外,福利指数测量时以各福利变量的数据均值进行线性加权平均,忽略了各变量对福利指数的影响大小(即权重)和各变量的数据离散程度(即不均衡),前者影响福利整体水平,后者影响福利分布特点。

(2)微观福利测量。通过主成分分析、因子分析、回归分析、模糊数学、结构方程模型等数学计量方法,不仅可以测量福利的综合值,还可获得各福利指标对福利的影响程度及影响路径。但这些方法更多关注变量与福利间的影响关系,虽可以获得变量的权重系数,但未考虑数据的不均衡性。以往部分学者主张用等权重法均衡各变量间的权重,但当前多数学者认为,由于福利体系的复杂性,变量对福利的影响或解释程度存在差异,应优化变量权重与分布,以得到更准确真实的测量结果。

(3)权重赋值。主观评价法主要有层次分析法(AHP)和德尔菲法,但它们主观体验性强,引发诸多不确定性。宾夕法尼亚大学教授理查德·J. 埃斯蒂斯(R. J. Estes)提出的"加权社会发展指数"通过二阶段最大方差因子分析法确定权重。有学者用主成分分析、因子分析中的总方差贡献率作为指标权重。

(4)不均衡测量。福利测量基于多维度多层次的福利体系。各层次与维度反映了居民生活水平的不同方面,它们之间因承载主体的同一性而存在个体内横向相关性,可通过一定的计量函数进行运算得到综合结果,此为一个个体的福利水平。但是个体间因自身属性的差异导致维度间的纵向分布不一致,数据的集中趋势、离散程度和分布形状在差异性的状态下如果进行简单叠加,将覆盖数据的部分信息,使综合计量结果产生偏差。因此在福利测量模型中引入不均衡系数消除因数据的非恒态分布造成的结果偏离。

(5)基尼系数。基尼系数反映经济福利指标的不均衡影响,无法作用于非经济福利指标。约翰·希克斯(John R. Hicks)将基尼系数运用到所有维度上,但由于基尼系数不具备"子群一致性"[162],即存在单一个体福利水平发生变化,其他个体不变时,群体总体福利并不受影响的缺陷。同时,希克斯的福利指数不具备"路径独立性",即改变指标的计算顺序将导致不同结果。

3.2.2　集中安置居民多维度多层次福利测量模型的构建

本书在基于森的可行能力方法构建的福利体系下,选取具有"子群一致性""路径一致性"且考虑权重与数据分布的不均衡性的计量方法。

森提出的可行能力方法函数[163]为

$$B_i = \{b_i \mid b_i = (fc(x_i), z_i)\} \qquad \forall f_i \in F_i, \forall x_i \in X_i \qquad (3.1)$$

式中,B_i为福利指数,反映了个人经过自身努力与选择达到的状态。x_i为个体i从社会中,包含市场和非市场获得的物品或服务。$c(\cdot)$是物品或服务所潜在具有的功能属性,包含居住状况、就业状况、健康状况、社交状况以及财富状况五个维度,以及生存层次、生计层次、生活层次、发展层次四个层次。z_i为将物品或服务转化为自身所能获得功能的能力,包括自身禀赋、社会情境和物质环境。$f_i(\cdot)$是个人选择的功能集合,构成个人福利。X_i是个体所能选择的所有物品和服务合集,F_i是个体所能获取的所有功能的合集。

由于福利变量中有部分不可量化,为实现定性评价向定量评价的转化,本书运用模糊数学的隶属度理论,根据相对模糊贫困与剥夺测量方法[164]选取适宜的隶属度函数与模糊集整合方式构建新的模型。

模糊综合评价法是一种基于模糊数学的综合评价方法,应用模糊关系合成的原理,将一些边界不清、不易定量的因素定量化,进行综合评价[7]。该综合评价法根据模糊数学的隶属度理论把定性评价转化为定量评价,即用模糊数学对受到多种因素制约的事物或对象做出一个总体的评价。它具有结果清晰、系统性强的特点,能较好地解决模糊的、难以量化的问题,适合解决各种非确定性问题。其特点是评价结果不是绝对肯定或否定,而是以一个模糊集合来表示。

模糊综合评价中通常有目标层和指标层,通过指标层与评价集之间的模糊关系矩阵(即隶属度矩阵)可以得到目标层对于评价集的隶属度向量,从而得到目标层的综合评价结果。隶属度与隶属度矩阵是模糊综合评价的关键性概念。一般步骤如下。

步骤一:构建指标体系。模糊综合评价指标体系是进行综合评价的基础,评价指标的选取,将直接影响综合评价的准确性。评价指标的构建应广泛涉猎与该评价指标系统有关的行业资料或者相关的法律法规。

步骤二:构建权重向量。通过专家经验法或者层次分析法构建好权重向量。

步骤三：构建评价矩阵。建立适合的隶属函数从而构建好评价矩阵。

步骤四：评价矩阵和权重的合成。采用适合的合成因子对其进行合成，并对结果向量进行解释。

统计学表达方式如下。

模糊贫困与剥夺测量方法中包含模糊经济与模糊供给两部分计量模型。模糊经济计量模型中的指标维度反映收入贫困风险。在传统的人头计数比率中，贫困隶属函数如公式（3.2）所示。式中，u_i 是个体 i 的贫困值；y_i 是个体 i 的等值化收入；z 是贫困线，此处指隶属度划分阈值，个体等值化收入低于贫困线，贫困值取值为 0，高于贫困线，则取值为 1。为了摆脱贫穷/非贫困二分法的局限，一种新的阈值划分方式被 Cerioli 等[165] 提出，通过在贫困与非贫困两种状态之间加入一个过渡状态，取阈值区间为 $z_1 \sim z_2$，使贫困隶属度函数在 1 到 0 间呈线性递减规律，见公式（3.3）。

$$u_i = \begin{cases} 1, \text{if } y_i < z \\ 0, \text{if } y_i \geqslant z \end{cases} \tag{3.2}$$

$$u_i = \begin{cases} 1, \text{if } y_i < z_1 \\ \dfrac{z_2 - y_i}{z_2 - z_1}, \text{if } z_1 \leqslant y_i < z_2 \\ 0, \text{if } y_i \geqslant z_2 \end{cases} \tag{3.3}$$

优化后的隶属度函数经过线性变换归一化后的结果[①]被定义为收入的分布函数 $F(y_i)$，使函数对应的极值 1 和 0 分别代表研究范围中的最贫困和最富有[166]。为使构建的分布函数的平均值相似于传统的贫困率，以便比较两种类型的测量方法，Cheli[167] 将隶属度函数提高到幂 $\alpha \geqslant 1$ 作为归一化分布函数，见公式（3.4）。

$$u_i = \text{FM}_i = (1 - F_i^{(M)})^\alpha = \left[\frac{\sum_j \omega_j \mid y_j > y_i}{\sum_j \omega_j \mid y_j > y_1} \right]^\alpha \tag{3.4}$$

式中，ω_j 为个人样本权重；参数 α 的作用是保证使用该隶属度函数得到的均值刚好等于传统的人头计数比率，其值基于一些外部考虑确定，取值越大，意味着赋予收入分配较贫穷的一端更大的权重，致使隶属度函数值增大。

Betti 等[168] 为定义新的模糊经济指标，将公式（3.4）做了稍许改进，即为公式（3.5）。式中，$L_i^{(M)}$ 代表个体 i 收入的洛伦兹曲线值，换言之，$(1 - L_i^{(M)})$ 代表与某考虑的个体相比更为贫困的所有个体所获得的总等值化收入的比例，它从最贫穷的 1 到最富有的 0 的个体间变化。函数 $(1 - L_i^{(M)})$ 与标准化分布函数 $(1 - F_i^{(M)})$ 相比，对收入实际差异更为敏感，而不是单纯的如后者的线性比率，当后者定义其均值为

---

① 完全模糊和相对方法（totally fuzzy and relative approach）。

$1/2$ 时,改进后的函数 $(1-L_i^{(M)})$ 均值等于 $(1+G)/2$,其中 G 为基尼系数。

$$u_i = \text{FM}_i = (1-L_i^{(M)})^\alpha = \left[\frac{\sum_j \omega_j y_j \mid y_j > y_i}{\sum_j \omega_j y_j \mid y_j > y_1} \right]^\alpha \tag{3.5}$$

将完全模糊和相对方法与公式(3.5)进行整合得到整合模糊和相对方法(integrated fuzzy and relative approach,简称 IFR)[169],综合考虑与某一考虑的个体相比更为贫困的所有个体的比例以及他们所获得的总等值化收入的比例,见公式(3.6)。值得注意的是,此处定义的模糊经济 FM 度量方法还具有经济意义,可以根据广义基尼系数来表示,通常称为"s-Gini",是标准基尼系数的推广。该度量方法通过个体在收入分布中的位置的函数来权衡完全相等线和洛伦兹曲线之间的距离 $(F-L)$(见图 3.5),从而针对结果将数据分布不均造成的影响进行考量。

$$u_i = \text{FM}_i = (1-F_i^{(M)}) \cdot (1-L_i^{(M)}) = \left[\frac{\sum_j \omega_j \mid y_j > y_i}{\sum_j \omega_j \mid y_j > y_1} \right] \cdot \left[\frac{\sum_j \omega_j y_j \mid y_j > y_i}{\sum_j \omega_j y_j \mid y_j > y_1} \right]$$

$$\tag{3.6}$$

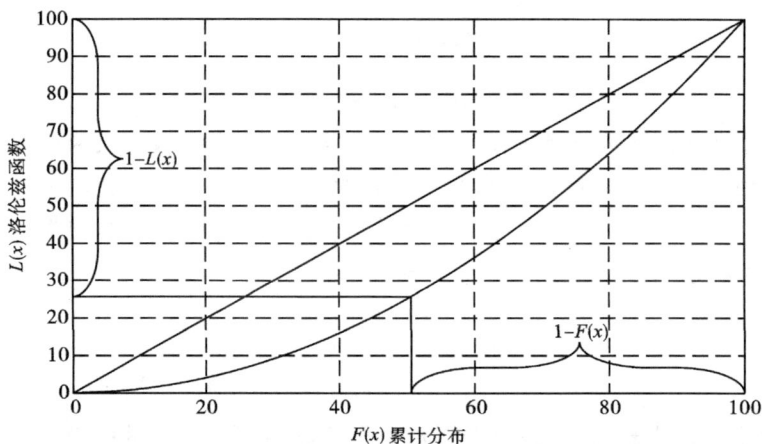

图 3.5   IFR 方法的隶属函数[170]

模糊供给度量方法是在模糊经济度量方法的基础上根据指标收集的数据特性进行调整,因为描述家庭生活水平的一系列指标,包括住房状况、物品或服务拥有状况、财产状况、抗挫折能力、生活态度与价值观等,部分为非连续性和数值性数据,隶属度函数需要重新定义,将分类指标量化为有序类别分配数值的同时,不同指标间需要赋予权重以构建成综合指数。

对于非数值性指标,通常采用简单的"是/否"二分法的形式(例如是否获得某类物品或服务),但有些指标可能涉及两个以上的有序类别,反映指标的不同程度,因此二分法形式是一个特例,将正常指标 k 定义为 $c=1$ 到 C 有序类别的一般情形,其中 $c=1$ 代表程度最大的等级,$c=C$ 代表程度最小的情形,个体 i 所属的类别为 c_i。假设类别的等级代表等间距的度量变量[165],个体在此变量中所获得的分值可以用公式(3.7)表示:

$$d_{k,i} = \frac{C - c_i}{C - 1}, 1 \leqslant c_i < C \tag{3.7}$$

同模糊经济度量方法中的隶属度函数向分布函数的转化一样,有序类别的简单排序可以用等级的人数分布来替代[166],即得到新的指标的隶属度函数,如公式(3.8)所示。$F(c_i)$ 是个体 i 在指标 k 所属的类别的分布函数,$F(1)$ 是指标 k 中程度最大的人数值。

$$d_{k,i} = \frac{1 - F(c_i)}{1 - F(1)} \tag{3.8}$$

对于一组指标的分值整合,也同传统的二分法公式相同,指标 k 的加权和用公式(3.9)表示。其中,W_k 为指标 k 的权重,可取 $W_k = \ln \dfrac{1}{\bar{d}_k}$,对于二分法指标而言,$\bar{d}_k$ 为指标 k 的函数值 $d_{k,i}$ 的均值,等于该指标的类别划分比例。在此基础上进一步改进,与模糊经济度量方法相同。

$$u_i = \frac{\sum W_k \cdot d_{k,i}}{\sum W_k} \tag{3.9}$$

步骤一:指标的选取。根据文献与其他资料识别可以代表研究问题的指标,再通过因子分析法将指标进行维度的划分。

步骤二:指标的定量化描述。对每一个指标,选取合适的定量化划分方法,将有序类别通过公式(3.7)转化为 $d_{k,i}$。

步骤三:同维度内指标权重的确定。指标权重在每一个维度(指标组)内单独确定,对于给定的指标,权重 W_k 与指标的特性相关,与个体无关。权重在考虑指标数据分布的同时按照以下统计规律确定。

首先,一个指标的权重取决于它在群体内个体间的差异性,以及数据分散程度。本书将其与有关变量的剥夺值 $d_{k,i}$ 的变异系数成比例处理为 $W_k^a \propto cv_k$。这意味着当一个指标的剥夺效应仅影响小部分个体 d,赋予它的权重与比例的平方根成反比。因此,对于剥夺只影响小部分个体的指标,会被认为更为关键,在微观层面上获得更大的权重;而影响较大比例的那些指标会被认为不太重要,因此权重较小。然而,剥夺个人对有关指标产生的剥夺平均值的贡献结果与 d 的平方根成正比,也就是说,影响小部分个体的剥夺在个体的水平上被视为更加重要。当然,虽然权重较大,但与比例整合后的结果对整个群体中平均贫困程度的贡献会相应较小。

其次,为了控制冗余度,在分析中,有必要限制与其他指标高度相关的特征的影响,甚至对于全部指标,在先前确定的每一个维度中分别考虑这种相关性是合理的,即将剥夺维度 δ 中的指标 k 权重作为其与该维度中指标的相关性的平均度量的倒数。因此,结果才不受任意包含或排除与维度中的其他高度相关的指标的影响。相关性的平均测量值的计算如公式(3.10)所示。其中, $\rho_{k,k'}$ 代表两个指标 k 与 k' 之间的相关性。在公式的第一个因子中,对与变量 k 的相关性小于某个阈值 ρ_H [例如,通过相关值之间有序集合的最大间隙点确定,可由两个指标间的相关系数的显著性确定,此处取置信度(双侧)为 0.01 的显著性结果]的所有指标进行求和。

$$w_k^a \propto \left[\frac{1}{1+\sum\limits_{k'=1}^{K}\rho_{k,k'} \mid \rho_{k,k'} < \rho_H}\right] \cdot \left[\frac{1}{\sum\limits_{k'=1}^{K}\rho_{k,k'} \mid \rho_{k,k'} \geqslant \rho_H}\right] \quad (3.10)$$

赋值指标的权重与群体中指标的可变性成正比,并与其所属的剥夺维度中的指标的平均相关性成反比,最终权重与两个因子的乘积成比例: $w_k = w_k^a \cdot w_k^b$,权重可以是任意缩放,即只需确保其相对值,一般将每个维度内的权重总和缩放为 1。

步骤四:同维度内的指标整合为指数。

将权重带入各维度(δ 为 $1,\cdots,\Delta$)得到单维度的综合度量值[1],见公式(3.11),式中,选取 $(1-d_{k,i})$ 得到的 S 为积极值,这是对于消极影响等级划分的指标采取的替换方法。

$$S_{\delta,i} = \frac{\sum\limits_{k\in\delta} W_k \cdot d_{k,i}}{\sum\limits_{k\in\delta} W_k} \quad (3.11)$$

与模糊经济度量方法相同,个人供给获取程度 FS_i^{δ} 可用三个替代定义表示,替代定义均与供给的相对概念一致,且类似于经济类指标所规定的三种形式。对于任意一个个体 i ,三个替换定义如下:

(1)用比个体 i 供给获取程度高的人数比表示,见公式(3.12)。式中, $F_i^{(\delta)}$ 可代表对个体 i 在维度 δ 评估 S 的分布函数。

$$u_i = \mathrm{FS}_i^{(\delta)} = 1 - F_i^{(\delta)} \quad (3.12)$$

(2)分配给所有比个体 i 供给获取程度高的 S 分布函数总值的占有率,用公式(3.13)表示。式中, $L_i^{(\delta)}$ 代表根据公式(3.14)计算所得的个体 i 在维度 δ 的评估 S 的洛伦兹曲线值。

$$u_i = \mathrm{FS}_i^{(\delta)} = 1 - L_i^{(\delta)} \quad (3.13)$$

$$1 - L_i^{(\delta)} = \left[\frac{\sum\limits_{j}\omega_j S_j \mid S_j > S_i}{\sum\limits_{j}\omega_j S_j \mid S_j > S_1}\right] \quad (3.14)$$

(3)前两种形式的组合,公式为式(3.15)。与(1)与(2)比较,同时考虑了数据

---

[1]　加权平均是整合指标组最普遍的计算方法,可包含所有指标的信息,但并不是唯一方法,有时根据实际背景,可选择其他形式的聚合,例如并集或交集。

值与数据分布值,是供给获取评估的更有效度量方法。

$$u_i = \mathrm{FS}_i^{(\delta)} = (1 - F_i^{(\delta)}) \cdot (1 - L_i^{(\delta)}) \tag{3.15}$$

步骤五:各维度的指标整合综合指数。如果将所有维度整合构建综合指数,简单的处理方法可以假设所有维度(Δ)具有相同的重要性,那么它们应该具有相同的权重,如公式(3.16)所示。

$$u_i = \mathrm{FS}_i = \frac{\sum_{\delta=1}^{\Delta} \mathrm{FS}_i^{(\delta)}}{\Delta} \tag{3.16}$$

然而,往往各维度间的整合因指标或评估结果的差异而存在不同的计量方式。首先需要确定各维度的结果对个人或家庭有多大程度的重叠,这一步骤对构建综合指数具有重要作用。综合指数构建的各步骤的共同目标是用较少的指标来概括不同方面,最终可能是以单一指标代替"总体"水平,以此较少或单一指标判断各个个体在群体内的排序。若用数学表达,可如公式(3.17)所示。定义 $u_{i,\delta}$ 为个体 i 在维度 δ 上的剥削程度。这一公式总结了维度间的整合方式的通用模式,以下对普遍使用的三类整合方式进行介绍。

$$u_i = f(u_{i1}, u_{i2}, u_{i3}, \cdots, u_{i\delta}) \tag{3.17}$$

若仅考虑共同出现在各个维度中的剥夺,则采用交集形式;若不区分维度和形式,只要出现了剥夺就被考虑,则采用并集形式。这两种形式是出于对剥夺范围的认可程度的差异,却有学者认为它们或遗漏信息或重复计算,均存在不足,因此均值的形式被提出。当所有剥夺形式都很重要时,将个人在不同维度的剥夺度进行均值化很有必要,从这个意义上说,不同维度间的剥夺值是互补的,因此,可以通过以某种适当的形式取均值来整合它们的综合效果。需要注意的是,某些维度的剥夺可能比其他维度更重要或更强烈,在此情况下,可以选用加权平均值,通过权重反映维度的相对重要性。公式(3.18)是对公式(3.16)在均值整合形式下的具体化,$\beta \neq 0$ 是为获得不同类型的均值而选择的参数,其中 $\beta=1$ 对应算术平均值。本书中,各个变量都对个体在不同维度上的剥削度产生影响,影响程度可用权重表示,因此,选用加权平均的整合形式最为恰当。

$$u_i = \left[\frac{\sum_j \overline{\omega}_j \mu_{i,j}^{\beta}}{\sum_j \overline{\omega}_j} \right]^{\frac{1}{\beta}} \tag{3.18}$$

■ 3.3　集中安置居民多维度多层次福利测量分析

为进行多维度多层次福利体系的福利测量分析,根据问卷内容和变量特征,对所有福利测量变量进行五等级划分,以实现变量间的无量纲化运算。变量等级划分及解释说明见表 3.7。

表3.7 福利测量变量等级划分及解释说明

编号	变量	等级				
		1	2	3	4	5
V_1	住房面积	121 m²及以上	81~120 m²	51~80 m²	31~50 m²	30 m²及以下
V_2	户型结构	五室及以上	四室	三室	两室	一室
V_3	住房类型	板楼低层	塔楼低层/板楼多层	塔楼多层/板楼小高层	塔楼小高层/板楼高层	塔楼高层
V_4	装修程度	很好	好	一般	差	很差
V_5	水电气的供应	充足	够用	部分短缺	短缺	没有
V_6	卫生设施的使用	很卫生	卫生	一般	不卫生	很不卫生
V_7	最常去的公交/地铁站	5分钟步行内	6~10分钟步行	11~15分钟步行	16~20分钟步行	20分钟步行外
V_8	最常去的超市	5分钟步行内	6~10分钟步行	11~15分钟步行	16~20分钟步行	20分钟步行外
V_9	最常去的公园	5分钟步行内	6~10分钟步行	11~15分钟步行	16~20分钟步行	20分钟步行外
V_{10}	最常去的诊所/医院	5分钟步行内	6~10分钟步行	11~15分钟步行	16~20分钟步行	20分钟步行外
V_{11}	子女(可能)的小学/中学	5分钟步行内	6~10分钟步行	11~15分钟步行	16~20分钟步行	20分钟步行外
V_{12}	工作酬劳满意度	很满意	比较满意	一般	比较不满意	很不满意
V_{13}	通勤费用	免费	200元/月以内	201~600元/月	601~1000元/月	1000元/月以上
V_{14}	通勤方式	步行/公司班车	公交/地铁	营运/私家摩托车	出租车	私家轿车

续表

编号	变量	等级				
		1	2	3	4	5
V_{15}	通勤时间(单程)	20 分钟内	20~40 分钟	41~60 分钟	61~80 分钟	80 分钟以上
V_{16}	工作稳定性	很好	比较好	一般	比较差	很差
V_{17}	职位上升潜力	很大	比较大	一般	比较小	很小
V_{18}	社区安保	很好	比较好	一般	比较差	很差
V_{19}	就医次数	0 次/年	1~3 次/年	4~6 次/年	7~9 次/年	10 次/年及以上
V_{20}	就医费用	100 元内	101~500 元	501~1500 元	1501~3000 元	3000 元以上
V_{21}	空气质量	很好	比较好	一般	比较差	很差
V_{22}	噪声污染	很安静	比较安静	一般	比较严重	很严重
V_{23}	社区绿化及开放空间	很多	比较多	一般	少	很少
V_{24}	休闲方式	健身运动	聚会交流	购物消费	室内娱乐	网络游戏及其他
V_{25}	休闲时间	9 小时以上/周	6~9 小时/周	3~6 小时/周	1~3 小时/周	1 小时以内/周
V_{26}	医疗保险	城镇职工医疗保险(二档)	城镇职工医疗保险(一档)	城乡居民医疗保险(二档)	城乡居民医疗保险(一档)	无
V_{27}	居住时间	16 年及以上	11~15 年	5~10 年	2~4 年	1 年及以内
V_{28}	邻里属性相似性	完全相似	基本相似	一般相似	部分不相似	完全不相似
V_{29}	参加社区活动次数	16 次/年及以上	11~15 次/年	6~10 次/年	1~5 次/年	0 次/年

续表

编号	变量	等级				
		1	2	3	4	5
V_{30}	拜年网关系规模	100人以上	51~100人	21~50人	11~20人	10人及以下
V_{31}	拜年网关系强度	非常强	比较强	一般	比较弱	很弱
V_{32}	拜年网关系质量	很强	比较强	一般	比较差	很差
V_{33}	恩格尔系数	低于30%	30%~35%	35%~40%	40%~45%	45%以上
V_{34}	家庭可支配收入	12万元/年以上	9~12万元/年	6~9万元/年	3~6万元/年	低于3万元/年
V_{35}	家庭消费性支出	8万元/年以上	6~8万元/年	4~6万元/年	2~4万元/年	低于2万元/年
V_{36}	产权性质	自有产权	—	长期使用权	—	限制使用权（仅在职期间可住）
V_{37}	(更新前)拆迁房市场价格	3000元/m²以上	2701~3000元/m²	2401~2700元/m²	2200~2400元/m²	2200元/m²以下
V_{37}	(更新后)安置房市场价格	3000元/m²以上	2701~3000元/m²	2401~2700元/m²	2200~2400元/m²	2200元/m²以下
V_{38}	不动产的保值增值	很强	比较强	一般	比较差	很差
V_{39}	养老保险	城镇职工养老保险	城乡居民养老保险（九至十二档）	城乡居民养老保险（五至八档）	城乡居民养老保险（一至四档）	无

以上 39 个变量为多维度多层次福利体系中的功能类变量,体现福利结果。整合四个安置区(嘉韵山水城、金银湾小区 221 号院、民新花园、人和花园)的样本为总样本,以模糊福利测量方法处理数据,定量化化龙桥片区更新前后安置居民的福利变化,进而分析城市更新对安置居民的整体影响。分别以维度、层次、变量三个视角对识别出的功能变量进行模糊测量,得到安置居民在更新前后的福利变化值与变化率。

3.3.1　基于维度的集中安置居民福利变化分析

文献中关于城市更新对安置居民的影响结果,表现出整体一致、部分存在争议的情况。多数研究认为,城市更新可以改善安置居民的居住条件,但由于安置居民的迁移破坏了原有社会结构,导致安置居民的社交网络瘫痪。结论争议点在于安置居民的经济状况是否因补偿而大幅提升,国内一些学者认为当前补偿标准较高,甚至部分更新项目为加快更新进程给出高额补偿[171],但越来越多的学者指出这一"一夜暴富"的现象背后隐藏的巨大问题,安置居民因缺乏对财富的驾驭能力,短期的经济水平飞跃也会造成短期的经济水平暴跌[172]。部分学者还认为,城市更新引致的安置居民迁移打乱了部分安置居民的工作状态,切断了他们的经济来源,长期会造成他们的经济水平下降[173]。

安置居民的福利可以从居住状态、就业状态、健康状态、社交状态和财富状态五个维度进行划分,是物质福利与精神福利或者说经济福利与非经济福利的多元化描述。维度视角上,安置居民在更新前后的福利变化情况见表 3.8。

表 3.8　城市更新前后集中安置居民福利变化——维度(样本来自四个社群)

维度	更新前福利值	更新后福利值	福利变化值	福利变化率
居住状态	0.23	0.33	0.10	45.11%
就业状态	0.26	0.24	−0.02	−9.48%
健康状态	0.22	0.32	0.10	46.99%
社交状态	0.20	0.21	0.01	4.65%
财富状态	0.56	0.59	0.03	5.25%

注:数据仅显示小数点后两位。

表 3.8 显示迁移近十年后,安置居民在居住状态、健康状态、社交状态和财富状态均有不同程度的福利提升,仅就业状态表现出稍许福利下降。这说明城市更新后安置居民的整体生活状态较更新前有所改善,城市更新对安置居民的影响性质整体呈积极性。若将人的社会存在分为生活和生产两种状态,呈现福利提升的四个维度均属于生活类,而呈现福利下降的维度则属于生产类,这也反映了城市更新对安置居民生活产生了积极干预,却对其生产造成了负面影响。

在福利上升的四个维度中,居住状态和健康状态福利提升明显,增幅分别为45.11%和46.99%,而社交状态和财富状态仅有4.65%和5.25%的提升。城市更新主要通过作用于安置居民的居住空间与环境来优化其居住体验,这一措施直接带来了安置居民居住状态和健康状态的提升,作用明显。而社交状态涉及安置居民的精神层面,仅物质上的环境优化只能通过连带效应间接刺激安置居民的生活态度向积极状态转变,而邻里关系的解构与重组则需要安置居民自身与外界共同作用来培养与维系,但结果显示社交状态福利在更新后仍有些微提高,反映出社区解构后经过一定的时间重组邻里纽带逐渐形成,这也得益于安置居民居住体验的提高带来的对精神的需求。

社交状态的提升与学者们的观点不一致,笔者在2015年也对案例对象进行了调研,分析结果显示,在社交状态上更新后比更新前的福利水平偏低,而时隔3年后的此次调研结果却是福利水平高于更新前,表明安置居民的社交网络在新的环境中重新建立需要一定的恢复期,在恢复期结束后的水平与更新前进行对比才能真实反映城市更新带来的影响。

财富和就业状态的结果验证了学者们关于安置居民经济水平变化的争议点。财富状态福利在更新后并未实现量的飞跃,仅有些微提升,一方面表明城市更新的补偿合理性,并未造成安置居民"拆迁富"的特殊社会现象;另一方面却表明安置居民并未或者较少获得城市更新的效益,这是城市更新效益分配不均的一种体现。就业状态福利在整体维度中与其他维度相反,出现下降,降幅为9.48%。安置居民经济收益潜力下降,在长期将表现出经济水平下降的趋势。安置居民在生活质量提升的同时,出现生产质量下降,这是当前城市更新安置补偿模式缺点的一个表象。这主要由于安置居民因迁移而影响其就业状态,表现在就业稳定性下降、通勤成本增加等方面,城市更新在此维度上的负面影响也为安置补偿的优化提供了方向。

为观测样本维度福利的分布情况,本书选用箱形图(见图3.6)来观测。箱形图是对样本分散情况的图形展示,一个数据箱从上至下包括上限、上四分值、中值、下四分值和下限,此外还包括平均值、最高值与最低值的差值。箱形图由于受异常值的影响相对较小,能够准确稳定地描绘出数据的离散分布情况。上四分位数与下四分位数的距离(四分位距)越小说明越集中,否则说明越分散。此外通过中位数偏向于上四分位数还是下四分位数可以分析数据分布的偏向。

图3.7揭示了安置居民基于维度的福利在更新前后的样本分散情况。在时间维度的对比上,也可以明显看出居住状态、健康状态在更新后有明显的数据上升,社交状态和财富状态有稍许提升,而就业状态有稍许下降,与前面的分析相吻合。此处重点对数据分散程度进行分析。

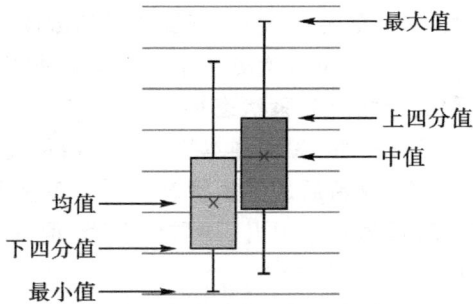

图 3.6　箱形图的构成与数据含义

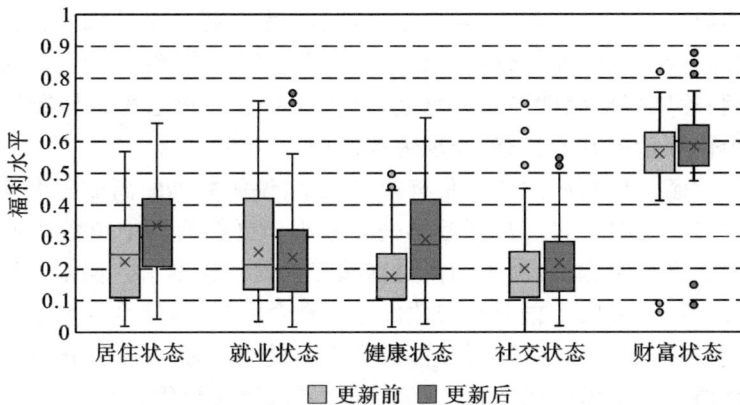

图 3.7　化龙桥片区更新前后安置居民维度福利变化箱形图(总样本)

(1)居住状态。更新后四分位距有稍许减小,说明数据的离散程度有轻微集中的趋势,安置居民的居住状态福利差异稍有减小。更新前后中位数均偏向于上四分位数,说明数据分布偏上,低于均值居住状态福利的样本个数偏少。更新前均值略低于中值,而更新后均值与中值基本重合,说明样本均值对整体样本的居住状态福利的体现更加准确。总之,更新后的居住状态福利分布呈现分异性稍有减小、优质个体偏多的状态,表现为数值提升、质量较高。

(2)就业状态。更新后四分位距明显减小,下四分位值相似,而上四分位值明显降低,说明数据集中度有大幅提升,安置居民的就业状态福利差异缩小明显。更新前后中位数均偏向于下四分位数,说明数据分布偏下,低于均值居住状态福利的样本个数偏多。更新前后均值均偏高于中位数相同的距离,但均处于箱体中部,说明样本均值较中值更能体现整体样本的就业状态福利的实际情况。总之,更新后的就业状态福利分布呈现分异性明显减小、优质个体量占比下降的状态,表现为数值与质量同时下降。

(3)健康状态。更新后四分位距明显增大,上四分位值较下四分位值增长更大,说明数据离散度增大,向高的方向偏离,安置居民的健康状态福利差异变大,此差异性呈现积极性。更新前后中位数均处于上下四分位数中部,说明数据分布上下分布基本相同,高于和低于均值健康状态福利的样本容量相当。更新前后均值均略高于中值,但均处于箱体中部,说明样本均值较中值更能体现整体样本的健康状态福利的实际情况。总之,更新后的健康状态福利分布呈现分异性明显增大、优质个体增长明显的状态,表现为数值提升、均质性下降,但均质性下降是由于高数值明显提升,为积极属性。

(4)社交状态。更新前后四分位距基本相同,说明数据的离散程度未有明显变化,安置居民的社交状态福利差异未有明显变化。更新前后中位数均偏向于下四分位数,说明数据分布偏下,低于均值社交状态福利的样本个数偏多。更新后均值与中值的距离减小,说明数据分布与数值分布吻合度提升,综合性数值对整体样本社交状态福利的体现准确性提高。总之,更新后的社交状态福利分布呈现分异性不变、优质个体等量提升的状态,表现为数值提升、质量较优。

(5)财富状态。更新后四分位距有稍许减小,说明数据的离散程度有轻微集中的趋势,安置居民的财富状态福利差异稍有减小。更新前后中位数均偏向于上四分位数,说明数据分布偏上,高于均值财富状态福利的样本个数偏多。更新后均值与中值的距离减小,说明数据分布与数值分布吻合度提升,综合性数值对整体样本财富状态福利的体现准确性提高。总之,更新后的财富状态福利分布呈现分异性稍有减小、优质个体偏多的状态,表现为数值提升、质量较优。

3.3.2　基于层次的集中安置居民福利变化分析

安置居民的福利可以从生存层次、生计层次、生活层次和发展层次四个层次进行划分,是以马斯洛需求层次理论为依据的阶梯式福利需求描述。层次视角上,安置居民在更新前后的福利变化情况见表3.9。

表 3.9　城市更新前后安置居民福利变化——层次(总样本)

层次	更新前福利值	更新后福利值	福利变化值	福利变化率
生存层次	0.19	0.20	0.01	7.10%
生计层次	0.25	0.21	−0.05	−18.94%
生活层次	0.27	0.35	0.08	30.64%
发展层次	0.25	0.27	0.02	7.68%

注:数据仅显示小数点后两位。

表3.9显示在更新大约十年后,安置居民在生存层次、生活层次和发展层次均有不同程度的福利提升,仅生计层次表现出福利下降。与福利的五维度视角计算结果一致,说明城市更新后安置居民的整体生活状态较更新前有所改善,在层次

层面,城市更新对安置居民生活进行了积极干预却对其生产造成了负面影响。

在福利上升的三个层次中,生活层次福利提升明显,增幅为 30.64%,而生存层次福利和发展层次福利略有上升,仅有 7.10% 和 7.68% 的提升。生存层面福利提升不明显并不表明安置居民最基础的物质诉求未得到补偿,而是因为在更新前安置居民的基本物质需要已得到满足,因此生存层次福利已无太大的提升空间。安置居民在迁移后的物质改善主要表现为以居住环境为载体的生活品质的提升,是较高层次的物质诉求和与之相关的精神诉求,与生活层次福利大幅提升相吻合。而发展层次并未出现大幅提升,反映出在迁移时点后补偿对安置居民的后续影响力骤减,安置居民迁移后的福利提升欠缺可持续性。生计层次福利在整体层次福利中与其他层次相反,出现大幅下降,降幅为 18.94%,与维度福利分析中就业状态出现下滑一致。安置居民在生活品质提升的同时,其谋生所得以及就业中获得的各自物质与非物质资源因迁移而减少,这是当前城市更新安置补偿模式缺点的一个表象。

选用箱形图(见图 3.8)来观测样本层次福利的分布情况,图 3.8 揭示了安置居民层次福利在更新前后的样本分散情况。在时间的对比上,生活层次的福利水平在更新后有明显的数据上升,生存层次和发展层次的福利水平有稍许提升,而生计层次的福利水平有大幅下降,与前面的分析相吻合。此处重点对数据分散程度进行分析。

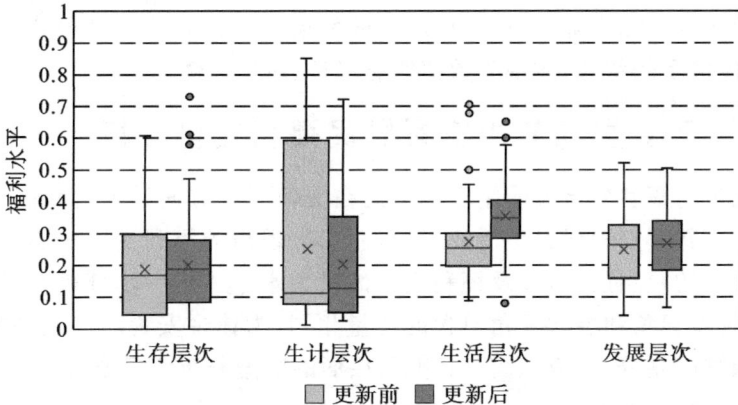

图 3.8　化龙桥片区更新前后安置居民层次福利变化箱形图(总样本)

(1)生存层次。更新后四分位距明显减小,说明数据的离散程度有集中趋势,安置居民的生存层次福利差异明显减小。更新前后中位数均偏向于上四分位数,说明数据分布偏上,低于生存层次福利水平均值的样本个数偏少。更新前后均值均偏高于中位数相同的距离,表明数据分布比数值分布更能体现整体样本的生存层次福利的实际情况,即本书中的测算方法比忽略数据分布的测算方法更科学有效。总之,更新后的生存层次福利分布呈现分异性明显减小、优质个体增多的状态,表现为数值提升、质量较高。

(2)生计层次。更新后四分位距减小,上四分位值明显降低,下四分位值稍有降低,说明数据集中度大幅提升,安置居民的生计层次福利差异缩小明显。更新前后中位数均偏向于下四分位数,说明数据分布偏下,低于生计层次福利水平均值的样本个数偏多。更新前后均值均偏高于中位数大致相同的距离,但均处于箱体中部,说明样本均值较中值更能体现整体样本的生计层次福利的实际情况。总之,更新后的生计层次福利分布呈现分异性明显减小、优质个体量占比下降的状态,表现为数值与质量同时下降。

(3)生活层次。更新前后四分位距基本相同,说明数据的离散程度未有明显变化,安置居民的生活层次福利差异未有明显变化。更新前后中位数均处于上下四分位数中部,说明数据分布在均值上下较为对称,高于和低于生活层次福利水平均值的样本容量相当。更新后均值与中值的距离减小,说明数据分布与数值分布吻合度提升,综合性数值对整体样本生活层次福利体现的准确性提高。总之,更新后的生活层次福利分布呈现分异性不变、优质个体等量提升的状态,表现为数值与质量同步提升。

(4)发展层次。更新后四分位距有稍许减小,说明数据的离散程度有轻微集中的趋势,安置居民的发展层次福利差异稍有减小。更新前后中位数均偏向于上四分位数,说明数据分布偏上,高于发展层次福利水平均值的样本个数偏多。更新前均值略低于中值,而更新后均值与中值基本重合,说明样本均值对整体样本的发展层次福利的体现更加准确。总之,更新后的发展层次福利分布呈现分异性稍有减小、优质个体偏多的状态,表现为数值略有提升、质量较优。

3.3.3　基于变量的集中安置居民福利变化分析

维度视角的福利变化表明了安置居民在更新后各方面诉求的状态,据此可全面评判城市更新对安置居民生活的影响;而层次视角的福利变化表明了安置居民在更新后所处的福利层级,以及福利提升的潜力水平。进一步分析变量福利的变化情况,因维度视角和层次视角包含的变量相同,为体现安置居民福利的多元化,该部分按照维度划分,用散点图进行变量层面的数据分布情况分析。

1.居住状态维度

安置居民的居住状态由"住房面积""户型结构""住房类型""装修程度""水电气的供应""卫生设施的使用""最常去的公交/地铁站""最常去的超市""最常去的公园""最常去的诊所/医院""子女(可能)的小学/中学"十一个变量组成,从房屋结构布局及其配套基础设施、房屋所在区位对公共设施的可达性三方面进行描述。

1)居住状态维度中变量组合含义

(1)房屋结构布局。变量"住房面积""户型结构""住房类型"属于房屋结构布局,是最直接反映居民居住空间与环境的变量。房屋不仅是居民的生存寄托,还是一个家庭的基本,它涵盖居民对居住安全与私密空间的需求和家庭情感的维系。

"住房面积"常与"家庭人口数"共同确定个人住房面积,与"住房类型"一起分析居住的舒适度;此外,"户型结构"对居住空间的使用便利性进行衡量。这三个变量均表示的是居民所处最久的空间为居民提供的物质与精神层面的居住功能需求。

(2)配套基础设施。房屋使用功能的实现需要一定的配套基础设施的支持,本研究选取变量"装修程度""水电气的供应""卫生设施的使用"进行衡量。装修一方面提供实现居住所必需的家具、电器等设备,另一方面衡量满足基本生存需要基础上的对感官与高品质居住状态的追求;"水电气的供应"是居住基础状态的体现,涵盖民生饮水与照明的基础生存需求;"卫生设施的使用"是对居住环境好坏的衡量,只有卫生的环境才能保障居民的健康,这也在一定程度上体现了居民的生存需求。这三个变量因较难直接量化,因此选用居民使用满意度做五级量化处理。

(3)房屋所在区位对公共设施的可达性。与居民日常生活息息相关的外部联系是购物、就医、休闲、娱乐,有学龄儿童的还包括就学,居民为实现这些功能而建立起的与相应的公共设施之间的可达性联系可以衡量居民获得这些生活功能的难易程度与构建生活质量水平的高低。为此,选取居民对最常去的几类生活设施[最常去的公交/地铁站、最常去的超市、最常去的公园、最常去的诊所/医院、子女(可能)的小学/中学]的可达性,由于居民的日常生活所需多以步行实现,因此以步行时间为标准进行可达性量化描述。比较舒适的生活圈是 20 分钟步行范围,将 20 分钟步行时间划分为五个等级,等级间为 5 分钟的步行差。

2)居住状态维度中变量组合福利变化数值分析

安置居民在更新前后的居住状态变量的福利变化值与变化率见表 3.10。

表 3.10　城市更新前后安置居民福利变化——居住状态变量(总样本)

编号	变量	更新前福利	更新后福利	福利变化值	福利变化率
V_1	住房面积	0.21	0.18	-0.02	-10.31%
V_2	户型结构	0.18	0.19	<0.01	0.64%
V_3	住房类型	0.17	0.21	0.05	27.95%
V_4	装修程度	0.15	0.22	0.07	47.55%
V_5	水电气的供应	0.18	0.72	0.54	302.43%
V_6	卫生设施的使用	0.17	0.56	0.39	227.62%
V_7	最常去的公交/地铁站	0.22	0.31	0.09	40.35%
V_8	最常去的超市	0.49	0.32	-0.17	-35.31%
V_9	最常去的公园	0.14	0.17	0.03	22.57%
V_{10}	最常去的诊所/医院	0.17	0.19	0.03	15.38%
V_{11}	子女(可能)的小学/中学	0.16	0.18	0.02	13.04%

注:数据仅显示小数点后两位。

(1)房屋结构布局。表 3.10 中"住房面积""户型结构""住房类型"三个变量的福利测量值在更新前后均有差异,其中,"户型结构"并未有明显变化,说明安置居民的住房空间使用便利性并未因住房的更换而发生改变。"住房面积"代表的福利状态有稍许下降,变化率为 10.31%,但结合更新后家庭人口数的下降(子女离家组成新的家庭,这一现象在样本中比较普遍),个人居住空间大小还需后续深入分析。更新后,"住房类型"福利值提升,提升率为 27.95%,说明除基本居住空间"量"上的改变外,安置居民的居住空间"质"上有了些微提升。

(2)配套基础设施。表 3.10 中"装修程度""水电气的供应""卫生设施的使用"三个变量在更新后均有不同程度的福利水平提升。其中,"装修程度"福利值提升较高,提升率为 47.55%;"水电气的供应"和"卫生设施的使用"福利提升非常大,提升率分别高达 302.43% 和 227.62%,体现了安置居民对较高居住品质的追求。这三个变量在更新后的福利提升说明除基本居住空间的提供外,安置居民的居住质量在更新后有很大的改善,这也在侧面反映了城市更新对改善安置居民的居住条件的积极反馈。

(3)房屋所在区位对公共设施的可达性。表 3.10 中变量"最常去的超市"的福利测量值在更新后减少 0.17,下降率达 35.31%,说明更新后安置居民群体对生活超市的可达性有明显降低。通过对安置居民群体的访谈与笔者的实地调研,可知生活超市可达性降低并不能全面反映居民在生活购物上福利的降低,原因在于可达性的降低虽然反映了居住点与超市的距离增大,但却由超市的形式与居民的生活方式的改变所致。更新前,很多小型购物超市或便利店零星分散于居民点中,为安置居民提供生活所需物品,安置居民到超市的距离很近,而更新后,随着居民区的封闭,加之大型超市的市场侵蚀,小型购物超市或便利店或消失或迁出居民点,安置居民倾向于到距离稍远的大型超市一站式购物,因此表现出到超市可达性的降低,但购物体验的提升对大多数安置居民而言,尤其是中青年,可在一定程度上弥补因可达性降低造成的时间成本损耗。而其他四个变量的福利测量值在更新后均有所提升,尤其是到公交/地铁站的可达性,提升率达 40.35%,这得益于城市交通设施的建设,为居民的生活带来出行的便利。而到公园、诊所/医院、小学/中学的可达性提高,也在一定程度上反映了城市公共设施在数量与空间分布上的优质化增强。

3)居住状态维度中变量组合福利变化数据分布分析

图 3.9 中样本容量的分布图直观显示了居住状态福利在更新后呈现两极分化缓解、数值向上偏移的变化趋势。变量组合的福利数据分布情况见图 3.10。

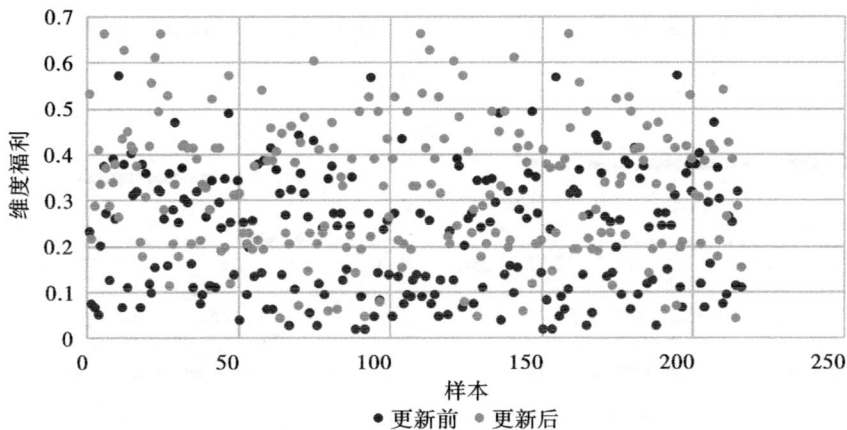

图 3.9 化龙桥片区更新前后安置居民居住状态维度福利分布散点图

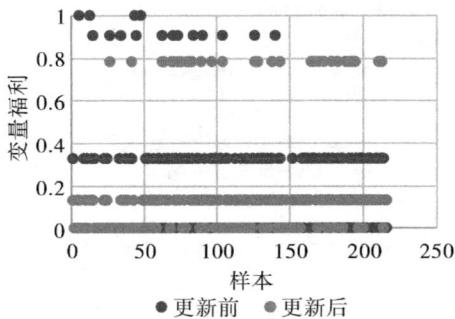

（a）住房面积

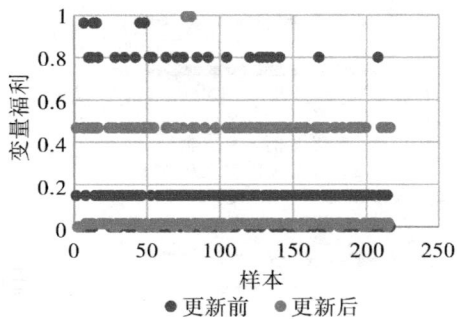

（b）户型结构

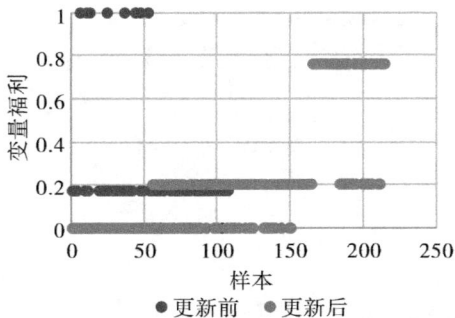

（c）住房类型

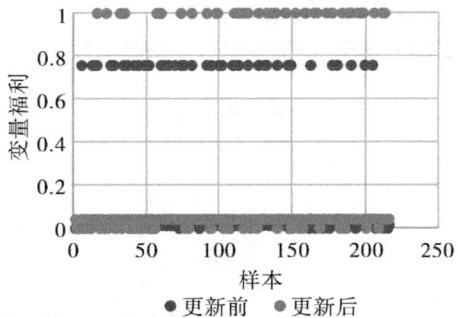

（d）装修程度

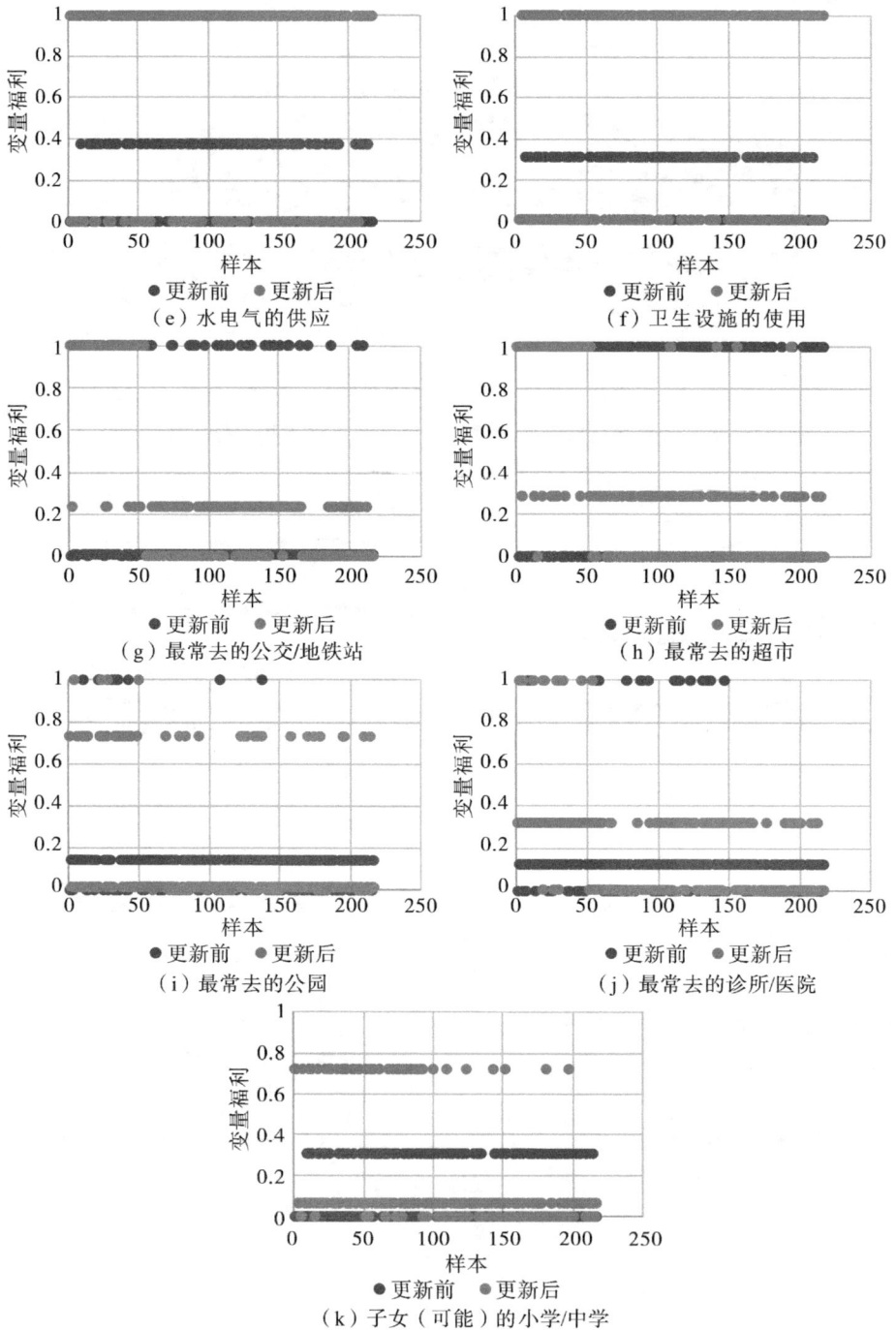

（e）水电气的供应

（f）卫生设施的使用

（g）最常去的公交/地铁站

（h）最常去的超市

（i）最常去的公园

（j）最常去的诊所/医院

（k）子女（可能）的小学/中学

图 3.10 化龙桥片区更新前后安置居民居住状态变量权重福利分布散点图

(1)房屋结构布局。图 3.10 显示变量"住房面积""户型结构""住房类型"的样本福利在更新后有不同程度的分布集中趋势。在更新前,这三个变量均有占比较少的高福利样本,而更新后这些高福利样本均消失,新出现的福利水平样本均处于原有样本之下,而较低福利样本也出现普遍下移,此分布情况是较差的趋势体现。考虑到变量"住房类型"的整体福利提升结果,此量值提升明显带有较严重的劣质属性,整体福利的提升方式仅靠较多的较低水平福利样本些微上移来维持,对安置居民群体的整体居住状况的优化贡献不大。

(2)配套基础设施。图 3.10 显示"装修程度""水电气的供应""卫生设施的使用"三个变量的福利样本分布均出现两极分化的趋势。变量"装修程度"在更新前已表现出较大的两极分化,其中较高福利样本占比小于低福利样本占比,而更新后出现更高的福利水平分布,占比与更新前较高福利相似,低福利样本占比与更新前无异,可以认为整体福利水平的提升得益于更高福利水平样本的出现,为积极属性的两极分化。变量"水电气的供应"和"卫生设施的使用"两极分化更加明显,突出的分布变化为高福利样本的大量出现,而在更新前,所有样本均未出现在中等水平线以上,虽然更新后低福利样本依然存在,但高福利样本的崛起则表现出大部分群体住房状况明显改善的积极信号,具有一定的带动效应。

(3)房屋所在区位对公共设施的可达性。图 3.10 显示安置居民个体在更新前后对各类公共设施的可达性分布上存在明显差异。变量"最常去的公交/地铁站"和"最常去的超市"在更新前可达性福利两极分化明显,低福利样本占比稍多,而更新后两极分化减弱,低福利样本占比减少,中偏低福利样本占比量很大,而高福利样本占比明显降低,这一福利分异减弱呈消极属性,即分异减弱的原因中高福利的降低多于低福利的提升,造成整体福利非全优化提升。变量"最常去的公园""最常去的诊所/医院""子女(可能)的小学/中学"在更新前样本多处于较低福利状态,更新后较高福利样本明显出现,占比较大,而低福利状态样本占比基本不变,说明较高福利样本的大量出现完全由于较低福利样本的质量提升,此为积极福利提升,虽整体福利提升量低于前两个变量,但它们却表现出更高质量的全优化提升。

2. 就业状态维度

安置居民的就业状态由"工作酬劳满意度""通勤费用""通勤方式""通勤时间""工作稳定性""职位上升潜力"六个变量组成,从通勤成本和工作特征两方面进行描述。

1)就业状态维度中变量组合含义

(1)工作特征。工作特征决定了个体在生产中利用自身的生产能力所能获得的当前效益状态及未来效益潜力,当前效益状态用"工作酬劳满意度"表示,未来效益潜力用"工作稳定性"和"职位上升潜力"来表示。为与财富状态进行区分,本维度主要侧重个体对工作呈现的非物质属性的评价,但仍然选用"工作酬劳满意度"这一变量表示收入水平的主观感受,其他两类也同样为个体的主观评判,进行等级划分实现量化。

(2)通勤成本。个体在就业中的纯福利需要从就业获得的效益中扣除因工作耗费的成本,通勤成本是最主要的部分,选取"通勤费用""通勤方式""通勤时间"三个变量共同衡量。由于通勤成本不仅要涵盖经济成本,还要考虑精神层面的通勤体验,因此,除选用通常代表通勤成本的"通勤费用"外,本书还增加了"通勤方式"和"通勤时间"两个变量,代表在通勤过程中舒适性及对生活状态的干扰。

2)就业状态维度中变量组合福利变化数值分析

安置居民在更新前后的就业状态变量的福利变化值与变化率见表3.11。

表 3.11　城市更新前后安置居民福利变化——就业状态变量(总样本)

编号	变量	更新前福利	更新后福利	福利变化值	福利变化率
V_{12}	工作酬劳满意度	0.22	0.18	−0.03	−15.58%
V_{13}	通勤费用	0.27	0.25	−0.02	−8.48%
V_{14}	通勤方式	0.28	0.27	−0.01	−3.62%
V_{15}	通勤时间	0.34	0.30	−0.05	−13.91%
V_{16}	工作稳定性	0.22	0.17	−0.05	−22.12%
V_{17}	职位上升潜力	0.23	0.26	0.02	8.87%

注:数据仅显示小数点后两位。

(1)工作特征。表3.11中变量"工作酬劳满意度"和"工作稳定性"的福利测量值在更新后均有所减少,减少量分别为0.03和0.05,下降率分别达15.58%和22.12%,说明更新后安置居民在工作中的主观感受变差,对工作的满意度降低。由于居住地的改变,安置居民群体的就业状态也因职住关系的改变而受到影响,尤其受影响的是以原居住地为环境承载谋生的安置居民,部分因迁移而失业,部分需重新寻找并培育相契合的谋生途径,而在较长的一段时间会影响工作酬劳水平,因此出现此两个变量水平的下降。而"职位上升潜力"的福利测量值有稍许提高,增长值为0.02,增长率为8.87%,此结果同时受安置居民就业能力的自然累积与外部帮扶的影响。一方面,随着就业时间的增长,个体的就业能力均会不同程度增长;另一方面,外部环境提供的就业培训及相关技能信息也对个体就业能力的更快提升起到促进作用。结合访谈结果,得出前者是导致样本结果的主要原因,因此更新后安置居民群体职位上升潜力提升并非主要由城市更新所致。

(2)通勤成本。表3.11中变量"通勤费用""通勤方式""通勤时间"的福利测量值在更新后均有小幅下降,下降值分别为0.02、0.01和0.05,下降率分别为

8.48%、3.62%和13.91%,以通勤时间的福利值下降最为明显。个体在就业选择中往往将工作地与居住地之间的可达性作为主要考量标准之一,因此在更新前,安置居民的职住关系表现出一定的匹配性,而异地迁移后,这种匹配的职住关系被打破,多数安置居民职住失衡,因此"通勤时间"是最能反映这一失衡的变量。但安置居民群体的通勤时间并未出现大幅增长,这源于城市交通设施的建设以及安置居民交通方式的影响,道路的建设、公共交通线路的增加及交通工具的提速提高了地理空间上的可达性,减弱了因迁移造成的地理空间的职住错配。而新的交通工具的使用及较长的通勤时间也增加了一定的通勤费用,但得益于前述城市公共设施的优化,通勤费用的增长并不十分明显。

3)就业状态维度中变量组合福利变化数据分布分析

图 3.11 中样本容量的分布图直观显示了就业状态福利在更新后虽两极分化减缓,但皆因高福利水平的下降所致,就业状态样本数值向下偏移。变量组合的福利数据分布情况见图 3.12。

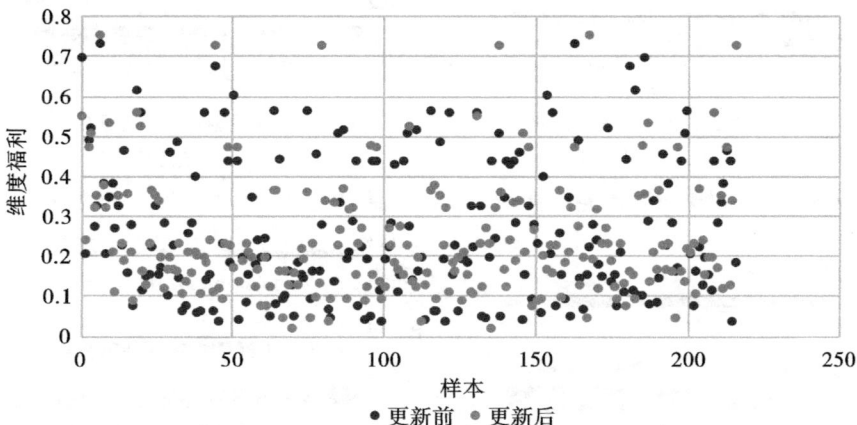

图 3.11　化龙桥片区更新前后安置居民就业状态维度福利分布散点图

(1)工作特征。图 3.12 显示变量"工作酬劳满意度"和"工作稳定性"的样本福利在更新后大部分数据分布明显下降。此两个变量中,更新前有部分福利样本处于较高水平状态,占比较大,但更新后虽然出现小部分更高福利样本,但占比很小,反映出多数较高福利样本出现分布下移,低福利样本占比增大,表现出福利下降的部分劣质属性。变量"职位上升潜力"的福利样本分布在更新后匀质性明显,部分样本稍有下移,由于此变量的影响因素主要来自个体的自然成长,因此此处可将其分布结果继续弱化,而以变量"工作酬劳满意度"和"工作稳定性"的分布变化趋势来代表工作特征福利的变化,即带有部分劣质属性偏向的福利值下降。

(2)通勤成本。图 3.12 显示变量"通勤费用""通勤方式""通勤时间"在更新前两极分化明显,低福利样本占比较大,几乎没有中等福利水平的样本。而更新后,

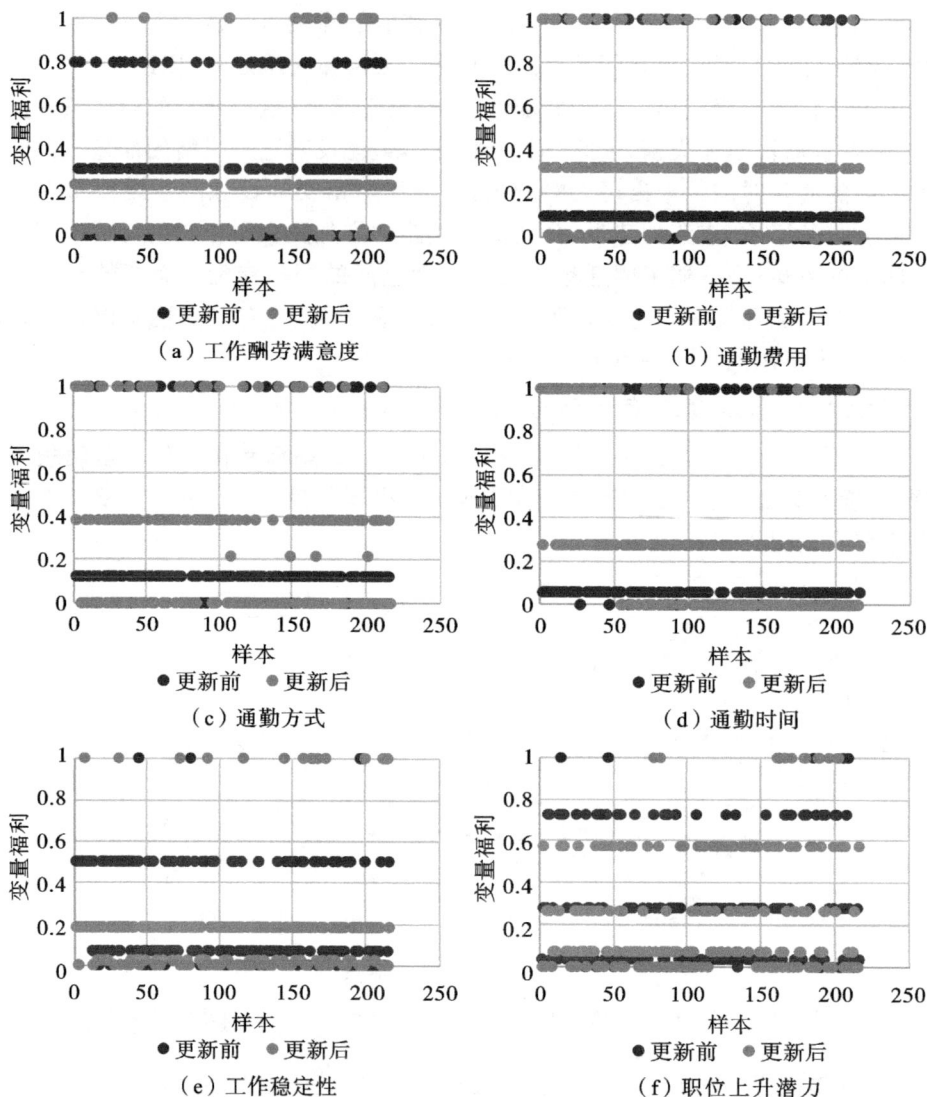

图 3.12　化龙桥片区更新前后安置居民就业状态变量权重福利分布散点图

出现占比较大的中等偏低福利样本,而较高福利样本占比稍有减小,说明中等偏低福利样本多由低福利样本提升而来,此部分为积极属性的福利提升,但由于提升幅度较小,无法弥补部分高等福利的下降值,整体仍表现出福利水平的下降。

3.健康状态维度

安置居民的健康状态由"社区安保""就医次数""就医费用""空气质量""噪声污染""社区绿化及开放空间""休闲方式""休闲时间""医疗保险"九个变量组成,从社区环境的安全健康性、安置居民生活方式的健康性以及就医情况三方面进行描述。

1）健康状态维度中变量组合含义

（1）社区环境的安全健康性。居民对社区环境的基本要求是可以保障居民的人身财产安全与人身健康。变量"社区安保""空气质量""噪声污染""社区绿化及开放空间"用以衡量社区环境的安全健康性水平。社区安保涉及社区治安、消防与交通，通常由物业管理组织部门负责，在维持社区秩序的同时，及时清查并消除隐患，以保护社区居民的人身财产安全。在人身安全得到保障的同时，社区提供的建筑外环境对居民的居住质量也产生很大影响，如噪声污染打扰居民休息，除有害身体健康外，还会使居民产生负面情绪；空气污染易诱发居民呼吸道疾病；而社区绿化可减轻空气与噪声污染，开放空间可为居民提供健身与交流场所，强化居民身体素质，加强居民间情感维系。此四个变量均以外部环境作用于居民影响其身心健康，通过等级划分进行量化评价。

（2）安置居民生活方式的健康性。影响居民身心健康的因素除了外部环境外，还有居民自身的生活方式，健康的生活方式有助于提高身体的抵抗力，相反，不健康的生活方式往往是疾病的温床。在快节奏生活方式下，越来越多人处于亚健康状态，在忙碌的工作之余，如何提高身体素质成为居民普遍重视的话题。变量"休闲方式"和"休闲时间"可以衡量居民生活的健康程度。对于休闲方式，本书选取研究时间段内普遍存在的方式，将其按照健康程度进行等级划分以量化。而休闲时间，是对居民维持健康状态的"量"的衡量，与"休闲方式"的"质"的衡量，共同评价安置居民生活方式的健康性。

（3）就医情况。居民在健康受到威胁时需要借助医疗进行改善，选用"就医次数""就医费用""医疗保险"三个变量进行衡量。居民对医疗设施的可达性在居住状态维度已有涉及，此处侧重于就医过程中的情况，通过"就医次数"判断居民的身体健康程度，通过"就医费用"与"医疗保险"衡量居民的就医负担，从侧面反映居民是否有足够经济能力获得适当的医疗救助。

2）健康状态维度中变量组合福利变化数值分析

安置居民在更新前后的健康状态变量的福利变化值与变化率见表 3.12。

表 3.12 城市更新前后安置居民福利变化——健康状态变量（总样本）

编号	变量	更新前福利	更新后福利	福利变化值	福利变化率
V_{18}	社区安保	0.17	0.25	0.07	41.84%
V_{19}	就医次数	0.17	0.09	−0.08	−49.15%
V_{20}	就医费用	0.29	0.20	−0.08	−28.77%
V_{21}	空气质量	0.15	0.21	0.06	38.84%
V_{22}	噪声污染	0.20	0.22	0.02	8.41%

编号	变量	更新前福利	更新后福利	福利变化值	福利变化率
V_{23}	社区绿化及开放空间	0.19	0.26	0.08	42.90%
V_{24}	休闲方式	0.32	0.40	0.08	24.66%
V_{25}	休闲时间	0.14	0.20	0.06	39.38%
V_{26}	医疗保险	0.68	0.68	0.00	0.00%

注:数据仅显示小数点后两位。

(1)社区环境的安全健康性。表 3.12 中变量"社区安保""空气质量""社区绿化及开放空间"的福利测量值在更新后均有大幅提升,提升率为 40% 左右,"噪声污染"的福利测量值也有 8.41% 的小幅提升。这四个变量所体现的社区环境的安全健康性在更新后的优化,说明居民在迁移以后不仅获得了房屋建筑内部的物质环境优化,而且住房外部的社区空间也提供了更适合居住的条件。福利提升率的大小也说明社区环境的优化方面集中在硬件配套上,涉及社区开放空间宜居性建设,安防设施、休闲设施的配备,结合道路组织、门禁管理等为居民提供保障性服务。而噪声污染的较低提升率,有两方面的原因:一方面虽然更新后社区的集中化减弱了社区内非居住噪声的干扰,但社区规模与建筑密度的增大,使得居住噪声加强;而另一方面则归结于社区外环境的不可控干扰,城市道路体系的密集性建设与车流量的增加造成居住区受到道路噪声的干扰。这两方面的共同干扰使得居民的噪声接收总值有小幅度的下降,因此福利提升率很低。

(2)安置居民生活方式的健康性。表 3.12 中变量"休闲方式"和"休闲时间"的福利测量值在更新后均有较大提升,提升率分别为 24.66% 和 39.38%,说明安置居民在更新后选择了较健康的休闲方式,并花费更多的时间与精力在自身健康的维持上。这也同访谈中人们对健康的重视相吻合,越来越多的人认为需要并付诸行动花费更多的时间投入健身中,当然也存在部分人的休闲方式倒退的情形,如人们对电子产品的过度依赖,而且不同年龄段与性别的居民对休闲方式的选择存在差异,下一章将做深入探讨。

(3)就医情况。表 3.12 中变量"就医次数"和"就医费用"的福利测量值在更新后均有下降,下降率分别为 49.15% 和 28.77%,表明安置居民在更新后的健康水平有所下降,在医疗上的支出也有所增加。但结合当前城市居民的普遍就医水平,并不能将这一结果归因于城市更新所致,同时,也考虑到人们的就医态度在近些年的改变,人们越来越重视自身的健康问题,在身体欠佳时较以往更倾向于选择优质医疗服务,形成普遍的就医次数与就医费用的增长,因此,数据结果并非安置居民特例。变量"医疗保险"的福利测量值在更新前后无变化,说明安置居民的参保情况并未随着城市更新引致的迁移而发生改变。

3)健康状态维度中变量组合福利变化数据分布分析

图 3.13 中样本容量的分布图直观显示了健康状态福利在更新后分异性增大、数值向上偏移的变化趋势。变量组合的福利数据分布情况见图 3.14。

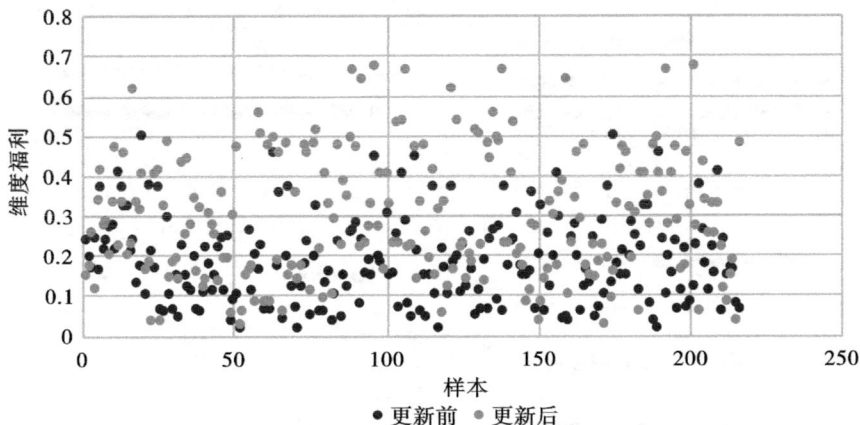

图 3.13 化龙桥片区更新前后安置居民健康状态维度福利分布散点图

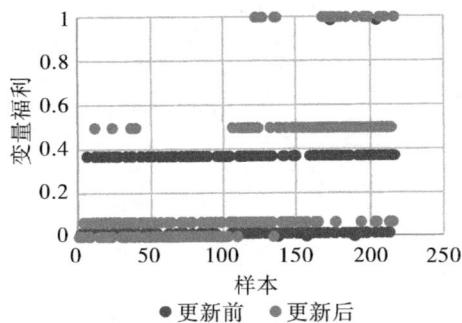

（a）社区安保

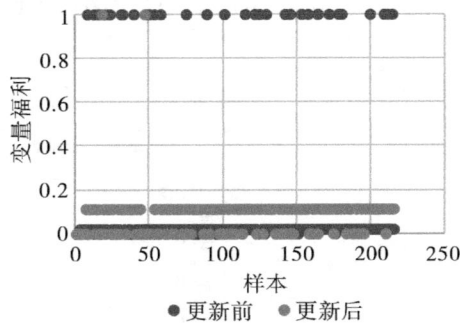

（b）就医次数

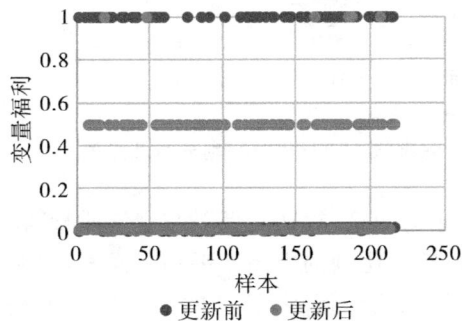

（c）就医费用

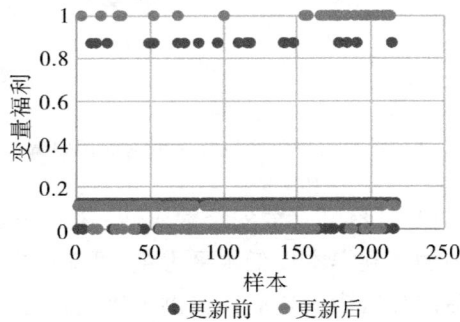

（d）空气质量

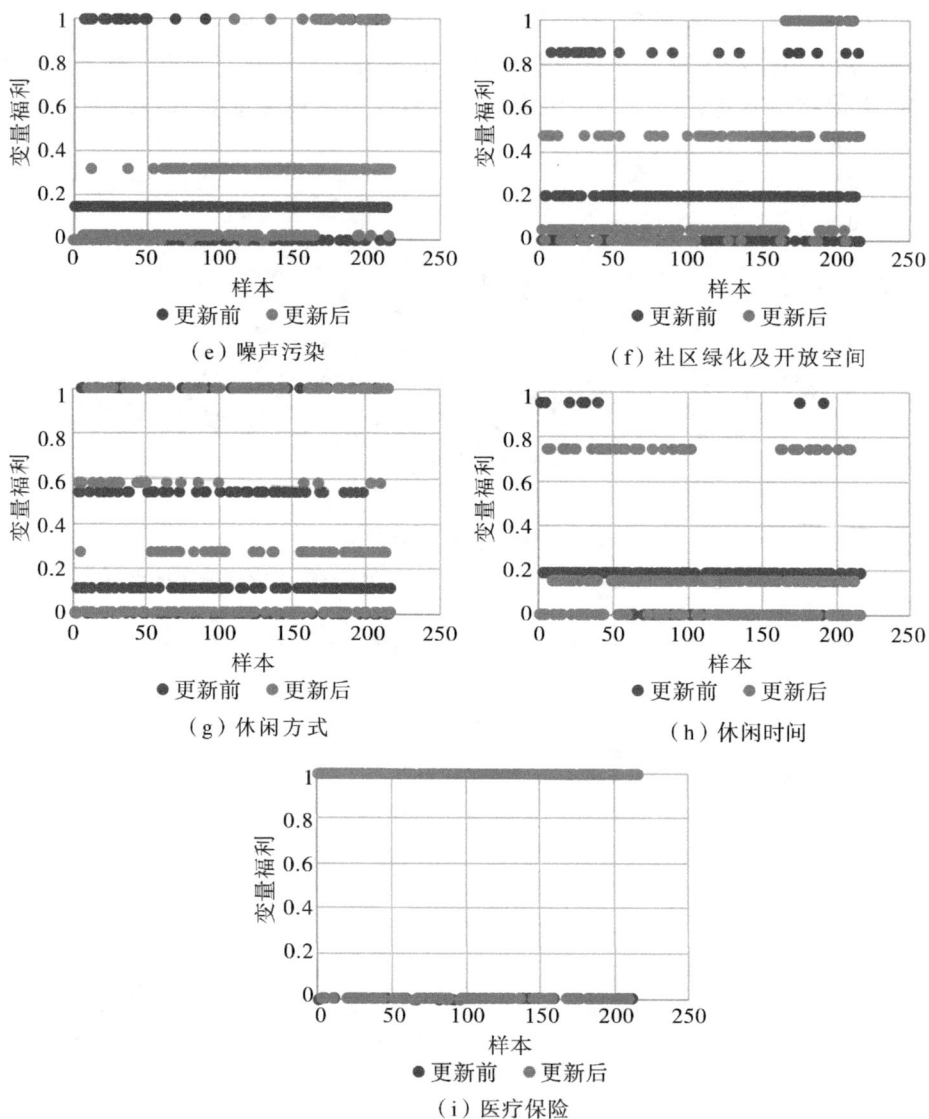

（e）噪声污染　　　　　　　　　　（f）社区绿化及开放空间

（g）休闲方式　　　　　　　　　　（h）休闲时间

（i）医疗保险

图3.14　化龙桥片区更新前后安置居民健康状态变量权重福利分布散点图

（1）社区环境的安全健康性。图3.14显示变量"社区安保"和"空气质量"在更新前的福利样本以低水平为主，更新后出现较大比例的中高水平福利样本，说明更新后的社区为安置居民提供了比更新前较好的安保服务，社区的空气质量也较更新前有明显改善。变量"噪声污染"和"社区绿化及开放空间"在更新前后的福利样本中较高水平的占比基本不变，而较低福利样本出现大比例的水平提升，虽提升率不高，但稀释了低福利样本对总体福利值的拉低效果，是比较积极的福利提升属性。总体而言,社区环境的安全健康性出现大量福利样本的积极性上移,是很好的福利提升趋势。

(2)安置居民生活方式的健康性。图3.14显示变量"休闲方式"的福利样本分布在更新前呈现高水平、中等水平与低水平三足鼎立的状态,说明更新前安置居民的休闲方式已呈多元化,更新后高水平样本占比增多,部分低水平样本上移,呈积极的福利上升趋势。变量"休闲时间"在更新前样本分布几乎都处于较低水平及以下,而在更新后较高福利样本占比出现较大增长,说明部分安置居民意识到忙碌的生活方式影响身体健康,而选择增加休闲时间来增强体质。此外,这也是居民在物质需求基本满足的同时开始追求高质量生活的一种体现。

(3)就医情况。图3.14显示变量"就医次数"和"就医费用"的福利样本分布在更新前两极分化明显,低福利样本占比多于高福利样本,无中等福利样本,表明安置居民的健康水平差异性明显,而更新后两个变量的高福利水平样本几乎全部消失,下移为较低福利样本,安置居民的健康状况下滑,但考虑到此现象遍及城市居民,主要并非因迁移所致,居民的健康状况可偏向该维度的其他变量指标的结果分析。变量"医疗保险"的福利样本分布在更新前后无变化,均为分异性明显,高福利样本占比明显高于低福利样本,这也得益于医疗保障制度的有效实施,但低福利样本依然存在也说明了医疗保障制度的宣传仍有上升空间。

4. 社交状态维度

安置居民的社交状态由"居住时间""邻里属性相似性""参加社区活动次数""拜年网关系规模""拜年网关系强度""拜年网关系质量"六个变量组成,从邻里关系、社会关系两方面进行描述。

1)社交状态维度中变量组合含义

(1)邻里关系。人际交往不仅可以带来情感上的收获,如通过交流为生活减压,还可为改善物质生活助力,如获得各类有价值的信息以及遇到困难时寻求帮助。而人际交往的对象中,除家人外,邻里因自然距离的贴近成为生活中接触最多的人群,因此邻里关系是人际交往中的重要组成部分。邻里关系的构建需要一定的外在条件的支持,如足够的接触与了解的机会。"居住时间"是衡量邻里关系强弱的重要指标,只有经过一定的时间,邻里关系才能经历发展期形成稳定的状态;"邻里属性的相似性"是拉近邻里关系的基础,相似的社会与经济背景容易理解与包容对方,并产生共同的话题建立信任感,形成邻里的强联系。此外,居民个人对邻里交往的态度与实现邻里交往的外部条件(社区能力)同样可以促进或抑制邻里关系的建立,"参加社区活动的次数"可以反映出这两种因素共同作用于居民的社交结果。一般情况下,社区提供较多的环境与服务,居民对邻里交往有积极的倾向,可以实现邻里间较好的质量关系。

(2)社会关系。与邻里关系相比,社会关系脱离了社区空间的局限,是一种更广的社交联系。邻里关系具有较强的生活属性,而社会关系具有较强的工作属性,表现出物质方面的资本价值,如就业、投资信息获取、经济互助等。由于社会关系与邻里关系有一定的重叠,此处将社会关系与邻里关系定义为包含关系,即社会关系包含邻里关系,通过一定的方法对社会关系的测量包含个人对外的所有联系。对社会关系的研究中,工具支持网、情感讨论网和拜年网是较常选用的社会网络。我国学者多选用拜年网(春节期间以各种方式互相拜年的人所形成的社会网络),且认为其是最能反映个人与他人关系的一种网络,因此本书选用拜年网,通过对其规模、强度、质量三方面的测量代表安置居民的社会关系,三个变量为"拜年网关系规模""拜年网关系强度""拜年网关系质量"。

2)社交状态维度中变量组合福利变化数值分析

安置居民在更新前后的社交状态变量的福利变化值与变化率见表3.13。

表3.13　城市更新前后安置居民福利变化——社交状态变量(总样本)

编号	变量	更新前福利	更新后福利	福利变化值	福利变化率
V_{27}	居住时间	0.29	0.14	−0.15	−51.61%
V_{28}	邻里属性相似性	0.30	0.26	−0.04	−13.78%
V_{29}	参加社区活动次数	0.21	0.22	0.01	4.56%
V_{30}	拜年网关系规模	0.17	0.21	0.04	25.42%
V_{31}	拜年网关系强度	0.15	0.20	0.04	26.66%
V_{32}	拜年网关系质量	0.19	0.24	0.05	27.19%

注:数据仅显示小数点后两位。

(1)邻里关系。表3.13中变量"居住时间"和"邻里属性相似性"的福利测量值在更新后有不同程度的下降。其中,"居住时间"的福利值下降51.61%,说明安置居民在更新后的社区居住时间较更新前短,化龙桥片区更新从最初的动迁到现在已过去十几年,一般的邻里生命周期的发展期为五年,说明在更新后安置居民已经进入稳定的邻里周期,可反映出最真实的邻里关系,这样看来时间对于安置居民的邻里关系构建在更新前后影响不大。"邻里属性相似性"的福利测量值在更新后有13.78%的下降,表明更新后的邻里属性多元化有些微增强,由于迁移过程中安置居民对社区的选择对安置居民的属性进行了筛选,具有相同社会经济背景的安置居民倾向于做出相似的迁移决策,使得邻里属性的相似性增强。但是,新的社区中非化龙桥片区安置居民的群体入侵也稀释了邻里属性的相似性程度。"参加社区活动次数"的福利测量值在更新后有些许增大,说明更新前后安置居民群体在社区提供的交往环境和自身社交态度的总和没有明显差异,这在一定程度上揭示出更新后整体社区治理环境在邻里建设方面有待提高。

(2)社会关系。表 3.13 中变量"拜年网关系规模""拜年网关系强度""拜年网关系质量"的福利测量值在更新后均有 25% 左右的上升,说明安置居民在更新后的社交状态有较大提升,由于上述邻里关系提升不足,所以这得益于安置居民与邻里外的联系。安置居民在更新前的社交范围主要集中于居住区,而更新后的社交范围拓宽,向居住区外延伸。访谈中也得出结论,安置居民在更新后的社交圈多以工作中建立的社交网为主,以工作联系为纽带从经济上的业务互助发展为情感上的志趣相投,在社交规模、联系强度、联系人社会经济能力上均有所提高。

3)社交状态维度中变量组合福利变化数据分布分析

图 3.15 中样本容量的分布图直观显示了社交状态福利在更新前后分布未有明显变化、整体数值略向上偏移的变化趋势。变量组合的福利数据分布情况见图 3.16。

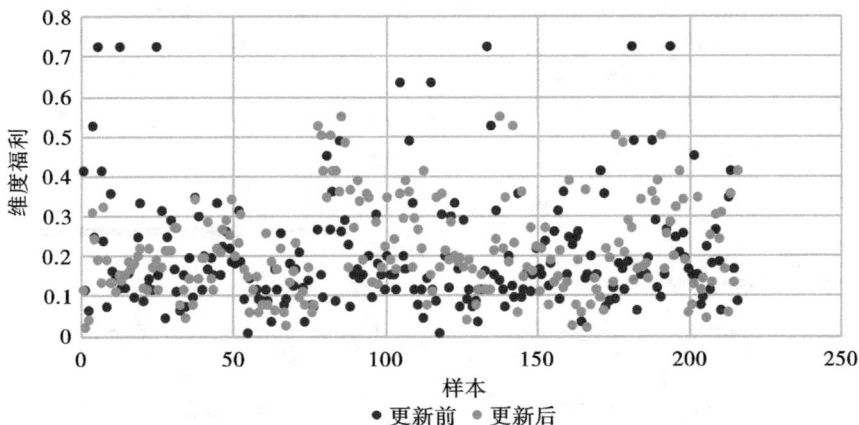

图 3.15　化龙桥片区更新前后安置居民社交状态维度福利分布散点图

(1)邻里关系。图 3.16 显示变量"居住时间"的福利样本分布在更新前分布均匀,安置居民在化龙桥的居住年限长短不一、参差不齐,而在更新后的社区居住年限则较一致,为十多年,因此,该变量体现的福利值则比较集中。变量"邻里属性相似性"的高福利水平样本在更新后占比下降,低福利水平样本占比未有明显变化,说明部分安置居民认为邻里与自己的社会经济背景相似性在更新后有了下降,反映出迁移后社区的居民属性向多元化方向发展。变量"参加社区活动次数"的福利样本分布在更新前多处于较低部分以下,而在更新后较高福利水平的样本容量稍有增加,但福利值较更新前的高福利水平样本偏低,说明更新后安

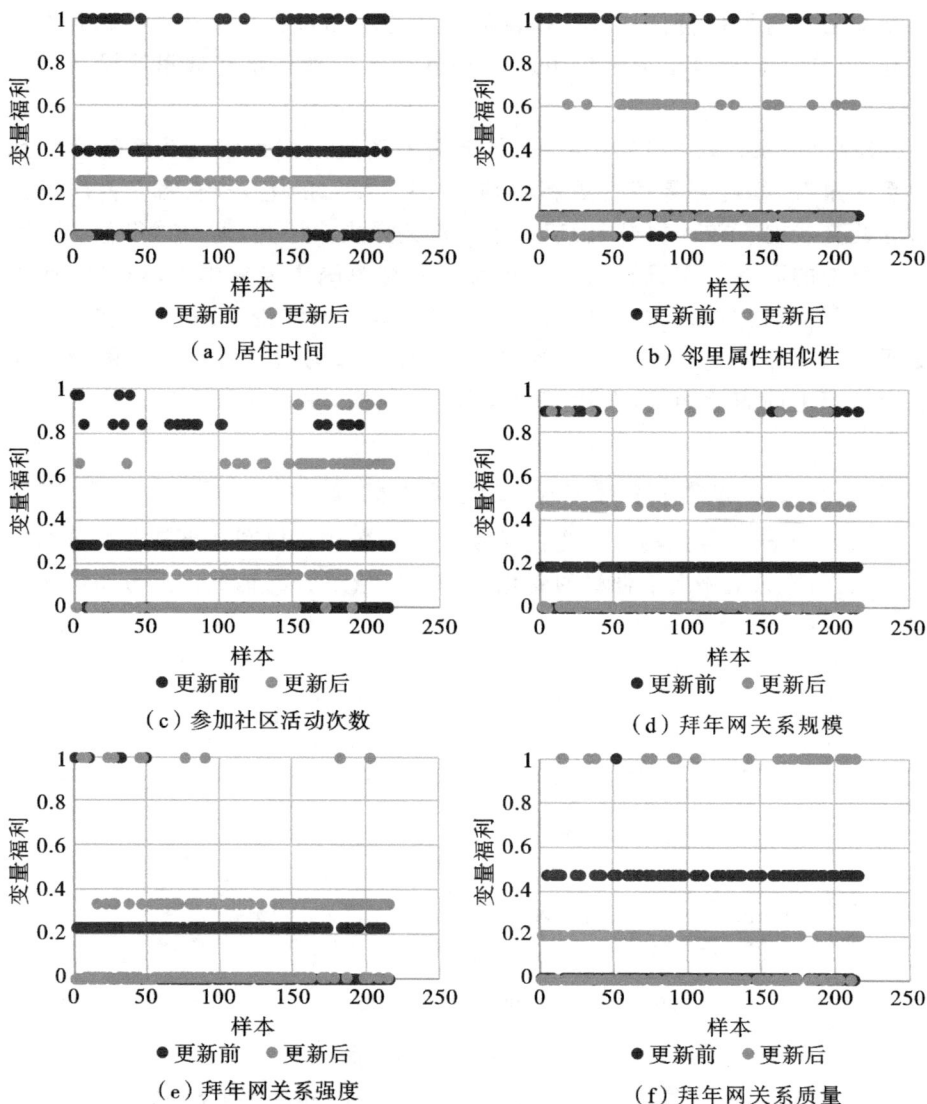

图 3.16 化龙桥片区更新前后安置居民社交状态变量权重福利分布散点图

置居民的社区活跃度分异性稍有缓解,但平均水平未有明显提升,这一变量的福利变化略呈消极属性,有待通过增强社区治理激活社区活力,以提高邻里关系的质量。

（2）社会关系。图 3.16 显示变量"拜年网关系规模"和"拜年网关系强度"的福利样本分布在更新前几乎都处于中等水平以下,说明安置居民在更新前的社交关系整体呈现较差的状态,且差异性不明显,而更新后却出现了明显差异,中等福利水平样本出现且占比很大,而高等福利样本也有增加,这两个变量样本的分布变化情况说明安置居民群体整体社交关系在更新后有积极的改善。变量"拜年网关系质量"的福利样本分布在更新前主要处于低水平和中等水平且占比相当,而更新后出现较低水平样本和高水平样本,中等水平样本消失,虽福利水平综合值上升,但中等水平以下样本占比增多,表现出消极态势。这说明虽然安置居民社交关系在更新后得以提升,但由于安置居民自身社会经济背景的局限,联系对象的社会经济水平没有整体的质量提升,社交关系发展潜力不足。

5. 财富状态维度

安置居民的居住状态由"恩格尔系数""家庭可支配收入""家庭消费性支出""产权性质""住房市场价格""不动产的保值增值""养老保险"七个变量组成,从家庭收支、不动产价值、养老保障三方面进行描述。

1)财富状态维度中变量组合含义

(1)家庭收支。家庭收支是衡量家庭生活水平与未来发展潜力的重要因素,"家庭可支配收入"是消费的前提和基础,"家庭消费性支出"是维持一定生活水平的必要条件,而收支差额也是家庭财富累积的一种重要方式。在考虑支出结构中,"恩格尔系数"是衡量家庭生活水平的重要指标,一般情况下,食品支出占家庭总消费支出的比例越高,家庭生活水平就越低;反之亦然。

(2)不动产价值。《中国家庭财富调查报告(2018)》显示 2017 年房产净值占家庭财富的 66.35%,说明大部分的家庭财富来自房产,因此本书选用变量"产权性质""住房市场价格""不动产的保值增值"来衡量安置居民在更新前后的不动产的现有价值和其保值增值性。首先,只有拥有完全产权的住房才能将其作为资产进行资产流通和价值变现,"产权性质"是对安置居民是否拥有住房资产价值的判断标准。拆迁房的市场价格是更新前的住房价值,因更新获得的补偿款或安置房的市场价格为更新后的住房价值。而经常的维修、保养不仅能延长住房的使用寿命,给居民提供长期性较好的居住感受,而且能帮助其保值增值。

(3)养老保障。养老保险与医疗保险同属于我国社保的范畴,是国家保障医有所靠、老有所依的有效措施。养老保险的目的是保障老年人的基本生活需求,为其提供稳定可靠的生活来源,分为职工养老保险和居民养老保险,因前者参保效益高于后者,故在福利等级划分中将前者定义为较高等级,而后者为中等等级,未参保为最低等级。

2)财富状态维度中变量组合福利变化数值分析

安置居民在更新前后的财富状态变量的福利变化值与变化率见表 3.14。

表 3.14　城市更新前后安置居民福利变化——财富状态变量（总样本）

编号	变量	更新前福利	更新后福利	福利变化值	福利变化率
V_{33}	恩格尔系数	0.20	0.28	0.09	44.04%
V_{34}	家庭可支配收入	0.16	0.20	0.04	26.53%
V_{35}	家庭消费性支出	0.19	0.21	0.02	9.98%
V_{36}	产权性质	0.96	0.96	0.00	0
V_{37}	住房市场价格	0.21	0.14	−0.07	−34.00%
V_{38}	不动产的保值增值	0.21	0.21	0.00	−0.06%
V_{39}	养老保险	0.69	0.68	0.00	−0.53%

注：数据仅显示小数点后两位。

（1）家庭收支。表 3.14 中变量"恩格尔系数""家庭可支配收入""家庭消费性支出"的福利测量值在更新后均变大，以"恩格尔系数"所体现的福利提升最大，增长率为 44.04%，反映出食品支出占比降低。但需要注意的是近年来越来越多研究对恩格尔系数所反映的结论存在质疑。因为，在消费结构中，教育与医疗等发展型消费是一种比较特殊的消费，具有消费刚性，不会随收入水平的改变而表现出较大的消费弹性。同时，由于发展型消费数额和比例的增加，消耗了低收入家庭相当部分的支付能力，使其被迫减少生存型消费支出的数额和比例，导致生活质量的降低。这一观点在对安置居民的访谈中也得到了证实，尤其是教育与住房的高消费使得安置居民不得不在一定程度上压缩食品支出，所以这一变量的福利测量值较真实值略偏高，安置居民的家庭生活水平显著提高。而"家庭消费性支出"的福利测量值仅增大 9.98%，低于"家庭可支配收入"的福利测量值增长值，说明安置居民的财富累积水平较更新前有所增加。

（2）不动产价值。表 3.14 中变量"产权性质"和"不动产的保值增值"的福利测量值在更新前后基本上无变化，说明实物补偿并未改变安置居民的住房权利，补偿标准为同权属房屋置换，在居住过程中物业对住房的维护水平也没有提升，补偿仅涉及房屋的置换，补偿方式短视化，并未考虑通过后期良好的住房维护以实现安置居民居住环境的长久改善。变量"住房市场价格"的福利测量值在更新后有明显下降，说明安置居民的单位住房资产值因更新而被动贬值。房屋的价值受多种因素影响，包括自身因素，如区位因素、实物因素、权益因素，以及外部因素，如人口因素、制度政策、经济因素、社会因素、国际因素等，在此研究背景下，因是城市内迁移，且更新前后的价值以更新时点为考量，可忽略因时间差引起的政策制度的变化，因此可将因素锁定为住房因素及外部社会经济环境因素。从前述分析中可知住房房屋结构布局、基础配套设施在更新后显著提升，因此，导致安置居民在更新后单位住房资产值降低的原因是住房所在区位所带来的各类资源与服务较更新前下降。

（3）养老保障。表 3.14 中变量"养老保险"的福利测量值在更新后有些微下降，访谈中了解到，部分安置居民在更新后失业或转为自由职业，由职工养老保险变为居民养老保险，而部分安置居民则相反，就业水平提高后，由居民养老保险转为职工养老保险，表现出的整体福利水平无明显变化。

3）财富状态维度中变量组合福利变化数据分布分析

图 3.17 中样本容量的分布图直观显示了财富状态福利在更新后样本分布依然相对集中、数值较更新前略有上移的变化趋势。变量组合的福利数据分布情况见图 3.18。

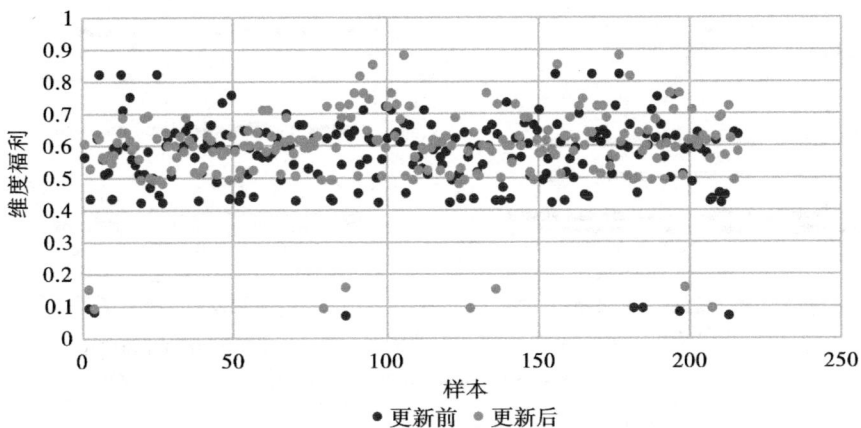

图 3.17　化龙桥片区更新前后安置居民财富状态维度福利分布散点图

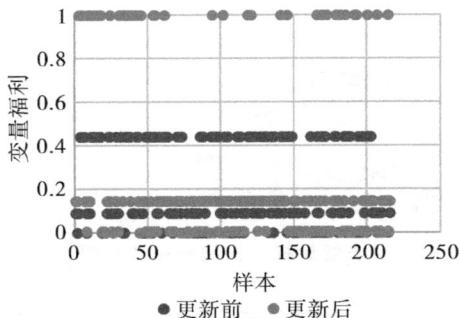

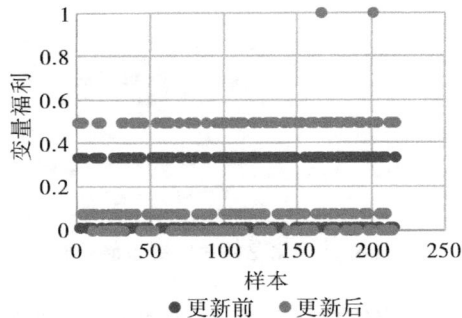

（a）恩格尔系数　　　　　　　　　　（b）家庭可支配收入

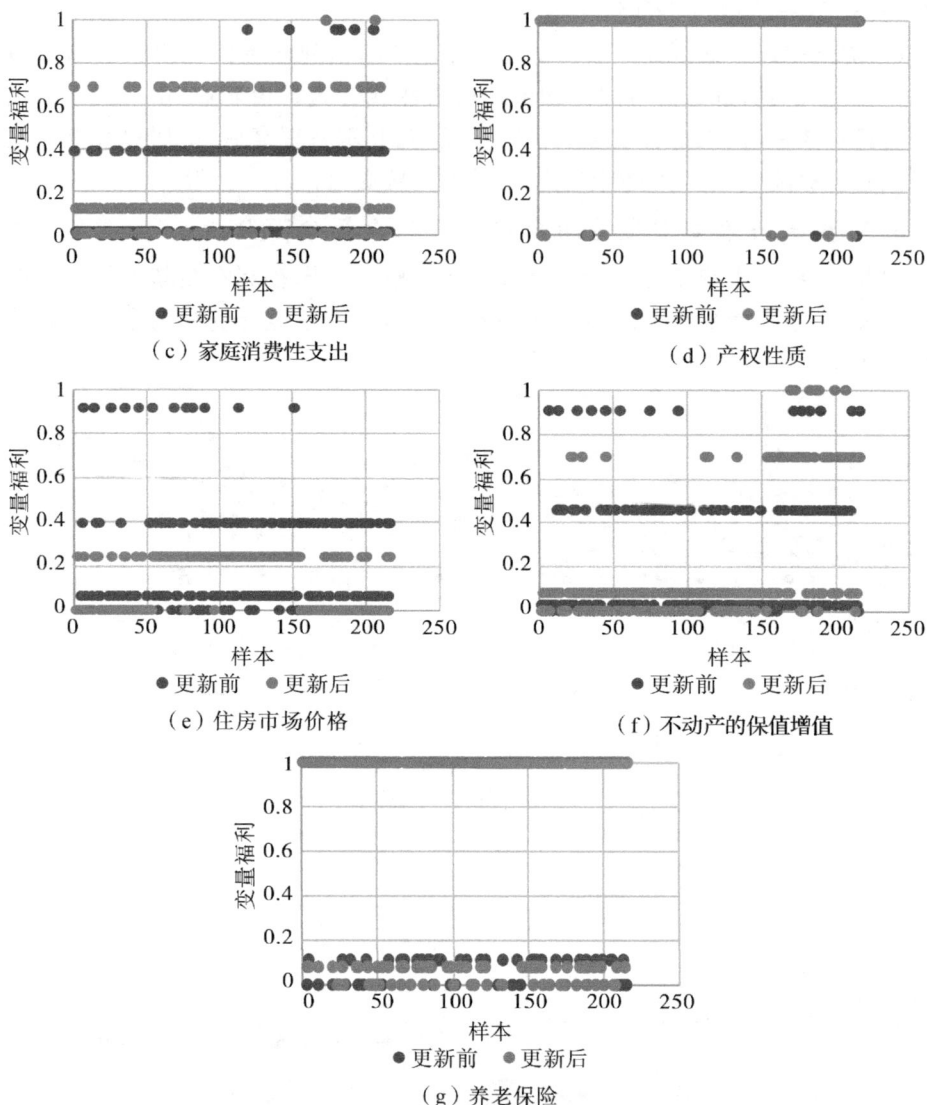

图 3.18　化龙桥片区更新前后安置居民财富状态变量权重福利分布散点图

（1）家庭收支。图 3.18 显示变量"恩格尔系数""家庭可支配收入""家庭消费性支出"的福利样本分布在更新前均处于中等水平线以下，而在更新后出现中等水平以上的样本。其中，变量"恩格尔系数"出现高福利样本，样本容量少于更新前的中等福利样本容量，较低福利样本较更新前略偏上但样本容量高于更新前，表明这一变量体现的福利状态在更新后有了较大的福利分异，安置居民之间的食品消费占比情况差异明显。变量"家庭可支配收入"和"家庭消费性支出"在更新后分别出现中等和较高等的福利样本,后者较前者的分布变化更大,但样本容量较少,使得综合福利变化率低于前者。安置居民在更新后的消费水平差异较大也反映出安置居民的收入上升使得他们有足够的经济保障来选择能承受的生活水平,是安置居民具有较强经济实力的表现。

(2)不动产价值。图 3.18 显示变量"产权性质"在更新前后大部分分布于高水平状态,代表绝大多数安置居民在更新前后均拥有住房产权,只有个别安置居民仅拥有住房使用权。访谈中得知,仅拥有住房使用权的居民全部为工厂职工,在职期间享受职工公寓的使用权,未出现短租租客。这一结果反映出安置补偿将租客排斥在外,仅针对拥有产权的业主。变量"住房市场价格"的福利样本分布在更新前多集中在中等水平以下,较高福利样本较少,而更新后全部集中分布于较低水平,说明安置房的市场价格较原有住房偏低,主要源于更新后的区位及其所提供的资源与服务的降低,反映出安置居民在更新后未能充分享受到更新区域带来的后续社会经济效益。变量"不动产的保值增值"在更新前的福利样本分布较为分散,低水平样本容量最多,较高水平样本次之,中等水平样本最少,而在更新后仅小部分样本处于较高水平,其余样本均分布于较低水平,说明该变量在更新后产生了较明显的福利分异。样本选自四个安置小区,在原因剖析中,除了考虑安置居民自身因素外,还应考虑社区治理水平,因为不动产的维护主要靠物业的有效管理,包括对住房的定期检查与及时维修,以维持住房及其基础配套设施良好的居住功能。这一变量的福利差异也反映出不同的社区治理水平对安置居民的生活质量带来的重大影响,在安置居民福利提升策略中应将此作为重点优化内容。

(3)养老保障。图 3.18 显示变量"养老保险"的福利样本分布在更新前后没有明显变化,均两极分化明显,表明安置居民的参保状态存在较大差异,但访谈中了解到几乎没有未参保样本,说明养老保险的福利制度实施情况良好,但职工医疗保险占比有待提高,以实现安置居民养老的更高保障水平。

■3.4　小结

为全面反映安置居民的生活状态,本章以可行能力方法构建多维度多层次福利体系,其中福利测量体系涉及居住状态、就业状态、健康状态、社交状态和财富状态五个维度,以及生存、生计、生活和发展四个层次,形成多维度多层次的综合福利测量体系,福利影响体系涉及自身禀赋、物质环境和社会情境三方面。此外,借鉴模糊贫困与剥夺模型构建模糊福利测量模型。在此理论模型基础上,以重庆市化龙桥片区更新为例,对长期生活于此的安置居民因更新而导致迁移进而生活等各方面发生变化进行研究,测量安置居民更新前后的福利状态变化。

本章采用模糊福利测量模型对安置居民在更新前后的福利进行测量,并分别从维度、层次和变量层面做了福利变化分析。维度视角,在数值方面,仅就业状态表现出稍许福利下降,其他状态均有不同程度的福利提升,其中居住状态和健康状态福利提升明显。在数据分布方面,更新后的居住状态、就业状态、健康状态、社交状态和财富状态福利分布分别呈现:分异性稍有减小、优质个体偏多的状态,表现为数值提升、质量较高;分异性明显减小、优质个体量占比下降的状态,表现为数值与质量同时下降;分异性明显增大、优质个体增长明显的状态,表现为数值提升、均质性下降,但具有积极属性;分异性不变、优质个体等量提升的状态,表现为数值提升、质量较优;分异性稍有减小、优质个体偏多的状态,表现为数值提升、质量较优。层次视角,在数值方面,仅生计层次表现出福利下降,其他层次均有不同程度的福利提升,其中生活层次福利提升明显。在数据分布方面,更新后的生存层次、生计层次、生活层次和发展层次福利分布分别呈现:分异性明显减小、优质个体增多的状态,表现为数值提升、质量较高;分异性明显减小、优质个体量占比下降的状态,表现为数值与质量同时下降;分异性不变、优质个体等量提升的状态,表现为数值与质量同步提升;分异性稍有减小、优质个体偏多的状态,表现为数值略有提升、质量较优。

变量层面的福利变化对比分析中,房屋结构布局以低水平样本的福利提升呈现量与质的改善,配套基础设施以高福利样本的大量出现带动整体水平的大幅提升,房屋所在区位对公共设施的可达性以生活类设施的高水平样本降低与发展类设施的低水平样本提升呈现高便利性;安置居民的工作特征因为低福利样本占比增大而整体变差,通勤成本整体水平增高并呈现分化减弱;社区环境安全健康性以较低福利样本出现大比例上移而引致整体水平提升,安置居民生活方式的健康性也呈现向高质量变化的趋势,而安置居民的体质及健康状况却有所下降;安置居民的邻里关系和社会关系经过一定的恢复期趋于稳定,邻里关系略疏远而社交关系略紧密,且个体间分异加剧;安置居民的财富累积水平较更新前有所增加但分异加剧,不动产价值低于更新区房地产市场价格。

本章3.2节和3.3节的内容主要集中于福利测量体系的定量化分析,而3.1节构建的多维度多层次福利体系中,福利测量体系受福利影响体系的影响,它们作用于个体的可行能力影响着其获取功能的可行集规模与水平。具有不同属性和外部环境的个体拥有不同的功能获取能力,最终表现出差异性的功能集合选择而出现福利分异现象。其分别从安置居民社群的内部驱动因素和外部诱导因素两方面作用于安置居民的生活状态,呈现为由于自身禀赋导致的群体分异和由于外部环境导致的空间分异,第4章与第5章分别对这两类分异现象进行分析研究。

第 4 章

影响集中安置居民福利变化的
内部驱动因素研究

▪ 4.1 影响集中安置居民福利变化的内部驱动因素的作用机理

安置居民的可行能力受自身禀赋与外部环境共同作用影响,本章针对自身禀赋这一类因素,即内部驱动方面,探讨其对福利的影响关系。本书案例中,政府提供的安置房房源主要集中在嘉韵山水城、民新花园、金银湾小区 221 号院和人和花园四个小区,安置居民迁往不同的安置区是安置居民自身禀赋特征表现出的迁移决策结果,因此本书以重组的四个新社群来划分安置居民。

(1)社群一:迁移至嘉韵山水城小区(为李子坝社区管辖)的安置居民;

(2)社群二:迁移至金银湾小区 221 号院(为金银湾社区管辖)的安置居民;

(3)社群三:迁移至民新花园小区(为平安街社区管辖)的安置居民;

(4)社群四:迁移至人和花园小区(为万年路社区管辖)的安置居民。

本章内容以图 4.1 的理论模型为框架。内部驱动因素决定着安置居民的福利变化结果,本章首先分析不同社群的自身禀赋特征,再测量不同社群的福利变化结果,进而探讨自身禀赋与福利变化之间的关联。

自身禀赋是安置居民内部驱动性可行能力的体现,影响安置居民对功能活动的选择,结果体现在安置居民的福利变化上。安置居民因自身禀赋不同,对安置决策有各自偏好,在政府提供的诸多安置补偿方案中,分异出几类群体。本案例中,以四个安置区为群别重组为四个社群,通过描述性分析,可对比出各个社群在自身禀赋上的特点。分社群的安置居民福利变化以第 3 章中构建的模糊福利测量模型进行测算。在自身禀赋对安置居民福利变化的影响分析中,选取福利内部驱动体系中十个自身禀赋变量作为自变量,以安置居民的维度视角福利作为因变量,以灰色关联分析法定量化探讨其间的影响关系,并对四个社群进行对比,分析社群的自身禀赋差异对社群福利变化的影响。

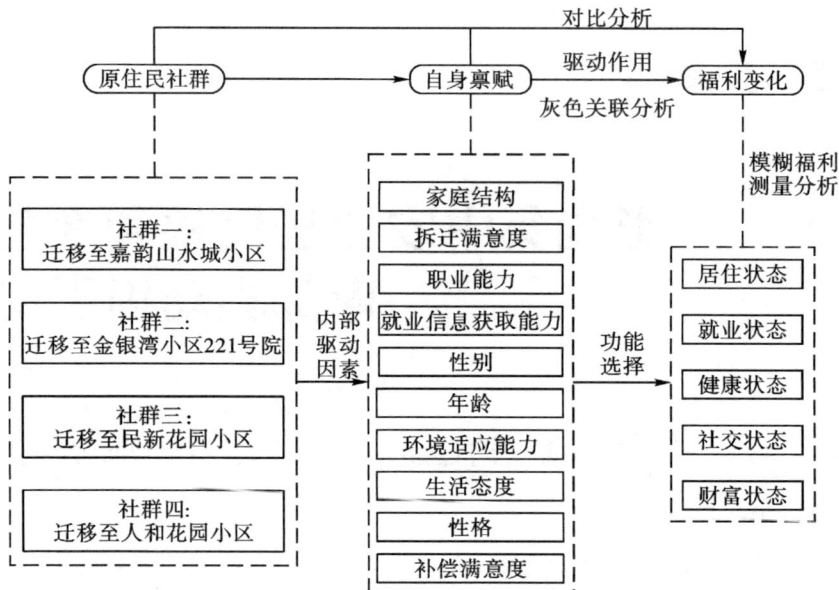

图 4.1　影响安置居民福利变化的内部驱动因素研究理论模型

■4.2　集中安置居民自身禀赋的群体分异分析

　　禀赋的概念在学科间的解释有所差异,经济学中的禀赋建立在要素基础上,以占有的资源量来衡量区域或产业的发展水平。在对人的禀赋研究中,学者们认为,禀赋可以拓展为一个人所具有的物化和虚拟的能力、资本和资源的拥有量[174],即一个人拥有的经济资本、人力资本和社会资本的水平。借鉴学者们对劳动力禀赋的概念,本书引入人在决定生活水平中所体现的自身禀赋概念,通过分析安置居民自身所拥有的各类能力、资本与资源在福利功能选择中所体现的作用,研究其对福利变化的影响。

　　安置居民自身禀赋在生活中的具化结果,可以用第 3 章中识别出的十个自身禀赋变量表示(见图 3.4),分别为家庭结构、拆迁满意度、职业能力、就业信息获取能力、性别、年龄、环境适应能力、生活态度、性格、补偿满意度,为表达方便,编码为 X_1、X_2、X_3、X_4、X_5、X_6、X_7、X_8、X_9、X_{10}。为进行居民自身禀赋的量化分析,根据问卷内容和变量特征,对所有自身禀赋变量进行五等级划分,以实现变量间的无量纲化运算。变量等级划分及解释说明见表 4.1。

表 4.1　自身禀赋变量等级划分及解释说明

编号	变量	等级				
		1	2	3	4	5
X_1	家庭结构*	单身	夫妻家庭（无子女）	核心家庭（子女同住）	空巢家庭（子女外迁）	其他
X_2	拆迁满意度	很满意	比较满意	一般	比较不满意	很不满意
X_3	职业能力	很强	比较强	一般	比较差	很差
X_4	就业信息获取能力	很强	比较强	一般	比较差	很差
X_5	性别*	1	2			
X_6	年龄*	21～30 岁	31～40 岁	41～50 岁	51～60 岁	61 岁及以上
X_7	环境适应能力	很强	比较强	一般	比较差	很差
X_8	生活态度	非常积极	比较积极	正常	比较消极	很消极
X_9	性格	喜欢与陌生人交流	喜欢与熟人交流	喜欢与邻里交流	喜欢与家人交流	喜欢独处
X_{10}	补偿满意度	很满意	比较满意	一般	比较不满意	很不满意

注：带"＊"的变量为虚拟变量，其等级无优劣性，仅进行属性区分。

在自身禀赋变量中，X_1、X_5、X_6 是对个人与家庭属性的描述，X_3、X_4 是对就业能力的描述，X_2、X_{10} 是对拆迁的认知能力的描述，X_7、X_8、X_9 是对生活能力的描述，它们共同描述安置居民的经济资本、人力资本、社会资本水平，将各类商品转换为被选择的功能，并通过一定的决策，选择出自身意愿的功能合集，构成个体福利。在此分别对四个社群的自身禀赋因素进行描述性统计，统计结果如表 4.2 所示。

表 4.2　化龙桥片区更新后重组的集中安置居民社群自身禀赋统计(分类别占比)

编码	自身禀赋因素	社群一:迁往嘉韵山水城的安置居民				
		1	2	3	4	5
X_1	家庭结构	3.70%	0.00%	33.33%	62.96%	0.00%
X_2	拆迁满意度	0.00%	11.11%	66.67%	22.22%	0.00%
X_3	职业能力	3.70%	11.11%	22.22%	44.44%	18.52%
X_4	就业信息获取能力	3.70%	18.52%	22.22%	51.85%	3.70%
X_5	性别	51.85%	48.15%	0.00%	0.00%	0.00%
X_6	年龄	7.41%	14.81%	29.63%	37.04%	11.11%
X_7	环境适应能力	3.70%	55.56%	29.63%	11.11%	0.00%
X_8	生活态度	3.70%	48.15%	33.33%	14.81%	0.00%
X_9	性格	0.00%	11.11%	33.33%	55.56%	0.00%
X_{10}	补偿满意度	0.00%	33.33%	51.85%	14.81%	0.00%

编码	自身禀赋因素	社群二:迁往金银湾小区 221 号院的安置居民				
		1	2	3	4	5
X_1	家庭结构	0.00%	4.00%	44.00%	52.00%	0.00%
X_2	拆迁满意度	0.00%	20.00%	56.00%	20.00%	4.00%
X_3	职业能力	4.00%	24.00%	24.00%	32.00%	16.00%
X_4	就业信息获取能力	0.00%	16.00%	12.00%	36.00%	36.00%
X_5	性别	48.00%	52.00%	0.00%	0.00%	0.00%
X_6	年龄	12.00%	8.00%	28.00%	28.00%	24.00%
X_7	环境适应能力	12.00%	40.00%	16.00%	28.00%	4.00%
X_8	生活态度	0.00%	64.00%	20.00%	16.00%	0.00%
X_9	性格	4.00%	20.00%	48.00%	28.00%	0.00%
X_{10}	补偿满意度	0.00%	32.00%	48.00%	20.00%	0.00%

续表

编码	自身禀赋因素	社群三:迁往民新花园的安置居民				
		1	2	3	4	5
X_1	家庭结构	0.00%	4.00%	60.00%	36.00%	0.00%
X_2	拆迁满意度	0.00%	44.00%	52.00%	4.00%	0.00%
X_3	职业能力	4.00%	36.00%	20.00%	24.00%	16.00%
X_4	就业信息获取能力	4.00%	28.00%	16.00%	44.00%	8.00%
X_5	性别	48.00%	52.00%	0.00%	0.00%	0.00%
X_6	年龄	12.00%	28.00%	32.00%	20.00%	8.00%
X_7	环境适应能力	28.00%	20.00%	32.00%	20.00%	0.00%
X_8	生活态度	12.00%	60.00%	28.00%	0.00%	0.00%
X_9	性格	0.00%	24.00%	36.00%	40.00%	0.00%
X_{10}	补偿满意度	0.00%	48.00%	44.00%	8.00%	0.00%

编码	自身禀赋因素	社群四:迁往人和花园的安置居民				
		1	2	3	4	5
X_1	家庭结构	0.00%	0.00%	51.61%	48.39%	0.00%
X_2	拆迁满意度	6.45%	61.29%	25.81%	3.23%	3.23%
X_3	职业能力	19.35%	22.58%	16.13%	29.03%	12.90%
X_4	就业信息获取能力	19.35%	29.03%	9.68%	32.26%	9.68%
X_5	性别	48.39%	51.61%	0.00%	0.00%	0.00%
X_6	年龄	16.13%	19.35%	29.03%	25.81%	9.68%
X_7	环境适应能力	32.26%	38.71%	16.13%	12.90%	0.00%
X_8	生活态度	29.03%	64.52%	6.45%	0.00%	0.00%
X_9	性格	0.00%	51.61%	45.16%	3.23%	0.00%
X_{10}	补偿满意度	0.00%	61.29%	35.48%	3.23%	0.00%

1. 家庭属性

"家庭结构"不仅可以判断家庭的生产活力,反映家庭的经济能力,还能反映出家庭对居住环境的偏好。家庭结构从家庭生命周期来看,可以分为从形成、扩展、稳定、收缩、空巢到解体的过程,生产活力呈现从最初的较弱到逐渐增强再到缓慢下降的状态,经济能力在家庭生命周期前期为生产活力的累加值,在收缩期后由于子女另建家庭的经济拆分以及收支逆差加剧导致经济能力逐步下降。在生命周期的前半期,为维系家庭生计、哺育儿女,家庭核心成员在时间和精力的分配上以工作为主,随着家庭成员的增加与经济实力的提升,他们对居住空间和环境的要求越来越高;而在生命周期的后半期,家庭核心成员的生活重心逐渐从工作回归家庭,由于身体机能的下降,他们的生活节奏逐渐放缓,为打发时光,他们对休闲空间尤为看重。为真实反映社群安置居民的整体福利水平,调研中控制了性别和年龄的占比,男女比例相当以消除性别对生产能力与生活态度的影响,样本差控制在5%以内,由于家庭核心成员在安置决策中起决定性作用,他们是主要的被调研者,年龄段占比与家庭结构类型相匹配。结合变量"家庭结构"和"年龄"的综合情况,对四个社群所处的生命周期进行阶段划分,如图4.2所示。

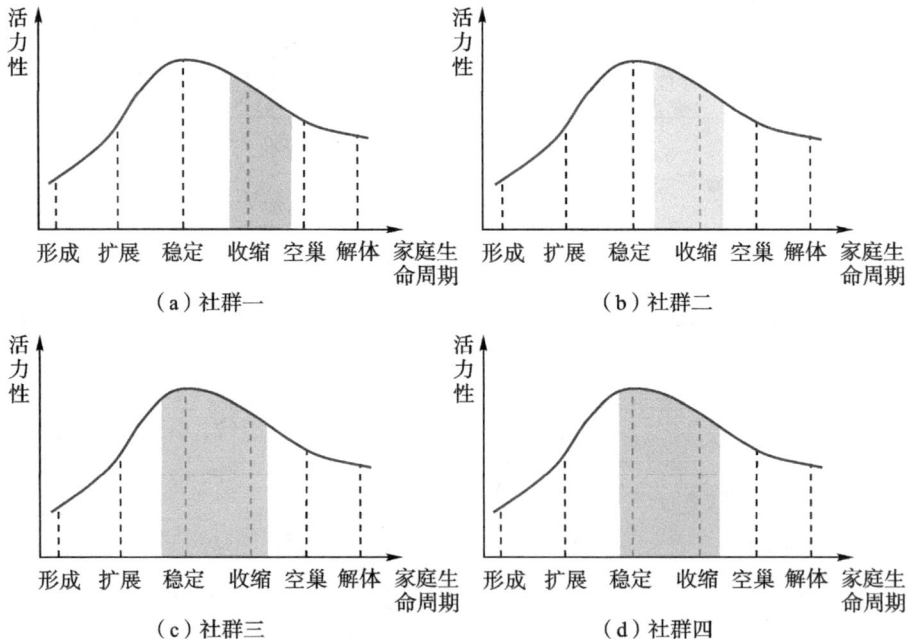

图 4.2　四个社群在家庭发展周期中所处的阶段

图 4.2 显示,四个社群的家庭发展周期均处于稳定与收缩转变阶段,大部分家庭结构较为稳健,有稳定的劳动力以支撑家庭生计,生活状态稳定。其中,社群一和社群二中空巢家庭占比更多,而社群三和社群四中核心家庭占比更多,说明前两个社群中占比最大的家庭结构类型呈衰退趋势,生产能力下降,收支逆差显现,以休闲生活为主,而后两个社群中占比最大的家庭结构类型为成熟型,更具生产活力,以工作为重心,与社区外的环境关联性强。

2.就业能力

"职业能力"与"就业信息获取能力"在一定程度上决定着安置居民的就业水平,前者是对当前工作的胜任能力与未来升职潜力的判断,后者是对失业的抗风险能力的反映,两个因素的能力值越大,越能保障家庭的经济条件与个人的自我价值实现。

图 4.3 给出了四个社群的安置居民在"职业能力"和"就业信息获取能力"的等级占比。社群一中两个因素的能力等级占比最多的样本处于比较差的状态,从中可以体现出这部分安置居民从事的职业技术含量较低且相对稳定。这一社群中占比最多的为年龄稍长的安置居民,多为该片区的工厂职工,他们的职业特点与这两个因素在社群禀赋中的情形相吻合,同时,反映出这一社群的失业抗风险能力较差。社群二中职业能力等级占比较为均匀,表明安置居民个体在职业能力上存在

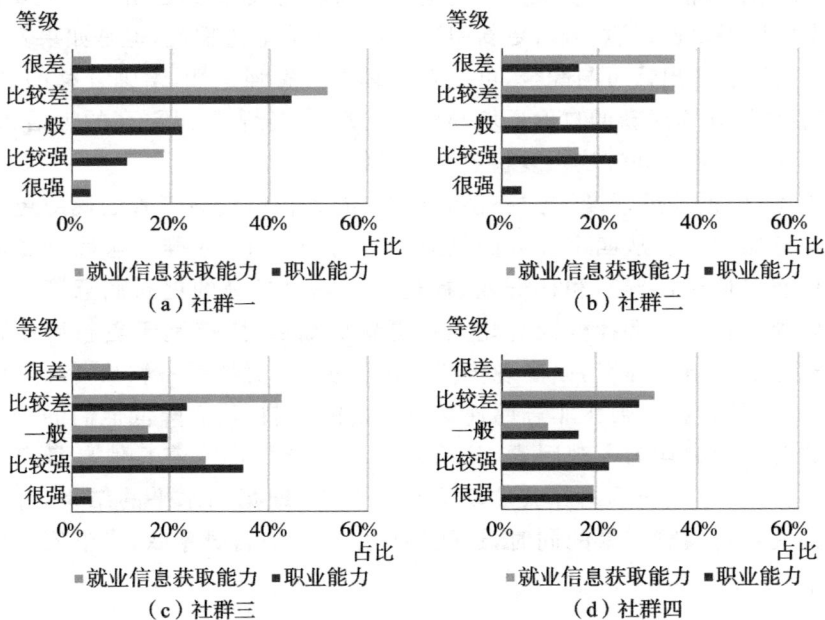

图 4.3　四个社群的职业能力与就业信息获取能力条形图

较大差异,访谈中了解到,该社群中部分家庭劳动力曾为化龙桥的工厂职工,下岗后重新就业,由于职业技能的限制,多选择的是就业门槛较低的职业;而部分为成长起来的劳动新力军,职业技能与就业起点稍高,形成两类具有鲜明对比的就业状态。但是,该社群的就业信息获取能力普遍偏低,一方面反映出他们目前的工作状态稳定,较少关注新的就业机会;另一方面说明他们的就业信息获取渠道较少,欠缺较高层次的就业网络关系。社群三中职业能力等级占比分布与社群二类似,较差与较强状态占比相当,这一差异与社群二的原因相似,是由旧有劳动力与新生劳动力之间的鼎立共生所致,而与社群二不同的是,社群三表现出较好的就业信息获取能力水平,反映出社群三中部分安置居民较强的外部联系对就业状态的影响,以及他们更具活力的就业态度。社群四相较于其他三个社群,两个因素具有占比更大的很强和较强能力等级值,该社群的生产活力最为活跃,这也与他们在安置决策中选择外迁至距原更新区域最远的安置区相匹配。不同于安于稳定生活的选择,如选择就地安置的社群一,社群四更向往尝试与挑战,学习能力与适应能力强,就业态度积极,表现出更优质的工作能力。

3. 对拆迁的认知能力

"拆迁满意度"和"补偿满意度"是更新意愿与认知能力的衡量指标。安置居民对更新的认知能力决定着他们迁移的心理自由度与配合度,以及迁移后的生活态度、与新环境融合情况等。森认为自由是发展的前提,迁移的自由性决定安置居民生活状态的发展轨迹,虽然城市更新引致的迁移带有非志愿性,但是如果安置居民对更新的认知表现出认可与配合,可以在心理上缓解强迫性,增强迁移的自由度。进而,安置居民在面对新的自然环境与社会环境时,会表现出更高的生活积极性,有利于快速融入环境并较快恢复稳定的生活状态。

图 4.4 以"拆迁满意度"与"补偿满意度"的累积值代表安置居民对更新的认知能力与意愿程度。从四个社群的结果对比可以看出,社群一与社群二的高满意度占比明显低于社群三和社群四,社群四表现出最高的更新满意度。这一对比结果体现出社群三和社群四对化龙桥更新更加认可,有利于更新后以积极的态度面对并适应新的环境,以实现生活状态的提升;而社群一和社群二则可能因为较低的更新满意度,强化非志愿迁移对自由的限制,从而降低他们的主观福利水平。这两个因素均为主观因素,从情感与心理方面影响着其他自身禀赋因素的等级值,进而通过选择偏好获取功能活动合集,即福利水平的结果。因此,它们直接构成自身禀赋因素的同时,还间接作用于其他自身禀赋,影响安置居民的福利水平。

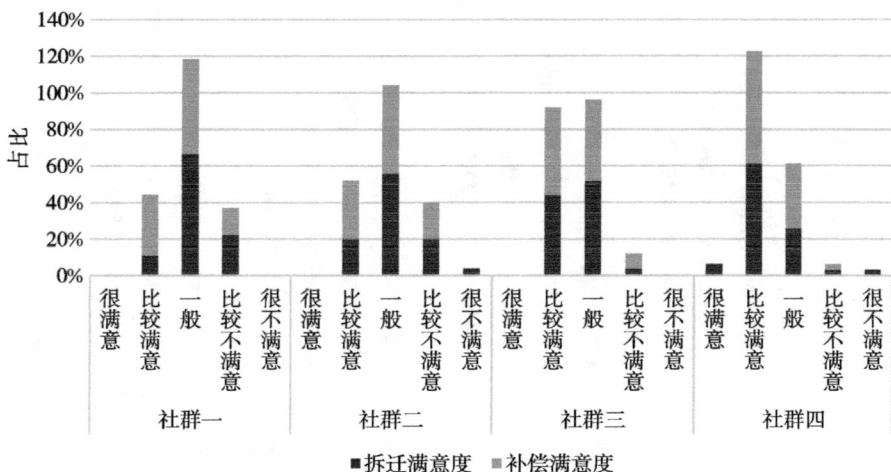

图 4.4　四个社群的更新意愿堆积柱状图

4. 生活能力

在自身禀赋的因素中,"环境适应能力""生活态度""性格"这三个因素受更新意愿的影响最大,同时也反作用于更新意愿,表现出两类因素间的交互作用,深度影响自身禀赋的等级值。与就业能力并行,这三个因素是对生活能力的描述,较强的适应能力、积极的生活态度与乐于交往的性格有利于安置居民在新的环境中较快获得稳定的生活状态,并为提升生活水平而做出多方努力,实现生活的优质发展。同时,具有此类特质的安置居民对迁移有较弱的排斥性,表现出较高的更新满意度。在这两类主观因素的交互促进下,安置居民对功能合集的选择有较高的自由,从而达到较高的福利水平。

图 4.5 以"环境适应能力""生活态度""性格"的累积值代表安置居民的生活能力。四个社群的整体生活能力较为积极,等级 2 均占比最多,社群三和社群四的生活能力表现为等级 1 的占比较多,而社群一和社群二此等级的样本容量很少。四个社群的生活能力对比结果与更新意愿相似,均为社群三和社群四高于社群一和社群二,这也是三类因素交互关系的体现。因此,社群三和社群四在此类自身禀赋下,较社群一和社群二,更有利于快速融入新的环境、建立新的社交网络、尝试新的生活方式,从而获得更高的生活水平。

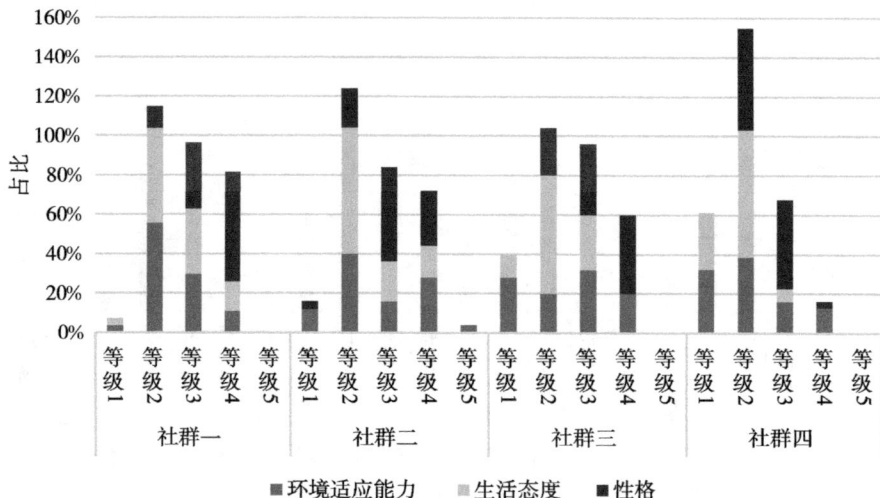

图 4.5　四个社群的生活能力堆积柱状图①

4.3　基于自身禀赋群体分异的集中安置居民福利变化分析

　　为探究四个社群由于不同的自身禀赋造成的社群间福利变化差异，以第 3 章构建的模糊福利测量模型对四个社群更新前后的维度视角福利进行测量并计算福利变化率，进而对结果进行对比分析，结果如表 4.3 所示。

　　社群一在更新前后的福利变化存在维度间的差异，其中，居住状态福利提升最大，更新后的福利水平是更新前的 2 倍，表明经过城市更新，社群一的居住条件有明显改善，尤其表现在住房配套设施的改善以及出行和生活便利性的提高。社群一的就业状态福利和健康状态福利在更新后也稍有提升，增幅均低于 10％，表明城市更新引致的迁移对社群一的就业和健康有积极影响，但影响不明显。社群一的社交状态和财富状态却受城市更新的影响出现福利下降，分别降低 19.17％和 14.94％。城市更新大幅改善了社群一的居住条件，却因破坏了原有邻里结构而导致社群一的社交网络受损，在迁入新社区十多年后，未能修复并重新建立原有水平的社交网络；而对于财富而言，虽然家庭开支显示了社群一在生活水平上的提升与财富的积累，但不动产保值增值性减弱使得综合财富状态下降，而城市更新的效益之一为实现更新区的不动产增值，显然，社群一在城市更新中未能分得该部分利益。

---

　　①　环境适应能力、生活态度、性格的五个等级的描述，见表 4.1，从等级 1 到等级 5 的生活能力由强到弱逐渐递减。

表 4.3　化龙桥片区更新集中安置居民福利变化情况

编号	维度	指标	社群一		社群二		社群三		社群四	
			变量福利变化率/%	维度福利变化率/%	变量福利变化率/%	维度福利变化率/%	变量福利变化率/%	维度福利变化率/%	变量福利变化率/%	维度福利变化率/%
V_1	居住状态	住房面积	-21.96		-3.34		-4.64		13.20	
V_2		户型结构	-26.45		0.11		5.27		27.82	
V_3		住房类型	278.72		-14.68		-29.54		-6.16	
V_4		装修程度	-2.96		3.08		100.32		131.05	
V_5		水电气的供应	282.49		491.63		400.47		229.41	
V_6		卫生设施的使用	141.57	102.18	260.63	26.14	664.06	4.43	173.42	50.55
V_7		最常去的公交/地铁站	143.99		-8.45		-62.92		39.64	
V_8		最常去的超市	109.59		-74.15		-62.60		-57.83	
V_9		最常去的公园	14.89		76.10		14.40		-22.94	
V_{10}		最常去的诊所/医院	11.40		-25.88		-43.76		57.83	
V_{11}		子女(可能)的小学/中学	0.73		71.18		-24.50		72.55	

续表

编号	维度	指标	社群一 变量福利变化率/%	社群一 维度福利变化率/%	社群二 变量福利变化率/%	社群二 维度福利变化率/%	社群三 变量福利变化率/%	社群三 维度福利变化率/%	社群四 变量福利变化率/%	社群四 维度福利变化率/%
V_{12}	就业状态	工作酬劳满意度	-18.53		-8.20		-37.50		9.25	
V_{13}		通勤费用	-0.27		-47.35		-0.38		-6.49	
V_{14}		通勤方式	10.86	8.96	-42.42	-31.20	-1.04	-22.10	-0.65	-4.11
V_{15}		通勤时间	49.45		-47.80		-35.71		-31.00	
V_{16}		工作稳定性	-19.17		-28.43		-13.84		-6.50	
V_{17}		职位上升潜力	-6.89		12.07		-4.98		21.72	
V_{18}	健康状态	社区安保	-25.88		3.64		33.84		53.85	
V_{19}		就医次数	-24.83		-14.99		-67.81		-84.75	
V_{20}		就医费用	-44.36		24.52		-38.50		-28.38	
V_{21}		空气质量	15.79		25.46		-36.76		122.91	
V_{22}		噪声污染	-31.57	4.41	-16.49	7.80	47.31	-0.43	17.89	17.06
V_{23}		社区绿化及开放空间	-17.20		19.67		-3.59		165.42	
V_{24}		休闲方式	6.68		14.79		48.54		26.73	
V_{25}		休闲时间	100.17		13.68		10.98		12.61	
V_{26}		医疗保险	0.00		0.00		0.00		0.00	

续表

编号	维度	指标	社群一 变量福利变化率/%	社群一 维度福利变化率/%	社群二 变量福利变化率/%	社群二 维度福利变化率/%	社群三 变量福利变化率/%	社群三 维度福利变化率/%	社群四 变量福利变化率/%	社群四 维度福利变化率/%
V_{27}		居住时间	-90.90		-19.94		-33.91		-98.83	
V_{28}		邻里属性相似性	-12.70		-28.55		-12.18		28.69	
V_{29}	社交状态	参加社区活动次数	-30.57	-19.17	-18.73	-4.44	-3.15	-11.00	5.08	27.38
V_{30}		拜年网关系规模	-6.57		65.00		-0.45		19.16	
V_{31}		拜年网关系强度	132.24		28.31		75.48		162.04	
V_{32}		拜年网关系质量	-2.33		10.75		-32.44		219.12	
V_{33}		恩格尔系数	174.76		-7.28		-26.64		38.26	
V_{34}		家庭可支配收入	10.94		30.12		51.33		29.73	
V_{35}		家庭消费性支出	13.99		33.57		31.87		23.81	
V_{36}	财富状态	产权性质	0.00	-14.94	0.00	22.80	0.00	8.85	0.00	14.89
V_{37}		住宅市场价格	32.55		29.19		26.85		29.18	
V_{38}		不动产的保值增值	-28.71		-28.49		-30.55		5.11	
V_{39}		养老保险	-0.71		0.00		0.00		0.00	

社群二的居住状态、健康状态和财富状态的福利值在更新后有不同程度的提升,居住状态福利增幅最大,财富状态福利次之,均超过 20%,说明城市更新促进了社群二的居住条件与经济条件的改善。变量福利变化率的测量结果显示明显改善的为住房配套设施与家庭收支水平。同社群一相同,虽然安置居民迁移后的住房市场价格有所提高,这源于房地产市场环境下的整体住房价格提升,而并非同时点的补偿过度,但安置房的保值增值性明显低于更新前住房,表现为不动产的财富价值欠缺可持续性。健康状态福利提升较小,变化率为 7.80%,表明更新后社群二的生活环境与生活方式较更新前更有利于身心健康。该社群的就业状态的福利值在更新后明显下降,降幅为 31.20%,主要体现在通勤成本的增加,工作稳定性也出现下降。社群二社交状态福利稍有降低,其中邻里联系减少、社会网络提升,表明该社群的社交网络在更新后由社区内向社区外转化。

社群三在更新后的居住状态和财富状态的福利值稍有提升,财富状态福利增幅较大,与社群二相似,城市更新也促进了该社群的经济条件与居住条件的改善。虽然公共设施的可达性较更新前稍有变差,但住房配套设施的较大提升使得社群三的综合居住条件优于更新前,而安置房的保值增值性低于原有住房也是城市更新给安置居民带来的负面影响。健康状态与社交状态的下降,主要体现在社群三的就医情况恶化与邻里关系疏离,但该社群的邻里联系退化程度与社群二相比偏轻,调研可知,该社区的文化建设相对较好,虽未达到更新前的水平,但仍起到一定的积极效果,维系了邻里间的和谐相处。

社群四的居住状态、健康状态、社交状态和财富状态福利水平在更新后均有较大提升,尤以居住状态提升最多,而仅有就业状态福利值有小幅下降,说明城市更新给社群四带来的积极影响十分明显,不仅表现在物质方面的改善,如居住环境与财富积累,还增强了社群四的社交网络状态。然而还有较小的负面影响需要加以优化,主要体现在对公共设施的可达性及通勤成本上,由于社群四迁移至的区域为新城区,公共设施与商业服务正处于快速建设阶段,以该区域的发展趋势,当前表现出的负向福利变化趋势会逐步放缓甚至产生逆势。

为直观表现四个社群维度福利变化的差异,绘制柱状图,见图 4.6。

图 4.6 中,四个社群的维度福利变化趋势全部相同的仅有居住状态维度,这在整体上肯定了城市更新在改善安置居民居住条件上的积极作用。在福利变化率的对比上可以看出,社群一居住状态福利增长最明显,其次是社群四,社群三增长最不明显。维度内变量福利增长率可以细化功能状态,从中探究社群间的差异点,从表 4.3 中可知,对公共设施的可达性在四个社群的居住状态变量福利中差异最大,社群一所处的区域位于老城区,公共设施与服务较为完善,同时受更新开发中对公共设施的优化配置,该社群可享受到便利、优质的公共设施与服务。而其他三个社群所在的生活区域均有个别类型的公共服务在数量与质量上的欠缺,因而表现出

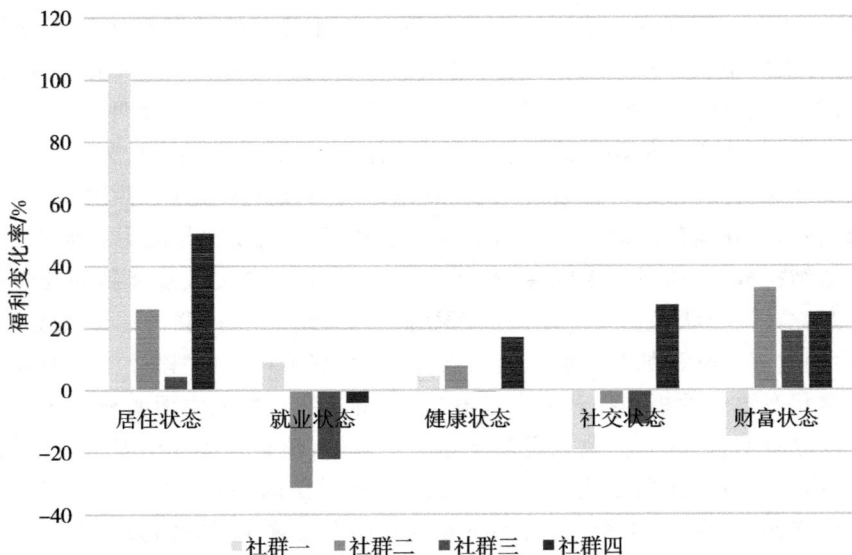

图 4.6　化龙桥片区更新集中安置居民福利变化柱状图

较社群一偏低的福利水平。此外，社群四虽有较差的公共设施可达性，然而，该社群的住房条件，如住房面积、户型结构、住房装修，明显优于其他三个社群，因此综合居住状态福利值高于社群二和社群三。

四个社群在就业状态、健康状态、社交状态和财富状态的福利变化趋势上存在差异。其中，就业状态维度，社群一表现出正向发展趋势，而社群二、社群三和社群四表现出负向变化趋势；健康状态维度，社群一、社群二和社群四表现出正向发展趋势，而社群三表现出负向变化趋势；社交状态维度，社群四表现出正向发展趋势，社群一、社群二和社群三表现出负向变化趋势；财富状态维度，社群二、社群三和社群四表现出正向发展趋势，社群一表现出负向变化趋势。

就业状态维度，仅社群一表现出福利增长，这得益于安置居民因就地安置未改变职住距离，而交通设施的建设与公共交通的发展使得该社群的通勤成本降低。另外三个社群因异地安置，职住距离在空间上变远，虽有城市交通设施的优化，却未能弥补通勤成本的增加。社群四的就业状态福利下降较少的原因在于，因迁移距离过远，有更大比例的安置居民倾向于重新就业，因此，通勤成本的负担较社群二和社群三偏轻。同时，社群四还表现出较其他三个社群更大的职位升值潜力和较好的工作稳定性，即工作特征更具优质性。

健康状态维度的福利变化趋势中，仅社群三有些微负向，但下降幅度不明显。这表明在城市更新后，安置居民的整体健康状态得到提升。四个社群的生活方式均更为健康，他们意识到在忙碌的工作之余需要安排健康的休闲方式以强化体质，这是安置居民在满足一定物质需求的基础上追求高品质生活的体现。值得注意的是,在综合正向的福利变化中,社群一、社群二和社群三的社区环境存在安保、噪声、绿化方面的不利因素,不利于安置居民的身心健康。此外,就医情况也反映出四个社群的安置居民体质有待增强。综合健康状态的正向趋势表明安置居民对自身健康的重视,健康的休闲方式的普及为他们的身心健康提供了长久保障。

社交状态维度,仅社群四表现出福利增长,说明该群体在迁移后对新环境的适应能力较强,并在构建新的社交网络上表现出很强的积极性与能力。城市更新使原有社会结构解体、邻里联系断裂,在迁移后,只有积极修复或重建新的社会网络,才能逐渐弥补社交状态福利的损失。而社群一、社群二和社群三在该维度的福利下降,表明这三个社群的社会融入能力较差,或社交不积极,尤以社群一最为明显。

财富状态维度的福利提升率在社群二、社群三和社群四中无明显差异,其中家庭收支均有较明显的提高,收入是经济累积的基础,消费则体现出安置居民的生活水平,这两个变量的正向变化极大地左右着安置居民的综合财富水平的提升。住房市场价格的福利提升率相似,反映出安置补偿在安置居民间的公平性。然而,社群一、社群二和社群三中不动产保值增值性的降低,说明安置补偿的不可持续性,安置居民未能公正获得城市更新带来的潜在增值收益。

■4.4　自身禀赋驱动集中安置居民福利变化的关联分析

4.4.1　分析方法

在对四个社群的安置居民自身禀赋和福利变化进行定量分析后,本节试图探讨自身禀赋与福利变化之间的关系,正如统计学大师卡尔·皮尔逊曾指出,90%的统计学的研究任务就在于讨论和研究不成函数关系的两个或两个以上变量之间的相依关系,在定量分析中可认为是本书识别的十个自身禀赋变量与福利变量之间的统计关系。变量间的关系研究的基本统计方法主要有回归分析、方差分析和主成分分析,但这些方法需要大量数据作为基础,只有在大样本下的分析结果才具有较高的可靠性,如果样本容量太小,由于样本信息不充分,统计量的分布就不再服从正态分布,会导致模型估计结果的稳定性非常差,并且也无助于我们揭示和掌握现象之间的统计相依关系。考虑到本章四个社群的样本容量较小,传统的统计分析方法并不适用。此外,在社会学研究中,因素之间的关系往往是灰色的,且很难分清哪些因素是主导因素,哪些因素之间关系密切,灰色关联分析恰恰为解决这类问题提供了一种行之有效的方法,此方法不对样本容量做要求,样本数据的分布特征不局限于正态分布等典型分布,而是将各指标间不完全性和不确定性特征的信息通过灰色关联度的处理,以关联度作为量化指标来对它们之间的关系进行分析[175]。故而在此选用灰色关联分析探讨自身禀赋对安置居民的福利变化的影响。

灰色关联分析是灰色系统理论的一个分支,定量比较描述研究的系统在发展过程中各因素间随时间或空间相对变化的情况,用它们变化的大小、方向、速度等的接近程度,来判定系统各因素之间的状态、主次关系和相互间的影响,衡量它们之间关联性的大小。基本思想是根据序列曲线几何形状的相似程度来判断其联系是否紧密,曲线越接近,相应序列之间的关联度就越大,反之越小。

灰色关联分析的具体计算步骤如下。

步骤一:根据分析目的确定分析数列。确定反映福利特征的参考数列(又名母序列)和影响福利的因素组成的比较数列(又名子序列),本章选取五个维度的福利分别作为参考数列,分别命名居住状态福利、就业状态福利、健康状态福利、社交状态福利、财富状态福利为 Y_1,Y_2,Y_3,Y_4,Y_5,自身禀赋变量作为比较数列,分别命名家庭结构、拆迁满意度、职业能力、就业信息获取能力、性别、年龄、环境适应能力、生活态度、性格、补偿满意度为 $X_1,X_2,X_3,X_4,X_5,X_6,X_7,X_8,X_9,X_{10}$。参考数列与比较数列形成如下矩阵,如式(4.1)与式(4.2)所示。

$$\boldsymbol{Y}(k) = (y(1),y(2),\cdots,y(n)) \quad k=1,2,\cdots,n \tag{4.1}$$

$$\boldsymbol{X}_i^k = (X_1,X_2,\cdots,X_N)^T = \begin{pmatrix} x_1(1) & x_1(2) & \cdots & x_1(n) \\ x_2(1) & x_2(2) & \cdots & x_2(n) \\ \vdots & \vdots & & \vdots \\ x_m(1) & x_m(2) & \cdots & x_m(n) \end{pmatrix} \quad i=1,2,\cdots,m \quad k=1,2,\cdots,n$$

$$\tag{4.2}$$

式中,m 为变量个数,本书 $m=10$,n 为每个社群的有效样本容量,四个社群的样本容量分别为 54、50、50、62。$\boldsymbol{Y}(k)$ 表示福利的赋值矩阵,$\boldsymbol{X}_i^k$ 表示第 i 个变量的赋值矩阵,数据来源于第 3 章提及的通过问卷获取的变量等级。

步骤二:变量的无量纲化。比较数列与参考数列的数据量纲不一致,为保证数据的可比性和结果的可靠性,需对数据进行无量纲化处理。本章对比较数列的数据参考第 3 章中贫困隶属度函数,再对比较数列与参考数列的数值进行初值化法处理,见式(4.3)。

$$x_i'(k) = \frac{x_i(k)}{x_i(1)} \quad i=1,2,\cdots,m \quad k=1,2,\cdots,n$$

$$y'(k) = \frac{y(k)}{y(1)} \quad k=1,2,\cdots,n \tag{4.3}$$

步骤三:计算比较数列与参考数列的差数列。将比较数列和参考数列的各项数值做差,并对所得结果取绝对值,计算公式如式(4.4)所示。

$$\Delta_i(k) = |y'(k) - x_i'(k)| \quad i=1,2,\cdots,m \quad k=1,2,\cdots,n \tag{4.4}$$

步骤四:确定两级最大值和两级最小值。计算公式如式(4.5)和式(4.6)所示。

$$\Delta(\max) = \max_i\max_k\Delta_i(k) \quad i=1,2,\cdots,m \quad k=1,2,\cdots,n \tag{4.5}$$

$$\Delta(\min) = \underset{i}{\min}\underset{k}{\min}\Delta_i(k) \qquad i = 1,2,\cdots,m \quad k = 1,2,\cdots,n \qquad (4.6)$$

因为比较数列与参考数列经过初值化,两极最小差 $\Delta(\min)$ 为 0。

步骤五:计算关联系数。在所有变量中,关联系数越大,说明该变量对福利特征所起的作用就越大。由式(4.5)和式(4.6),分别计算每个比较数列与参考数列对应各项数值的关联系数,见式(4.7)。

$$\gamma(y'(k),x_i'(k)) = \frac{\Delta(\min) + \rho\Delta(\max)}{\Delta_i(k) + \rho\Delta(\max)} \qquad (4.7)$$

式中,ρ 为分辨系数,取值范围为 $(0,1)$,其作用是一方面可以减弱因最大值过大而导致的关联系数失真,另一方面可以提高关联系数之间差异的显著性,值越小,差异性越大。研究表明分辨系数取值 $\rho \leqslant 0.5263$ 可以较为准确地反映影响程度,通常取 $\rho \leqslant 0.5$。

步骤六:计算关联度。关联度是比较数列和参考数列关联性大小的量度,用各个样本的关联系数的均值来计算,见式(4.8)。

$$\gamma(i) = \frac{1}{n}\sum_{k=1}^{n}\gamma(y'(k),x_i'(k)) \qquad (4.8)$$

步骤七:关联度排序。关联度本身并无意义,而关联度间的排序更为重要,对于同一参考数列,各比较数列的"优劣"关系反映了比较数列和参考数列之间的关联度,关联度越大,说明比较数列越接近参考数列,比较数列的变量对福利特征的影响越大。

4.4.2　社群间自身禀赋驱动集中安置居民福利变化的关联分析

1. 社群一的自身禀赋驱动安置居民福利变化的关联分析

表 4.4 显示,社群一中,与居住状态福利变化的关联度排序前三名的自身禀赋分别为"性别""职业能力""补偿满意度"。性别中,与男性相比,女性普遍花费更长的时间与更多的精力在家庭上,因此表现出对居住状态更为敏感。就业状态决定着家庭的收入情况,而住房作为占比最大的支出,其附带的居住属性(主要为舒适性、便利性)的优劣则与就业能力关系密切。补偿的满意度,一方面客观表明其值越高,城市更新补偿的安置房属性越优;另一方面也主观体现出安置居民对安置房补偿的认可度。与就业状态福利变化的关联度排序前三名的自身禀赋分别为"就业信息获取能力""家庭结构""性格"。这三个变量分别从就业的抗风险能力以及劳动力的抚养压力和安置居民的人格特征方面共同影响安置居民在就业中的能力、态度与经济结果。与健康状态福利变化的关联度排序前三名的自身禀赋分别为"性格""就业信息获取能力""职业能力"。前两个变量同样出现在就业状态福利变化的重要关联变量中,说明它们对这两个维度的福利变化起到共同重要的关联作用,就业状态与健康状态息息相关,就业状态不仅影响着安置居民的身体素质,

还在心理上构成压力易造成精神疾病。因此,安置居民的职业能力与失业抗风险能力以及人格特征对其健康状况,尤其是精神健康,有显著影响。与社交状态福利变化的关联度排序前三名的自身禀赋分别为"职业能力""年龄""性格"。在社区内和工作中构建的社交网络需要充足的机会、时间、精力与积极的态度来维系关系,职业能力、年龄和性格从社交网络的规模、质量与强度上共同影响社交水平,是与其关联度较大的自身禀赋。与财富状态福利变化的关联度排序前三名的自身禀赋分别为"家庭结构""年龄""就业信息获取能力"。这三个变量分别从抚养压力、财富积累与家庭收入的稳定性方面影响家庭财富水平,其中两个变量也与就业状态福利变化关联性很强,表明安置居民的财富状态与就业状态同时在经济方面与其失业抗风险能力和抚养压力关系密切。

表 4.4　社群一的自身禀赋与福利变化的关联度排序

排序	Y_1	Y_2	Y_3	Y_4	Y_5
1	X_5	X_4	X_9	X_3	X_1
2	X_3	X_1	X_4	X_6	X_6
3	X_{10}	X_9	X_3	X_9	X_4
4	X_6	X_2	X_6	X_{10}	X_7
5	X_7	X_5	X_7	X_1	X_5
6	X_8	X_7	X_1	X_2	X_{10}
7	X_1	X_3	X_2	X_4	X_9
8	X_9	X_6	X_{10}	X_5	X_2
9	X_2	X_8	X_8	X_8	X_8
10	X_4	X_{10}	X_5	X_7	X_3

社群一福利变化的重要关联变量(排序前三位)中,"职业能力""就业信息获取能力""性格"出现频次最多,与就业状态、健康状态和社交状态的福利变化关联性最强。社群一中这三个自身禀赋变量综合等级值较低,结合社群一在社交状态和财富状态的福利下降现状,应重点通过提高安置居民的职业能力、拓宽就业信息渠道以增加家庭收入,转变社交态度、加强邻里交流以提高社交网络的规模与质量。同时,在社区治理中应组织就业培训与交流,提高居民的就业能力,提供平台与机会,实现邻里关系网的强化。

2. 社群二的自身禀赋驱动安置居民福利变化的关联分析

表 4.5 显示,社群二中,与居住状态福利变化的关联度排序前三名的自身禀赋分别为"就业信息获取能力""环境适应能力""补偿满意度"。就业信息获取能力、环境适应能力都体现出安置居民对外部环境(包含自然环境与社会经济环境)的适

应性,适应性较强的安置居民能快速恢复因迁移而受到影响的生活状态,居住环境作为迁移最受影响的方面表现尤为明显,因此,新环境的舒适性和便利性与安置居民对自然、经济、社会环境的适应能力息息相关。而补偿满意度,同社群一中的分析一致,一方面客观表明其值越高,城市更新补偿的安置房属性越优,另一方面也主观体现出安置居民对安置房补偿的认可度。"就业信息获取能力""环境适应能力"这两个自身禀赋变量与就业状态、健康状态福利变化关联度同样紧密。对于就业状态,这两个变量表现出的能力越大,越有可能在因迁移面临重新就业中做出快速决断,获取就业就会,达到同等其至更高的就业水平。此外,性格决定着安置居民的就业态度,也与就业状态福利变化关联性强。对于健康状态,环境适应能力越强,越有利于安置居民在新环境中恢复稳定的情绪,有利于身心健康。同时,补偿满意度在主观上影响安置居民对新环境的认可程度,从而间接作用于环境适应能力影响安置居民的健康状态。与社交状态福利变化的关联度排序前三名的自身禀赋分别为"拆迁满意度""就业信息获取能力""职业能力"。拆迁满意度决定着安置居民的迁移意愿以及对新环境的认可程度,从而影响在新社区的邻里联系积极性。而就业信息获取能力和职业能力则在工作关系网络中影响着社交网络的规模、质量与强度。与财富状态福利变化的关联度排序前三名的自身禀赋分别为"补偿满意度""性别""就业信息获取能力"。补偿满意度一定程度上可以体现出补偿在财富价值上的水平,而性别对财富状态的影响以主观性为主。因为财富状态以家庭为单位,理论上与性别关联性不大,但此处的结果则反映出主观态度对结果的影响,访谈中可以总结出,女性比男性有更强的财富敏感性,而本书在样本选取中控制性别比例也是对综合结果真实性的一种保障。就业信息获取能力通过家庭收入的稳定性影响家庭财富在长期的水平。

表 4.5　社群二的自身禀赋与福利变化的关联度排序

排序	Y_1	Y_2	Y_3	Y_4	Y_5
1	X_4	X_7	X_7	X_2	X_{10}
2	X_7	X_9	X_{10}	X_4	X_5
3	X_{10}	X_4	X_4	X_3	X_4
4	X_9	X_2	X_8	X_7	X_9
5	X_2	X_5	X_9	X_9	X_2
6	X_8	X_3	X_6	X_5	X_7
7	X_3	X_{10}	X_3	X_6	X_3
8	X_5	X_6	X_2	X_{10}	X_6
9	X_6	X_1	X_5	X_1	X_8
10	X_1	X_8	X_1	X_8	X_1

　　社群二福利变化的重要关联变量(排序前三位)中,"就业信息获取能力""环境适应能力""补偿满意度"出现频次最多,与各维度的福利变化关联性均非常强。社群二中后两个自身禀赋变量综合等级值较低,结合社群二在就业状态、社交状态和财富状态的福利下降现状,应重点通过拓宽安置居民就业信息获取渠道以增加家庭收入。同时,在社区治理中一方面通过优质的服务延伸,将一次性实物补偿转化为可持续性服务帮扶;另一方面加强精神引导,并提供平台,以促进邻里交流,增强社区归属感。

3.社群三的自身禀赋驱动安置居民福利变化的关联分析

　　表 4.6 显示,社群三中,与居住状态福利变化的关联度排序前三名的自身禀赋分别为"补偿满意度""拆迁满意度""年龄"。对于补偿满意度和拆迁满意度,同社群一中的分析一致,一方面客观表明其值越高,城市更新补偿的安置房属性越优;另一方面也主观体现出安置居民对安置房补偿的认可度越高,其所获得的居住功能福利值就越高。不同年龄段的安置居民对住房的功能要求存在差异,包括对房屋结构布局的偏好、配套基础设施的需求以及各类公共设施的可达性,因此,社群三的自身禀赋变量"年龄"与居住状态福利变化存在较大关联性。与就业状态福利变化的关联度排序前三名的自身禀赋分别为"补偿满意度""就业信息获取能力""生活态度",分别从就业态度和失业抗风险能力影响就业状态。补偿满意度和生活态度同样与健康状态福利变化具有较大的关联性,此外,关联度较大的还有同类属性的自身禀赋变量"拆迁满意度",表明安置居民的主观意识对身心健康的影响,积极的态度有利于较快适应新的环境,减少因情绪导致各类疾病的概率。该社群在社交状态福利变化的重要关联因素同样是带有主观意识属性的变量"拆迁满意度""性格""生活态度",它们影响着安置居民在迁移入新的社区后是否积极恢复或构建新的社交网络。与财富状态福利变化的关联度排序前三名的自身禀赋分别为"性格""环境适应能力""补偿满意度",这三个变量体现出财富水平具有一定的主观性,即较高或积极的主观意识可促使财富带来的功能在社群三中体现出更高的福利水平。

表 4.6　社群三的自身禀赋与福利变化的关联度排序

排序	Y_1	Y_2	Y_3	Y_4	Y_5
1	X_{10}	X_{10}	X_{10}	X_2	X_9
2	X_2	X_4	X_2	X_9	X_7
3	X_6	X_8	X_8	X_8	X_{10}
4	X_9	X_6	X_7	X_6	X_8
5	X_8	X_3	X_5	X_7	X_4
6	X_4	X_2	X_6	X_{10}	X_6

续表

排序	Y_1	Y_2	Y_3	Y_4	Y_5
7	X_1	X_9	X_4	X_4	X_2
8	X_7	X_7	X_9	X_3	X_3
9	X_3	X_1	X_3	X_1	X_5
10	X_5	X_5	X_1	X_5	X_1

社群三福利变化的重要关联变量(排序前三位)中,"补偿满意度""拆迁满意度""生活态度"出现频次最多,与居住状态、就业状态、健康状态和社交状态的福利变化关联性较强。社群三除财富状态外,其他维度的福利出现增长无力甚至下降的变化趋势,应重点通过社区治理构建强大的邻里关系网,在积极的生活态度下发挥社交网络的社会资本属性,提高就业活力,同时,改善社区内环境与各类活动设施,增强社区的宜居性。

4. 社群四的自身禀赋驱动安置居民福利变化的关联分析

表4.7显示,社群四中,与居住状态、就业状态、健康状态和财富状态福利变化的关联度排序前两名的自身禀赋相同,为"补偿满意度"和"年龄"。补偿满意度在主观上影响安置居民对新环境的认可程度,使得城市更新引致的迁移表现出更大的个人自由意志,各维度的功能价值在福利水平上得到充分体现。年龄则从功能要求的差异性上影响不同年龄段的安置居民福利水平。本书在样本选取中以分层抽样的方式分配不同年龄段的样本容量也是对综合结果真实性的一种保障。此外,"生活态度"和"拆迁满意度"分别与居住状态和就业状态、健康状态和财富状态福利变化有较大关联性,均从主观意识起影响作用。与社交状态福利变化的关联度排序前三名的自身禀赋分别为"拆迁满意度""环境适应能力""年龄"。拆迁满意度决定着安置居民的迁移意愿以及对新环境的认可程度,从而影响在新社区的邻里联系积极性。环境适应能力体现出安置居民对外部环境的适应性,影响着安置居民在迁移入新的社区后是否积极恢复或构建新的社交网络,从而体现在社交状态福利水平上。年龄则从交友偏好、方式和时间上影响着安置居民社交网络的规模、质量与强度。

表4.7 社群四的自身禀赋与福利变化的关联度排序

排序	Y_1	Y_2	Y_3	Y_4	Y_5
1	X_{10}	X_6	X_{10}	X_2	X_6
2	X_6	X_{10}	X_6	X_7	X_{10}
3	X_8	X_8	X_2	X_6	X_2
4	X_2	X_5	X_8	X_{10}	X_8

续表

排序	Y_1	Y_2	Y_3	Y_4	Y_5
5	X_5	X_3	X_5	X_5	X_5
6	X_3	X_2	X_3	X_8	X_7
7	X_7	X_7	X_7	X_3	X_3
8	X_4	X_4	X_1	X_1	X_1
9	X_1	X_1	X_4	X_4	X_9
10	X_9	X_9	X_9	X_9	X_4

　　社群四福利变化的重要关联变量(排序前三位)中,"补偿满意度"与"年龄"出现频次最多,与居住状态、就业状态、健康状态和财富状态的福利变化关联性较强。社群四在四个社群中各维度的福利状态均处于较好水平,该社群的安置居民对新的环境满意度较高,也表现出较强的生活积极性,因此,在促进福利状态向更高水平发展的建议中,社区治理可以从增强社区归属感、提高社群活力(即减少年轻人群流失)方面进行努力。

　　综上所述,将四个社群自身禀赋与福利变化的关联性汇总对比,见表 4.8,四个社群中与福利具有强关联性的自身禀赋及其所处状态均存在差异。

表 4.8　社群间自身禀赋驱动福利变化的关联性

社群	具有强关联性的自身禀赋	禀赋状态	主要关联的福利维度				
			居住状态	就业状态	健康状态	社交状态	财富状态
社群一	职业能力	较差	○		○	●	
	就业信息获取能力	较差		○	○		●
	性格	较封闭		○	○	●	
社群二	就业信息获取能力	较差	○	●		●	○
	环境适应能力	较差	○	●			
	补偿满意度	较满意	○		○		○
社群三	补偿满意度	较满意	○	●	●		○
	拆迁满意度	较满意			●	●	
	生活态度	较积极		●		●	
社群四	年龄	中年型	○	●	○	○	○
	补偿满意度	很满意	○	●	○		○
	拆迁满意度	较满意		○	○	○	

注:"○"代表强关联性,福利提升;"●"代表强关联性,福利下降。

社群一的职业能力和就业信息获取能力的整体水平较差,性格也偏封闭,作用于可行能力对各类功能的获取上,致使社交状态和财富状态显现出福利水平下降的结果,这与社群一偏老龄化的家庭结构特征有关,该社区安置居民的就业周期与家庭结构周期均向收缩状态转变,他们对社区生活的精神需求提升,因此,在通过提升未退休居民的职业技能及重构其生产性社交网络增加家庭收入的同时,还应通过社区活动的组织和邻里关系的维系丰富退休居民的精神生活。社群二的就业信息获取能力和环境适应能力的整体水平较差,使得就业状态和社交状态的福利水平下滑,结合该社区在硬件与软件管理上的松散情况,为提高该社群的整体福利水平,可通过优化社区治理增强安置居民的社区归属感,以使其尽快适应新的生活环境,进而积极地重构社交网络,助益于生产活动。社群三和社群四对城市更新表现出积极的态度,补偿满意度和拆迁满意度均较高,这两个与福利关联紧密的自身禀赋因素以较好的禀赋状态影响着社群三和社群四的功能获取,对于社群三表现出的多个维度的福利水平下降和社群四表现出的多个维度福利水平上升的差异,主要源于两个社群的治理模式的区别,社群三组织松散,而社群四管理到位,因此,在较好的自身禀赋下,应加强社区治理,通过社区力量将个体凝聚成群体,发挥群体联系间的影响作用,增强自身禀赋在功能获取上的可行能力。

4.4.3 维度间自身禀赋驱动集中安置居民福利变化的关联分析

为直观展示不同社群间同一维度的自身禀赋的关联度排序对比结果,绘制条形图见图 4.7、图 4.8、图 4.9、图 4.10 和图 4.11,分别为居住状态、就业状态、健康状态、社交状态和财富状态的结果对比,条形图的长度代表排序名次,即长度越长排序越靠后,该自身禀赋与福利变化的关联越小。

1. 自身禀赋驱动居住状态福利变化的关联分析

在自身禀赋与居住状态福利变化的关联度排序中(见图 4.7),补偿满意度(X_{10})在四个社群中均排名靠前,补偿的安置房属性是居住状态的物质性体现,在硬件上决定着安置居民居住的舒适性和便利性。四个社群中以社群三和社群四的关联性更大,而在 4.2 节中对社群自身禀赋的分析可知,这两个社群在补偿满意度上等级较高,对居住状态的正向变化趋势有较大的积极影响。因此,制订公平合理的安置补偿方案,保证安置居民在城市更新中获得较高的补偿满意度,是实现安置居民居住状态达到较高水平的有效措施。

除补偿满意度外,性别(X_5)、就业信息获取能力(X_4)、拆迁满意度(X_2)、年龄(X_6)的关联度排序在四个社群中存在较大差异,分别在社群一、社群二、社群三和社群四中关联性较强,而在其他社群中关联性较弱。结合访谈信息,了解到在老龄化较严重的社群一中,女性与男性在居住状态的福利评价上存在较大分歧,原因在于该社群中以社区生活为重心的女性对住房和社区的环境更为敏感,对现有居住

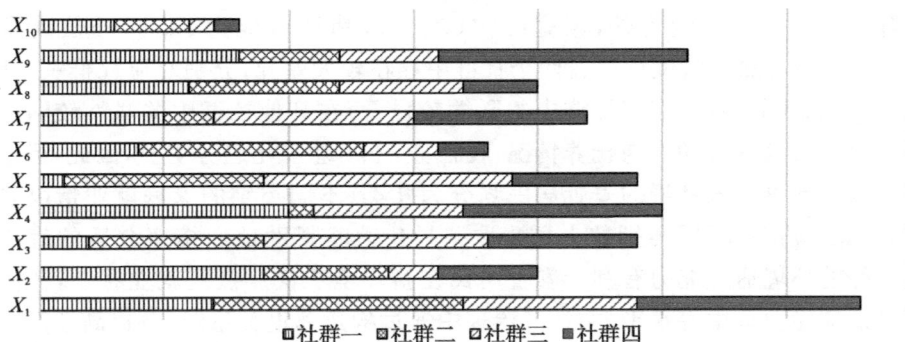

图 4.7　四个社群自身禀赋驱动居住状态福利变化的关联度对比

环境表现出一定的不满。社群二中家庭劳动力的失业抗风险能力普遍较差,在有较大抚养压力的情况下,安置居民会缩减居住消费,居住舒适性会受到一定影响。社群三表现出较高的拆迁满意度,但居住状态较其他社群偏低,还需采取措施改善住房和社区配套的硬件。社群四虽然在年龄上较其他三个社群更年轻化,但较普通社区仍缺乏社区活力,因此,减少年轻人群流失是促进社群四向更高居住状态福利改变的有效方式。

2. 自身禀赋驱动就业状态福利变化的关联分析

在自身禀赋与就业状态福利变化的关联度排序中(见图 4.8),就业信息获取能力(X_4)在四个社群中均排名靠前,该变量反映了安置居民在面临失业时重新获得就业机会的能力,该变量在四个社群中均处于较差状态水平,尤以社群一和社群二表现最明显。就业状态在更新后普遍出现福利水平下降的变化趋势,为改变这一趋势,最有效的方式是提高与四个社群均关联性较强的就业信息获取能力,通过组织就业培训、构建就业信息网,从安置居民的就业能力上提供"授之以渔"的补偿方案。

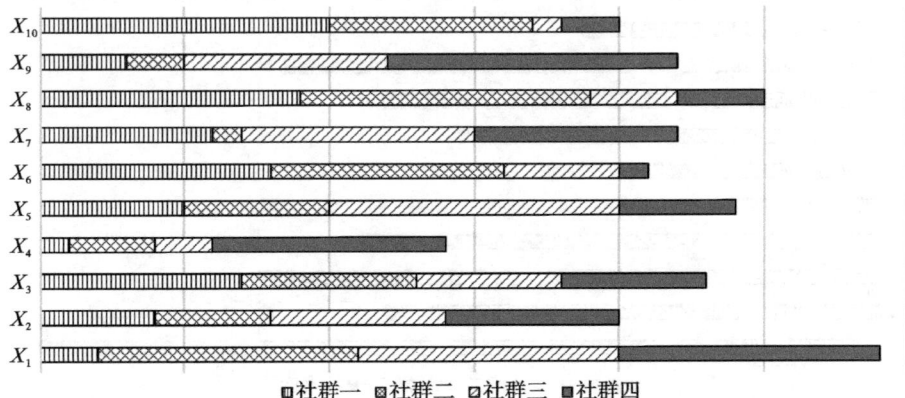

图 4.8　四个社群自身禀赋驱动就业状态福利变化的关联度对比

除就业信息获取能力外,家庭结构(X_1)、环境适应能力(X_7)、补偿满意度(X_3)、年龄(X_6)的关联度排序在四个社群中存在较大差异,分别对应社群一、社群二、社群三和社群四,仅在该社群中关联性较强,而在其他社群中关联性较弱。家庭结构决定着家庭劳动力与抚养情况,在社群一中,老龄化趋势明显,因此,退休与子女离家情况可将该社群的安置居民划分为几类,不同类别的家庭就业情况差异明显,因此,应该对不同类别的人群采取差异化策略帮助他们拓宽合适的就业渠道。较好的环境适应能力有利于安置居民在新环境下快速恢复就业状态,社群二的环境适应能力呈中等水平,在社区治理中通过构建邻里关系网,并提高社区服务在情感上增强安置居民的社区归属感,以安置居民较高的环境适应能力促进其在就业中的能力发挥。社群三和社群四对 X_3 和 X_6 的关联与居住状态中分析一致,分别通过提供就业方面的补偿方案和减少年轻人群流失以增强家庭劳动力的就业能力,实现就业状态的福利水平提升。

3. 自身禀赋驱动健康状态福利变化的关联分析

在自身禀赋与健康状态福利变化的关联度排序中(见图 4.9),补偿满意度(X_{10})在四个社群中均排名靠前,补偿满意度揭示了安置居民对新环境的认可程度,在迁移意愿较为自由且迁移至较满意的新环境中的主观意识下,安置居民才能积极恢复并改善迁移给身体和精神带来的影响。四个社群迁移后的健康状态福利水平均有提升,主要体现在自然环境,如噪声、绿化、空气质量上的优化,在提升有利于健康的物质条件的同时,还应加强对安置居民精神健康的重视,通过社区文化建设,改善安置居民的精神面貌,使其以更加健康的生活态度与方式获得健康的福利提升。分别与社群一和社群二关联密切的自身禀赋变量性格(X_9)和环境适应能力(X_7)也从主观意识上同样强调了安置居民积极的生活态度与方式对健康的影响,因此,加强社区精神生活引导是实现安置居民获取较高健康水平的保障。

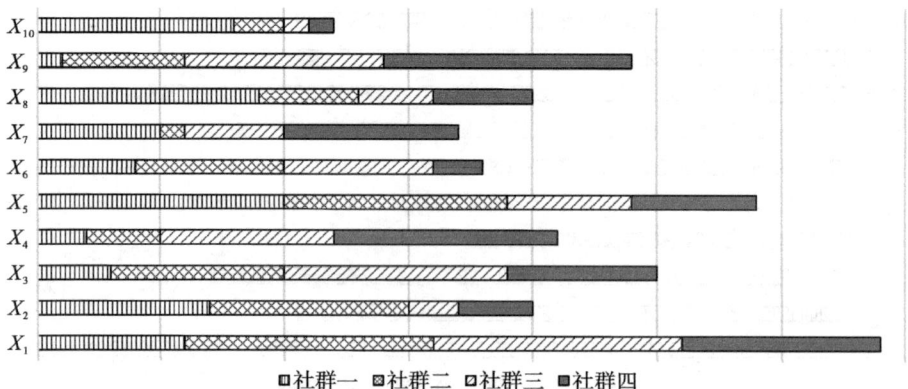

图 4.9　四个社群自身禀赋驱动健康状态福利变化的关联度对比

4.自身禀赋驱动社交状态福利变化的关联分析

在自身禀赋与社交状态福利变化的关联度排序中(见图 4.10),拆迁满意度(X_2)在四个社群中均排名靠前。拆迁满意度揭示了安置居民对原有社会环境的认可程度,它与社交状态关联密切表明城市更新中社会结构解体对安置居民的社交网络构成严重的破坏。四个社群中社群一和社群二的拆迁满意度偏低,他们在更新后的社交状态均出现下降,为扭转这一局面实现社交状态的提升,应通过一定的社区宣传手段提高安置居民对城市更新的认知,使安置居民充分了解城市更新对社会及他们自身的益处,只有安置居民主观意识上接纳新社区,才能积极重建邻里关系网。

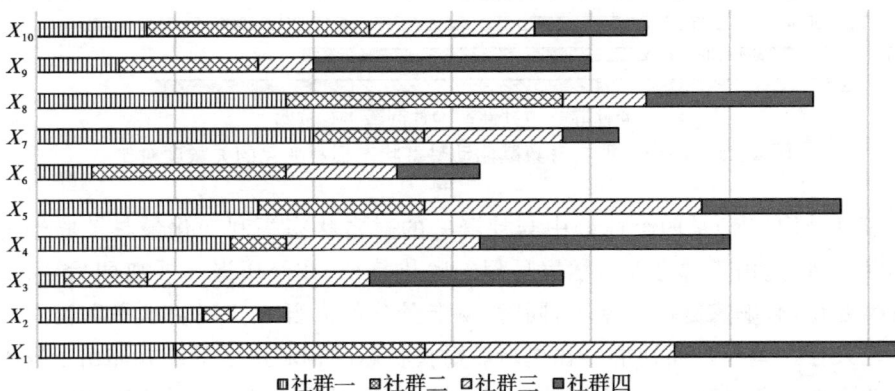

图 4.10　四个社群自身禀赋驱动社交状态福利变化的关联度对比

此外,职业能力(X_3)和就业信息获取能力(X_4)分别与社群一和社群二在该维度的福利变化关联度十分密切,它们从安置居民的就业能力上影响着工作环境中建立起的社交网络水平,而社交网络是重要的就业信息获取渠道,因此可反作用影响安置居民的就业水平。社群一的职业能力和社群二的就业信息获取能力偏低,可通过就业培训和就业信息网构建提高安置居民的这两种就业能力以提升社交状态的福利水平。变量生活态度(X_8)和性格(X_9)与社群三的社交状态福利变化关联性也较强,为转变社群三社交状态下降的局面,可通过搭建社区交流平台充分满足安置居民的社交需求。

5.自身禀赋驱动财富状态福利变化的关联分析

在自身禀赋与财富状态福利变化的关联度排序中(见图 4.11),补偿满意度(X_{10})在四个社群中均排名靠前,与居住状态和健康状态为相同的结果,这也表明了该变量对福利变化的影响极大。当前城市更新的补偿主要体现在经济方面的补偿,即对安置居民失去原有住房的补偿,补偿标准主要以原有住房的市场价格或以等价值安置房置换,无论是货币补偿还是安置房补偿都是安置居民的财富成分,因此,补偿的客观价值和安置居民的主观满意度决定着安置居民在更新前后财富值的变化。为提高安置居民的补偿满意度,可以通过补偿标准的调整,改变补偿所体现的客观价值,还可以通过补偿方式的多元化,增加安置居民对于补偿的选择自由。

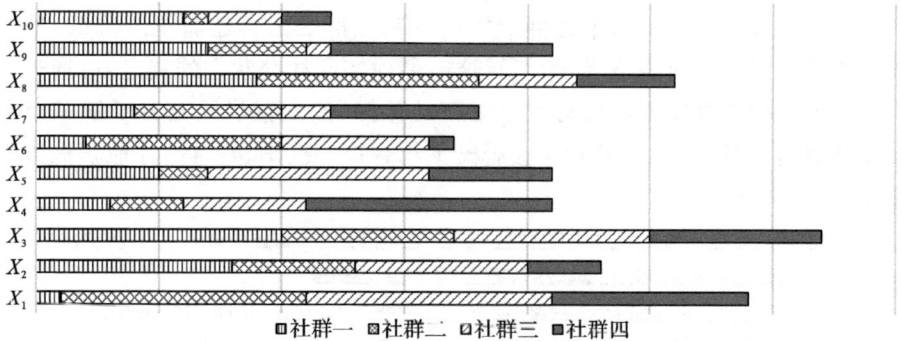

图 4.11　四个社群自身禀赋驱动财富状态福利变化的关联度对比

家庭结构(X_1)是四个社群中与社群一的财富状态福利变化最具关联性的自身禀赋变量,这由于部分安置居民呈现老龄化特征,在经历退休或离职后,家庭收入发生变化,影响家庭财富水平,同时,偏老龄化的人群对于消费水平和消费偏好与年轻人存在差异。而社群一在更新后财富状态的福利水平下降并非由于安置房价值的降低,而是家庭收支方面的改变。因此,对社群一而言,更新后的财富状态福利水平并未有实质性降低,而是收入与消费规律在生命周期的体现。但可以通过提升该社群老龄人群的生活质量来提高其主观满意度。

将四个社群作为一个整体,统一作为化龙桥片区安置居民的样本,进行自身禀赋与福利变化的关联性计算,结果汇总见表 4.9。

表 4.9　维度间自身禀赋驱动福利变化的关联性

福利维度	具有强关联性的自身禀赋				
	四个社群综合	单一社群独有			
		社群一	社群二	社群三	社群四
居住状态	补偿满意度	性别	就业信息获取能力	拆迁满意度	年龄
就业状态	就业信息获取能力	家庭结构	环境适应能力	补偿满意度	年龄
健康状态	补偿满意度	性格	环境适应能力	补偿满意度	补偿满意度
社交状态	拆迁满意度	职业能力	就业信息获取能力	性格	环境适应能力
财富状态	补偿满意度	家庭结构	性别	性格	年龄

表 4.9 显示与安置居民更新前后五个维度（居住状态、就业状态、健康状态、社交状态和财富状态）福利变化具有强关联性的自身禀赋因素为补偿满意度、拆迁满意度和就业信息获取能力。补偿满意度与居住状态、健康状态和财富状态关联密切，说明安置居民对因迁移带来的损失弥补十分在意，增强安置居民的补偿满意度可明显提升安置居民更新后的福利水平。而拆迁满意度与安置居民的社交状态关联性很强，安置居民只有主观认可更新并配合迁移才能在更新后积极重建社交网络使邻里与社会的关联恢复。而影响安置居民拆迁及补偿满意度的因素包含安置居民对原有环境（物质环境、经济环境与社会环境）的依赖、对城市更新的认知、补偿的合理性、迁移对安置居民的生活和就业影响等[176-177]，因此，可通过加大安置居民在更新中的参与性，并积极引导安置居民对城市更新的正向认知，在补偿方案中迎合安置居民需求，提供合理、公正的补偿标准和方式，并做好安置居民的后续生活保障，实现补偿的需求导向、多元化与延续性，以增强安置居民迁移意愿的自由度，进而积极影响安置居民的多维福利水平。就业信息获取能力是安置居民因迁移影响就业的情况下对就业机会的获取水平的描述，它由安置居民所拥有的就业渠道数量与质量所决定。在当今社会背景下，多数就业渠道主要以社会网络传递，而在城市更新中安置居民的社会网络受到不同程度的影响，因此优化新社区精神文明建设、重建社会网络，以提升安置居民的社会资本水平，是确保安置居民多维福利水平在迁移后得到提升的有效措施。

而表 4.9 中单独社群的结果显示，"环境适应能力""家庭结构""性格"也是影响各维度福利变化的强关联因素。这些自身禀赋水平的提升，需要新社区的建设做助力，社区建设除物质配套的跟进外，精神方面的引导也不可或缺。社区活动的组织与交流平台的建设是增进邻里关系的条件，可增强安置居民的社区归属感与自豪感；社区活力的提升可带动安置居民积极的生活热情，加快其对新环境的适应，并主动投入各类功能活动的获取上。因此，社区建设是促进安置居民融入新的社区环境并积极恢复其各维度功能福利的持久保障。

4.5　小结

自身禀赋是影响安置居民福利水平的内部驱动因素。本章将样本按照集中安置居民的群体重组划分为四个社群，通过对社群的自身禀赋属性进行描述性分析，对比各社群自身禀赋的分异，进而选用模糊福利测量模型对四个社群的维度视角福利水平进行测量并做对比分析，最后选用灰色关联分析法来探究安置居民自身禀赋对福利变化的影响关系，从社群间和维度间对比展开分析。

在自身禀赋的对比分析中，社群三和社群四较社群一和社群二表现出年龄偏低、生产力偏活跃、拆迁与补偿满意度偏高、生活适应能力偏强的特点。社群一对原有社会环境的眷恋最为强烈，社群二和社群三的就业状态最为稳定。在福利变化的对比分析中,社群一的居住状态福利提升最为明显,而社交状态和财富状态出现福利下降;社群二的财富状态与居住状态福利增幅较大,而就业状态福利有明显下降;社群三的财富状态福利增幅较大,健康状态与社交状态却有下降;社群四的居住状态、健康状态、社交状态和财富状态福利水平在更新后均有较大提升,尤以居住状态提升最多,而仅有就业状态福利值有小幅下降。四个社群的福利变化,仅居住状态变化趋势一致,其他四个维度均有较大分异。

在自身禀赋与福利变化的关联度分析中,若将四个社群作为一个整体,与安置居民更新前后五个维度福利变化具有强关联性的自身禀赋因素为"补偿满意度""拆迁满意度""就业信息获取能力"。其中,"补偿满意度"与居住状态、健康状态和财富状态关联密切,说明安置居民对因迁移带来的损失弥补十分在意,若想提升安置居民更新后的福利水平需提高安置居民的补偿满意度。"环境适应能力""家庭结构""性格"也是影响各维度福利变化的强关联因素。社群一的职业能力和就业信息获取能力的整体水平较差,性格也偏封闭,致使社交状态和财富状态显现出福利水平下降的结果;社群二的就业信息获取能力和环境适应能力的整体水平较差,使得就业状态和社交状态的福利水平下滑;社群三和社群四对城市更新表现出积极的态度,补偿满意度和拆迁满意度均较高,但社区治理强度的不同却使社群三表现出多个维度的福利水平下降而使社群四表现出多个维度的福利水平上升。

第5章

影响集中安置居民福利变化的
外部诱导因素研究

■5.1 影响集中安置居民福利变化的外部诱导因素的作用机理

安置居民的可行能力受自身禀赋与外部环境共同作用影响,本章针对外部条件这一类因素,即外部诱导方面,探讨其对福利的影响关系。城市更新对安置居民群体生活状态的影响主要体现在安置居民迁移至新的环境而带来的自然、经济、社会、人文、政策等环境的变化对安置居民生活能力的影响。本案例中,安置居民主要迁移至四个不同的空间环境形成重组社群(在第4章中提及迁移至四个安置小区的社群),四个空间环境存在差异。为对比探究不同空间环境下安置居民的福利变化差异,本章按照迁移至不同空间环境形成的重组社群来划分安置居民。

(1)社群一:迁移至嘉韵山水城小区(位于渝中区化龙桥街道)的安置居民;

(2)社群二:迁移至金银湾小区 221 号院(位于渝中区石油路街道)的安置居民;

(3)社群三:迁移至民新花园小区(位于渝中区菜园坝街道)的安置居民;

(4)社群四:迁移至人和花园小区(位于渝北区人和街道)的安置居民。

本章内容以图 5.1 的理论模型为框架。外部诱导因素决定着安置居民的福利变化结果。本章首先分析不同社区外部环境空间特征;其次,构建外部环境诱导安置居民福利变化的解释结构体系;再次,根据"短板"理论识别不同社区的安置居民福利变化的关键诱导路径;最后,以多元作用主体的共同协作优化外部环境。安置居民由于对外部环境的偏好,在更新后他们在空间上形成不同的社群,新社群所处的外部环境作用于安置居民可行能力影响着其多维度福利水平。本章分析不同社群所处空间的特性,并以模糊解释结构模型法探究外部环境诱导安置居民福利变化的逻辑关系,剖析社会情境和物质环境对功能活动的诱导路径,并基于四个社群所处的外部环境各变量的状态,借鉴关键路径法寻找关键诱导路径,多元主体据此路径可以以高质量的外部环境促进对安置居民福利提升的积极诱导。

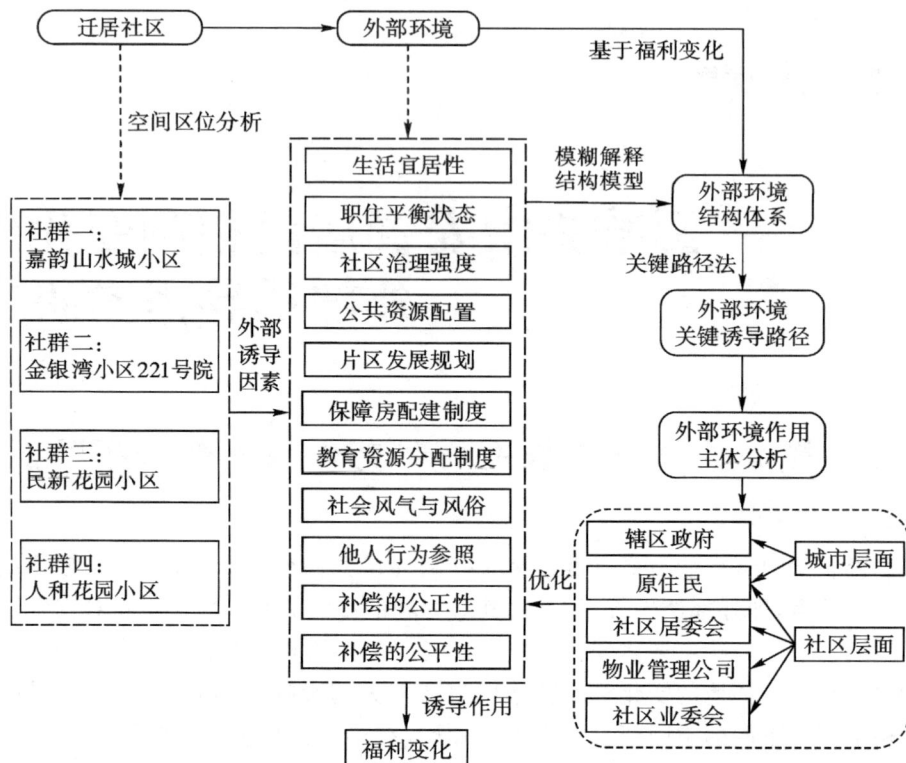

图 5.1　影响安置居民福利变化的外部诱导因素研究理论模型

■5.2　社群所处外部环境的空间分异分析

空间具有价值属性,斐伏尔认为,空间不只是生活和生产的载体,它本身就是生活和生产的对象和产物[178]。空间赋予了城市权利,包含对土地和空间以及其附属的房屋、公共设施及其他资源的占有与使用[120]。政府将城市权利作为集体权利而非个体权利,因此表现出以社会整体效益为主的城市空间资源配置方式。城市更新是政府面对老城区较低的空间资源配置效率通过资源解体与重组提高城市权利的过程[179]。当前我国的城市更新,以政府主导、市场运作的模式偏重以政绩和经济效益为目的的城市空间交换价值的提升,而忽视安置居民的空间使用价值与合理的城市更新效益分配诉求。安置居民在城市更新中迁离原有空间,自此无缘享受原有空间权利为他们提供的各类资源。

安置居民在城市更新中被剥夺的不仅仅是房屋,还有他们所享有的原有空间权利,但当前安置补偿标准主要以补偿房屋价值为主,因此,安置居民即使选择等面积产权置换的补偿方式,在迁移后的福利水平仍与更新前有异,第 3 章和第 4 章对案例中安置居民福利变化的分析可验证这一观点。导致安置居民在更新前后发生福利变化的根源为自身禀赋和外部环境的改变,自身禀赋中部分因素又受外部环境的影响,因此,外部环境的变化(即空间权利赋予安置居民的各类可达资源的变化)是引发安置居民福利变化最主要的原因。

延续前述案例继续分析,第 3 章和第 4 章均以安置居民视角从社会结构和时间结构进行探讨,本章基于空间资源配置对安置居民的逻辑影响进行剖析,以此构成社会结构、空间结构和时间结构的系统分析框架,对应于以城市更新时点划分的前后时间段内安置居民所受社会影响和空间影响的生活变迁轨迹。化龙桥片区更新后安置居民主要迁至四个安置小区空间,因此,通过对原有社区空间和四个新社区空间的特性描述,对比分析更新前后安置居民的外部环境差异,来分析安置居民福利变化的外部诱导因素。

社区是群体在空间范畴上的基本单元,同一社区内的居民处于相同的外部环境,对于外部环境提供的各类资源具有相同的可达性。在假定自由选择的条件下,居民的迁入与迁出受外部环境的诱导,而在居住过程中,居民的部分自身禀赋在外部环境的影响下具有相同的变化趋势,因此,外部环境可将有共同价值观(具有相同生活偏好和自身禀赋)的居民聚集于同一社区空间内[180],还会在居民生活于该社区空间中影响居民自身禀赋的同趋变化。同一社区空间下的居民福利水平及变化趋势具有相似属性,外部环境特性可反映社群的可行能力及福利水平。

1. 社群所处安置小区内空间形态

建筑的区位化和功能化形成社区独特的居住形态以及与之相匹配的经济、人文和政治结构[181],社区可根据其区位形态分为多种类型。城市更新促使安置居民完成由旧有型社区向小康型社区的空间迁移,受经济条件的限制,安置居民在迁移前后所处的社区区位形态类型均相对较差。

安置居民在更新前居于旧有居住型社区。此种类型的社区形成较早,以居民的居住空间需求为主,功能结构简单,逐渐落后于居民日益增长的多元需求。建筑类型以多层为主,建筑密度大,集中绿化与公共空间少,多为开放性社区。社区居民流动性很小,人口结构稳定,以本地居民为主,多为工薪阶层,年长者居多。

安置居民在更新后多迁入小康型社区。部分社区全部由安置房组成,部分社区为安置房和商品房混合。该类型的社区形成较晚,一般建成于安置居民迁移时段前夕,较旧有居住型社区而言,更注重建筑与人的有机融合,建筑物实体与使用功能体现出现代化审美与技术特点,并与当下居民的普遍需求相吻合。建筑类型以小高层和高层为主,建筑密度大,有小规模集中绿化与公共空间。社区居民流动性较小,有部分青年群体迁出行为。对于周边就业机会较多的社区,居民流动性较大,出租率较高。完全安置房社区以本地居民为主,混合社区中的居民呈现本地居民与外地居民混合的情形,同样以工薪阶层为主,年长者较旧有居住型社区偏少,但较高档型社区老龄化依然明显。

　　安置居民在更新前后的社区空间形态变化可总结如下:功能环境由单一居住需求向高品质物质与精神需求提升,建筑密度与人口密度增大,人口流动性增强,居民阶层化逐渐模糊,老龄化降低但有回升趋势。

2. 社群所处安置小区外空间形态

　　除社区内,安置居民的生活生产与社区外的社会也联系紧密。它提供居民生活生产的各类资源,是安置居民提升可行能力的外部支持。社区外空间区位特性在城市中受自然、经济、社会、政策等的共同作用,因此可分为地理区位、经济区位、社会区位和战略区位。地理区位反映地理位置和发展条件,为空间发展提供自然基础;经济区位反映经济发展及需求程度,为空间发展提供经济基础;社会区位反映人口分布与文化氛围,为空间发展提供人文基础;战略区位反映发展规划中所处的战略地位,为发展提供政策基础。

　　本案例中,更新区域位于重庆市渝中区化龙桥街道,安置居民主要迁移至四个安置小区,分别位于重庆市渝中区化龙桥街道、重庆市渝中区石油路街道、重庆市渝中区菜园坝街道、重庆市渝北区人和街道,即:社群一未迁离原街道,可认定为就地安置;社群二和社群三迁离原街道,但未迁离渝中区,可认定为就近安置;社群四迁离渝中区迁入渝北区,可认定为异地安置。

　　案例涉及两个区:渝中区和渝北区。两个区的地理区位、经济区位、社会区位和战略区位的信息如下[①],它们分别从物质环境(自然环境、经济环境)和社会情境上作为诱导因素影响安置居民的生活状态。

　　1)渝中区的空间形态特征

　　(1)地理区位。渝中区位于重庆市西南部,由长江、嘉陵江汇流成三面环水的东西向狭长半岛,东与南向临长江,与南岸区水域相邻,北向临嘉陵江与江北区水域连界,西向与九龙坡区和沙坪坝区接壤,地理区位为重庆主城区的中心。该区幅员面积23.24 km²,从鹅岭到朝天门坡降比较大,相对高差达227 m,具有典型的山城特征。受特殊地形与地貌的影响,该区具有气温高、湿度大、日照少、雨季长、风速小等气候特点,2017年新标准空气质量二级以上天数为271天。

　　(2)经济区位。该区为重庆老城,通过升级传统现代服务业和培育新兴产业并举构建产业布局。2017年城镇常住居民人均可支配收入37175元,人均消费性支出26073.2元,人均地区生产总值为170528元,区域税收收入213.0亿元,旅游业总收入318.8亿元。该区具有完善的配套机构与设施,其中:教育配套包括普通中学13所、职业中学2所、小学30所、幼儿园50所,医疗配套包括综合医院124个、专科医

---

　　① 数据来源:自然资源部、国家统计局、《2017年渝中区国民经济和社会发展统计公报》《2017年渝北区国民经济和社会发展统计公报》。

院 14 个、诊所 147 个；休闲配套包括景区 24 个、公园 21 个，公园面积 127.5 hm²；交通配套方面，拥有重庆火车站，是渝蓉、渝黔、襄渝 3 条铁路干线的交汇点，紧邻长江上游最大的客运港口朝天门港口，还有东水门大桥、千厮门大桥、黄花园大桥、重庆长江大桥及复线桥、菜园坝长江大桥、牛角沱大桥、渝澳大桥、嘉华大桥等跨江大桥，以及重庆轨道交通 1 号线、2 号线、3 号线、6 号线等线路经过。

（3）社会区位。2017 年末户籍人口 50.8 万人，年末常住人口 65.9 万人，其中老年人口比例为 14.2%。人口密度 27599.21 人/km²。平均家庭户规模 2.46 人/户，平均子女数 0.83 个。人均受教育年限 11.07 年。人均住房面积 23 m²。年末基本养老保险参保人数为 67.8 万人，失业保险参保人数为 54.9 万人，城镇基本医疗保险参保人数为 69.6 万人，工伤保险参保人数为 50.7 万人，生育保险参保人数为 45.4 万人。城镇登记失业率为 2.55%。

（4）战略区位。功能定位：行政、商贸、金融、信息中心和交通通信枢纽，重庆市中心城区；主导产业布局：商贸业、金融业、信息产业、中介服务业。

2）渝北区的空间形态特征

（1）地理区位。渝北区位于重庆市主城东北部。南向与江北区相邻，与巴南区、南岸区、沙坪坝区水域相邻，西向与北碚区、合川区相连，东向与长寿区相邻，北接四川省华蓥市。该区幅员面积 1452.03 km²，地势从西北向东南缓缓倾斜。受特殊地形与地貌的影响，该区具有气温高、湿度大、日照少、雨季长、风速小等气候特点，2017 年新标准空气质量二级以上天数为 288 天。

（2）经济区位。2017 年人均地区生产总值 89477 元。城镇常住居民人均可支配收入 36414 元，城镇常住居民人均消费支出 24629 元，城镇居民恩格尔系数为 31.1%。公共财政预算收入 61.99 亿元。实现旅游收入 80.59 亿元。拥有各类配套机构与设施，其中：教育配套包括普通中学 42 所、职业学校 8 所、小学 76 所、幼儿园 361 所、特殊教育学校 1 所；医疗配套包括综合医院 272 个、专科医院 10 个、诊所 299 个；休闲配套包括景区 11 个；交通配套方面，拥有江北国际机场、重庆火车北站两大交通枢纽，紧邻长江上游最大内河港寸滩港，"渝新欧"铁路正在向机场延伸，境内有 4 条干线铁路、8 条高速公路、7 条轻轨，水陆空联运的现代交通体系发达。

（3）社会区位。2017 年末常住人口 163.23 万人，其中老年人口比例为 14.48%。人口密度 922.24 人/km²。平均家庭户规模 2.59 人/户，平均子女数 0.98 个。人均受教育年限 10.19 年。人均住房面积 36.37 m²。城镇单位职工基本养老、医疗、失业、工伤参保人数分别达 53.79 万人、35.73 万人、34.67万人和 30.44 万人。城乡养老、医疗保险参保率分别稳定在 95%、96%。城镇登记失业率为 2.29%。

（4）战略区位。功能定位：创新生态圈、智能制造基地、国际航空港，致力打造重庆商贸大区、西部美食名区、重庆开放高地、国家中心城市展示区、重庆现代服务业基地、重庆先进制造业基地；主导产业布局：商贸业、传统优势产业、房地产业、会展业、总部经济、物流业、旅游业。

案例涉及四个街道：渝中区化龙桥街道、渝中区石油路街道、渝中区菜园坝街道和渝北区人和街道，四个街道的区位空间情况如表5.1所示。

表5.1 化龙桥片区安置居民在更新后所属街道的区位空间形态

区位	渝中区化龙桥街道	渝中区石油路街道	渝中区菜园坝街道	渝北区人和街道
地理区位	化龙桥街道位于渝中区西部，幅员面积3.35 km²，嘉陵江岸线4.12 km，为渝中区地域面积第三大街道，东临上清寺街道，南靠石油路街道、大坪街道，西与沙坪坝区土湾街道接壤，北濒嘉陵江与江北区猫儿石隔江相望	石油路街道位于渝中区最西部，幅员面积3.14 km²，分别与沙坪坝区、九龙坡区接壤	菜园坝街道位于渝中半岛中部偏东，东西沿长江水岸长4.5 km，南北宽1.26 km，幅员面积1.56 km²，呈狭长形状、坡陡巷多地貌特点	人和街道位于渝北区西南部，幅员面积16.87 km²，东接金山街道，南靠大竹林街道、天宫殿街道，西临康美街道，北连康美、鸳鸯街道
经济区位	辖区原是渝中第二产业的主要集中地，渝中区"十二五"规划定位化龙桥地区为"渝中西部都市新核"。2006年，化龙桥片区改造工程动工，2012年，企业天地被授牌"重庆国际商务区"，德勤、施耐德、罗克韦尔、国投页岩气等国内外知名企业相继落户，综合型跨境电商产业园"龙工场"正式开园，"重庆天地"商业特色街成为重庆时尚休闲娱乐的新地标	区域内现有亚洲最大的商业综合体龙湖时代天街和重庆总部城、恒大名都、万科锦程、协信阿卡迪亚等知名楼盘。2017年启动了智慧社区建设平台，包括智慧石油路、车位共享和在线对话三大板块，为居民提供生活服务、城市服务以及问题反映渠道	菜园坝街道是集交通枢纽、商贸批发中心、物流集散地、居民区以及各类生活配套设施于一体的综合性街区。辖区有重庆火车站、重庆汽车站、长途汽车站、旅游集散中心和12个公交站点，有水果市场、中药材市场等批发市场8个，物流公司或货运点38个	以服务"推动新区高质量发展、创造群众高品质生活"为目标。先后获得全国和谐社区建设示范街道、全国全民健身活动先进单位、全国安全社区（街道）、全国社会保障系统优质服务窗口、国际安全社区（街道）（西南地区首批）

续表

区位	渝中区化龙桥 街道	渝中区石油路 街道	渝中区菜园坝 街道	渝北区人和 街道
社会 区位	常住人口 58031 人,其中老年人口比例为8.17%。人口密度 17322.69 人/km²。家庭户 17246 户,平均家庭户规模 2.74 人/户,平均子女数0.27个	常住人口 12 万人	常住人口 26645 人,家庭户 9030 户	常住人口 10 万人(户籍人口4.4万人)
战略 区位	"大石化片区"①之一,依托重庆天地等载体,引进国际顶级品牌专卖店及高端购物中心,打造涉外商务消费地	"大石化片区"之一,构建"渝中西部都市新核"	重庆市物流中心、交通枢纽和重庆商品批发市场集散地之一	创新推行覆盖居民一生重要节点的"幸福一生、五心服务",形成了"五化促五心"的服务群众工作机制,使辖区居民共享新区开发建设成果

两个区域四个街道的空间区位形态总结如下:①化龙桥街道和石油路街道属于"大石化"片区。该片区是老城区,居住氛围浓厚,新旧社区混杂,公共设施与服务集中度较高。当前虽然道路网较密集,但缺乏节点联通,使得交通通达度不高。为此,渝中区重点建设该片区交通、市政、公共服务等配套设施,并将其定位为"集国际交流、时尚消费、现代办公、高端居住于一体的重庆都市新核,渝中发展新级"。在大规模基础设施建设和分阶段社区改造的规划中,该片区经济发展前景良好,与解放碑、观音桥等地的商圈模式不同,该片区计划引入为日常生活服务的新型服务业为片区的主要业态,有利于形成配套完善的高品质生活区。此外,石油路街道建设的智慧社区平台,为居民的便利生活提供较大助力,大大提高了该街道居民的居住满意度。②菜园坝街道因毗邻长江,其物流交通功能具有明显优势,以其作为依托的商品集散产业也是该街道经济发展重心,因此,该街道的居住功能被弱化,居住氛围不浓厚。其道路网络与化龙桥街道、石油路街道现状相似,但未来规划建设

---

① 大石化片区由大坪、化龙桥和石油路 3 个街道组成,面积 8.37 km²。

力度与前两个街道相比偏弱,因此,该街道与外部区域的陆上交通畅通性提升趋势不明显。战略规划偏产业性,不利于形成规模化的居住集聚区,居住体验感较前两个社区偏差。③人和街道位于渝北区,该街道发展较晚,当前的各类配套设施仍不如其他三个位于老城区的街道密度大,但规划前景明朗,建设速度很快,公共配套集中度有逐渐赶超老城区的趋势。同时,该街道虽在地理区位上较其他三个街道略偏离主城区中心,但渝北区大力建设交通基础设施的结果减弱了这一地理区位上的劣势,该街道与外部区域的交通通达性较好。此外,该街道是由老城区单体楼、商品房、拆迁安置房、农转非安置房共同组成的一个复合型社区群,产业属性不明显,居住氛围浓厚。由于渝北区政府将社区治理作为城市建设的重点工作,该街道的社区文化环境良好,居民融合性较为充分。

■5.3 外部环境诱导集中安置居民福利变化的结构分析

外部环境一方面为居民的生活提供各类资源,即形成功能活动的物品与服务,是居民福利构建的基础;另一方面,作为一种诱导剂影响居民的行为,改变居民的可行能力,是居民福利构建的可行条件。这两方面共同影响居民的福利水平。因此,此节通过对外部环境的关键变量进行逻辑分析,剖析其作用于安置居民的内在逻辑关系,以明晰不同的外部环境对居民福利水平的影响规律。

3.1.4小节中构建的福利体系(见图3.4)已为本节识别出外部环境的关键变量,分别为生活宜居性、职住平衡状态、社区治理强度、公共资源配置、片区发展规划、保障房供给制度、教育资源分配制度、社会风气与风俗、他人行为参照、补偿的公正性、补偿的公平性。其中,前五个变量为物质环境因素,后六个变量为社会情境因素,前者是对外部环境提供的资源数量与质量水平的描述,后者是对居民行为诱因的描述,物质环境和社会情境分别通过物质供给和行为影响共同影响居民的生活状态。

5.3.1 分析方法

探究变量间的逻辑关系常用的分析方法为解释结构模型法(interpretative structural modeling method,简称ISM法),该方法可将复杂的系统分解成多个因素,通过人们的专业知识和实践经验进行逻辑判断进而构成多级递阶结构模型。然而,因素间的关系往往并非绝对的无联系或有联系(在邻接矩阵中以0和1表示),而是相对地表现出一定的模糊性,它们之间的影响强度也存在量化差别,因此,将模糊系统的概念引入ISM法为模糊解释结构模型法(fuzzy interpretative structural modeling method,简称FISM法)[182]可以更真实反映因素间的复杂主次关系,构建切合实际的系统结构。在此节中,为分析外部环境对安置居民的福利影响,通过FISM法确定外部环境变量间的逻辑关系,根据关系向量图,提出调整资源的空间配给与积极的行为引导建议以提升安置居民的可行能力,改善其福利水平。

FISM 法的实施步骤与传统的 ISM 法类似,共分为以下七个步骤[183]。

(1)组织模糊解释结构模型分析组。分析组成员由五名城市更新研究领域的专家组成,因素间的模糊逻辑判断由该分析组成员共同商讨得出统一结果。

(2)确定研究的关键问题。本书中该方法待研究的关键问题为影响安置居民福利水平的外部环境系统结构逻辑关系。

(3)识别影响研究问题的因素。第 3 章中已识别出十一个外部环境的关键变量(见图 3.4),分别为生活宜居性、职住平衡状态、社区治理强度、公共资源配置、片区发展规划、保障房供给制度、教育资源分配制度、社会风气与风俗、他人行为参照、补偿的公正性、补偿的公平性。

(4)判断各关键变量的模糊相关性。由分析组成员对两两因素间的模糊关系进行判定。

(5)根据各个关键变量的模糊相关性,构建模糊邻接矩阵、λ 水平下的截矩阵和可达矩阵。本书中,关键变量为十一个,因此模糊邻接矩阵、λ 水平下的截矩阵和可达矩阵均为 11 阶矩阵。

(6)分解可达矩阵,构建结构模型,即层次划分,以确定变量间的层级关系,层级越高表示系统的最高目标,下层是上层的原因。

(7)根据结构模型构建模糊解释结构模型。

从以上实施步骤中可以对比出 FISM 法与传统的 ISM 法仅存在对因素间相关性的判断以及确定 λ 水平下的截矩阵两方面的差别,但通过加入因素间相关性的强度,对因素间的结构关系除层次划分外还明确出主次之分,是对传统 ISM 法的扩展,同时在不同 λ 水平下可以得出不同外部环境干预下安置居民福利水平的状态。

在确定因素间模糊相关性的基础上,FISM 法主要通过数学矩阵转换得出模型结果,包括模糊邻接矩阵、λ 水平截距阵和可达矩阵。黄丽等[182]对这些矩阵的概念进行了详细的定义。

1. 模糊邻接矩阵的定义及特征

设 $S=\{S_1,S_2,\cdots,S_{11}\}=\{$生活宜居性,职住平衡状态,社区治理强度,公共资源配置,片区发展规划,保障房供给制度,教育资源分配制度,社会风气与风俗,他人行为参照,补偿的公正性,补偿的公平性$\}$为十一个外部环境变量组成的元集,S 元集内两两因素间的逻辑关系可构成模糊邻接矩阵。此研究中建立的 11 阶模糊邻接矩阵,用 $E=e_{i,j}$ 表示,其中 $\forall_{i,j}=1,2,\cdots,11$。在模糊系统中,两两变量间的相互关系并非绝对的 0-1 而是模糊关系,关系向量区间取值[0,1],因此,$0 \leqslant e \leqslant 1$。若 $e_{i,j}>0$,则

S_i邻接S_j,邻接程度为$e_{i,j}$,$e_{i,j}$值越大,表示S_i对S_j的关系越强;若$e_{i,j}=0$,则S_i不邻接S_j,两变量间无直接逻辑关系。

2.λ 水平截距阵的定义及特征

λ 水平截距阵是对邻接矩阵在不同λ 值时的矩阵转化,λ 值的大小意味着通过对外部环境的治理来影响安置居民福利的精细程度,λ 值越小,表示对外部环境治理越细致。与邻接矩阵$E=e_{i,j}$对应,设$E_\lambda=\lambda e_{i,j}$为λ 水平截距阵,则

$$\lambda e_{i,j}=\begin{cases}0,e_{i,j}<\lambda\\1,e_{i,j}\geqslant\lambda\end{cases} \tag{5.1}$$

3.可达矩阵的定义及特征

由邻接矩阵I与单位矩阵I进行运算,$(E+I)^1,(E+I)^2,(E+I)^3,\cdots$,当且仅当$(E\bigcup I)^{n-2}\neq(E\bigcup I)^{n-1}=(E\bigcup I)^n=R$,记$R=r_{i,j}$为$S$的可达矩阵,表示从一个变量到另一个变量是否存在连接的路径。若$r_{i,j}>0$,则S_i可达S_j,可达程度为$e_{i,j}$;若$r_{i,j}=0$,则S_i不可达S_j。

4.可达矩阵的分解

对可达矩阵进行分解,得到可达集合($R(S_i)$)、先行集合($Q(S_i)$)以及可达集合和先行集合的交集($A(S_i)=R(S_i)\bigcap Q(S_i)$)。其中,$R(S_i)$是在可达矩阵中变量$S_i$对应的矩阵行中$r_{i,j}$值为 1 的变量集合,代表变量$S_i$可达的变量;$Q(S_i)$是在可达矩阵中变量$S_i$对应的矩阵列中$r_{i,j}$值为 1 的变量集合,代表可达变量$S_i$的变量;而$A$在层级划分中是从上到下层级抽取的条件,若$A(S_i)=R(S_i)$,则提取$S_i$为第一层,然后剔除$R(S_i)$、$Q(S_i)$和$A(S_i)$中的$S_i$变量,重复该变量提取方法为第二层,直至将变量全部提取。根据可达矩阵的分解,可梳理出分层次的因素间的逻辑关系,进而绘制成S系统结构图。

5.3.2 外部环境诱导集中安置居民福利变化的逻辑关系分析

FISM 法的变量元集S在第 3 章构建的福利体系概念模型中已经明确,此处不再赘述,而变量间的有向逻辑关系判定由分析组成员根据调查表确定,以此得到影响安置居民福利的外部环境变量的邻接矩阵,如表 5.2 所示。

表 5.2　外部环境变量的模糊邻接矩阵

$e_{i,j}$	S_1	S_2	S_3	S_4	S_5	S_6	S_7	S_8	S_9	S_{10}	S_{11}
S_1	0	0.4	0.2	0.2	0	0	0	0.6	0.4	0	0
S_2	0.8	0	0	0.2	0	0	0	0.4	0	0	0
S_3	0.6	0.4	0	0.6	0	0	0	1	1	1	1
S_4	1	1	0	0	0.4	0	0	0.8	0.4	1	1
S_5	0.4	0.8	0.2	1	0	1	0	0	0	0	0.6
S_6	0.8	0.4	0.2	0.6	0	0	0	0	1	0.6	0.2
S_7	0.6	0.25	0	0.4	0	0	0	0	0	0.6	0
S_8	0.6	0	0.2	0.2	0	0	0	0	0	0	0
S_9	0.4	0.2	0	0	0	0	0	1	0	0	1
S_{10}	0	0	0.2	0.4	0	0	0	0	0	0	1
S_{11}	0	0	0.2	0	0	0	0	0	0	0	0

不同的 λ 值有不同的 λ 水平截距阵,对应的可达矩阵和以此为基础绘制的结构关系图也不同。分别选取 λ 值为 0.2、0.5 和 0.8,表示外部环境治理的精细程度由强到弱的三种状态,根据对应的可达矩阵分解得到结构模型。

1. λ 值取 0.2

$\lambda = 0.2$ 时,邻接矩阵按式(5.1)进行数值转换,得到 $\lambda - 0.2$ 水平截矩阵,见表 5.3。

表 5.3　$\lambda - 0.2$ 水平截矩阵

$\lambda e_{i,j}$	S_1	S_2	S_3	S_4	S_5	S_6	S_7	S_8	S_9	S_{10}	S_{11}
S_1	0	1	1	1	0	0	0	1	1	0	0
S_2	1	0	0	1	0	0	0	1	0	0	0
S_3	1	1	0	1	0	0	0	1	1	1	1
S_4	1	1	0	0	1	0	0	1	1	1	1
S_5	1	1	1	1	0	1	0	0	0	0	1
S_6	1	1	1	1	0	0	0	0	1	1	1
S_7	1	1	0	1	0	0	0	0	0	1	0
S_8	1	0	1	1	0	0	0	0	0	0	0
S_9	1	1	0	0	0	0	0	1	0	0	1
S_{10}	0	0	1	1	0	0	0	0	0	0	1
S_{11}	0	0	1	0	0	0	0	0	0	0	0

由 $\lambda-0.2$ 水平截矩阵进行矩阵运算求得可达矩阵的过程可由 MATLAB 软件实现,结果如表 5.4 所示。

表 5.4　基于 $\lambda-0.2$ 水平截矩阵求得的可达矩阵

$r_{i,j}$	S_1	S_2	S_3	S_4	S_5	S_6	S_7	S_8	S_9	S_{10}	S_{11}
S_1	1	1	0	1	0	0	0	1	0	1	1
S_2	1	1	0	1	0	0	0	1	0	1	1
S_3	1	1	1	1	0	0	0	1	0	1	1
S_4	1	1	0	1	0	0	0	1	0	1	1
S_5	1	1	0	1	1	1	0	1	1	1	1
S_6	1	1	0	1	0	1	0	1	1	1	1
S_7	1	1	0	1	0	0	1	1	0	1	1
S_8	0	0	0	0	0	0	0	1	0	0	0
S_9	1	1	0	1	0	0	0	1	1	1	1
S_{10}	0	0	0	0	0	0	0	0	0	1	1
S_{11}	0	0	0	0	0	0	0	0	0	0	1

对可达矩阵进行层次划分,首先求得可达集合($R(S_i)$)、先行集合($Q(S_i)$)以及两集合的交集($A(S_i)=R(S_i)\bigcap Q(S_i)$),见表 5.5。

表 5.5　基于 $\lambda-0.2$ 水平截矩阵求得的可达集、先行集及其交集

编号	变量	可达集合	先行集合	交集
S_1	生活宜居性	1,2,4,8,10,11	1,2,3,4,5,6,7,9	1,2,4
S_2	职住平衡状态	1,2,4,8,10,11	1,2,3,4,5,6,7,9	1,2,4
S_3	社区治理强度	1,2,3,4,8,10,11	3	3
S_4	公共资源配置	1,2,4,8,10,11	1,2,3,4,5,6,7,9	1,2,4
S_5	片区发展规划	1,2,4,5,6,8,9,10,11	5	5
S_6	保障房供给制度	1,2,4,6,8,9,10,11	5,6	6
S_7	教育资源分配制度	1,2,4,7,8,10,11	7	7
S_8	社会风气与风俗	8	1,2,3,4,5,6,7,8,9	8
S_9	他人行为参照	1,2,4,8,9,10,11	5,6,9	9
S_{10}	补偿的公正性	10,11	1,2,3,4,5,6,7,9,10	10
S_{11}	补偿的公平性	11	1,2,3,4,5,6,7,9,10,11	11

表 5.5 中满足 $A(S_i) = R(S_i)$ 的变量为 S_8 和 S_{11}，表示这两个变量是系统的最顶层，即最终目标。将 S_8 和 S_{11} 剔除表 5.5 后，重新选择满足 $A(S_i) = R(S_i)$ 条件的变量，以此类推，直至将所有变量都选择出来。层次划分结果如表 5.6 所示。

表 5.6　基于 $\lambda - 0.2$ 水平截矩阵求得的结构系统的层次划分

层级	变量
第一层	S_8, S_{11}
第二层	S_{10}
第三层	S_1, S_2, S_4
第四层	S_3, S_7, S_9
第五层	S_6
第六层	S_5

基于 $\lambda - 0.2$ 水平截矩阵求得的影响安置居民福利水平的外部环境系统结构关系如图 5.2 所示，变量共十一个，结构关系分为六层，通过一定的逻辑关系自底层向顶层构成单向影响链条。"片区发展规划"处于结构关系的最底层，为最基础性的外部环境因素，它通过对片区功能定位以及公共服务设施、道路设施等的规划影响片区的发展方向和资源配置。"片区发展规划"作用于"保障房供给制度"，规划保障房是否与商品房在空间上融合，进而影响安置居民所处的经济与社会空间特性。第五层为"保障房供给制度"，决定了安置居民在选择房屋置换补偿中迁入的社区的居民结构特征。我国的保障房供给主要有集中供给和分散配建两种模式。集中供给的保障房多处于城市边缘，居民完全为低收入群体，阶层融合性很差，形成的片区具有较低的经济与产业水平，进而造成各类公共资源的持续低配循环状态；而分散配建模式即保障房与商品房按一定配比共同建设，可实现不同阶层的居住融合，保障各阶层对公共资源使用的公平性，减少因阶层隔离形成的片区发展不均，促进群体间的交流与影响。保障房供给制度直接决定了安置居民是否与商品房群体存在空间融合现象，不同群体具有相似的生活与行为模式，他们在空间上的融合易产生群体间行为影响效应，出现群体融合或者排斥现象。在外部环境系统结构关系图中，"他人行为参照"处于第四层，直接受到"保障房供给制度"影响。处于该层的变量，还有"社区治理强度"和"教育资源分配制度"，这两个变量无先行变量，属于源头变量，不受其他变量的影响。社区治理强度是安置居民所处社区有序运转的标准，治理强度越强，社区安全性、邻里和谐性及居住舒适性越有保障；相反，治理强度越差，容易导致安全隐患、邻里纠纷、居住不便等问题，拉低居住满意度。而教育作为最有效的能力提升渠道越来越受到人们的关注与重视，具有学龄子女的家庭更是将教育资源作为居住区位选择的主要考虑因素，房产价值的

一个重要影响因素也是教育资源的可接触性。因此,教育资源分配制度通过调节教育资源的空间与社会配置对安置居民的生活影响深远。第四层的变量分别从居住空间中群体行为特征、社区运行特征以及教育资源配置政策的空间特征体现安置居民所在空间区位的环境属性。

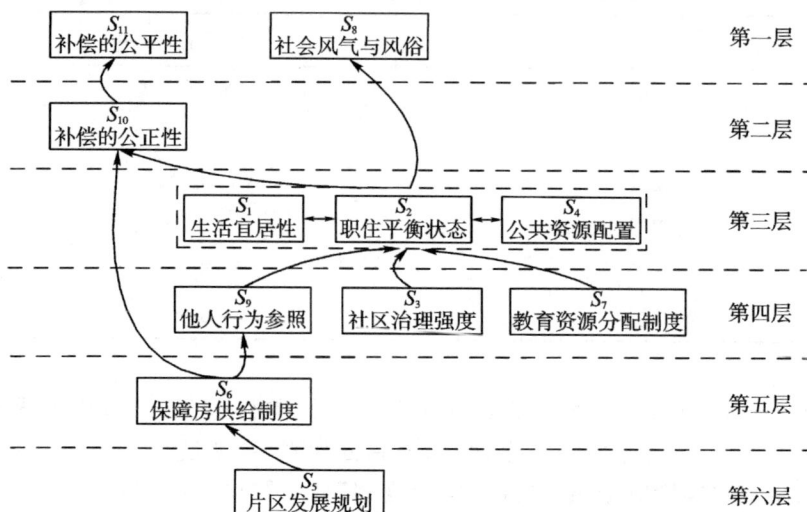

图 5.2　基于 λ-0.2 水平截矩阵求得的结构关系向量图

图 5.2 中第四层的三个变量均对第三层变量产生直接影响,第三层变量有"生活宜居性""职住平衡状态""公共资源配置"。其中,生活宜居性是外部环境的自然、经济、政策和社会属性对安置居民生活状态造成影响的直接评判。职住平衡状态体现了片区提供的就业岗位数量、劳动者数量以及就业岗位中当区劳动者与外区劳动者占比的关系,职住平衡状态处于供需平衡且当区居民居住与就业空间较为匹配为最佳。一方面充足的生产活动有利于片区的产业发展,另一方面较短的通勤距离可以减少交通拥堵与空气污染,同时可减少因通勤时间过长对生活时间的挤压,增加生活幸福感。公共资源配置决定了安置居民对各类公共资源的可达性,是安置居民生活便利性最主要的衡量标准。这三个变量是外部环境属性对居民生活与生产的直接作用结果,同时它们之间互相影响。生活与生产构成安置居民的活动轨迹,同时公共资源在空间的配置结果为安置居民的生活和生产提供物品与服务条件,有利的资源供给,可提高安置居民的生活和生产水平,实现生活的宜居性和职住平衡。

第三层的变量以资源配置在生活和生产中的作用结果影响评价安置居民因城市更新在迁入新的环境后是否恢复了原有生活和生产状态与水平,即是否获得了公正的补偿,该关系表现在图 5.2 的第三层向第二层链接。对安置居民而言,外部环境附带的各类资源与社会情境是城市更新导致其迁移应给予的补偿,而外部环境作用于安置居民使其拥有一定的可行能力,表现为安置居民对功能的获取即生活与生产状态上,是判断安置居民获得的补偿是否具有公正性的标准。补偿的公正性还受第五层变量"保障房供给制度"的影响,集中供给如果不做好外部环境的资源配置,往往会形成"贫民区"异位的现象,不利于安置居民生活的改善,更无法实现补偿的公正性,而合理的配建模式,有益于安置居民享有一定水平的空间权利,从而得到公正的补偿。

最顶层为"补偿的公平性"和"社会风气与风俗",是外部环境对安置居民影响的最直接诱因。补偿在公正性(即得到弥补损失的绝对补偿)的基础上,也表现出相对性,即在不同个体间或小群体间的补偿标准是否一致。补偿出现个体间不公平现象,即使安置居民生活得到改善,也会因为个体间的对比效应削弱主观满意度,从而加深安置居民对城市更新及补偿标准的负面情绪,易引发社会不满。该层另一个变量"社会风气与风俗"受第三层变量的直接影响,片区居民的生活和生产水平对社会环境的特征产生潜移默化的影响,良好的生活感受与就业状态易对社会环境带来积极的影响,形成更为优良的社会风气和风俗。外部环境从最基础的规划,到政策实施与管理,再通过资源的配置作用于居民,体现在其生活和生产水平上,一方面可以评判安置居民的受偿效果,另一方面引导片区社会环境的转变。六层链接关系构成了空间生产从物质到精神的作用路径。

2. λ 值取 0.5

$\lambda = 0.5$ 时,邻接矩阵按式(5.1)进行数值转换,得到 $\lambda - 0.5$ 水平截矩阵,见表 5.7。

表 5.7　$\lambda - 0.5$ 水平截矩阵

$\lambda e_{i,j}$	S_1	S_2	S_3	S_4	S_5	S_6	S_7	S_8	S_9	S_{10}	S_{11}
S_1	0	0	0	0	0	0	0	0	0	0	0
S_2	0	0	0	1	0	0	0	0	0	0	0
S_3	1	0	0	0	0	0	0	1	0	1	0
S_4	1	0	0	0	0	0	0	0	0	1	0
S_5	0	0	0	1	0	1	0	0	0	0	1
S_6	0	0	0	0	0	0	0	0	1	1	0
S_7	0	0	0	1	0	0	0	0	0	0	0
S_8	0	0	0	0	0	0	0	0	0	0	0
S_9	0	0	0	0	0	0	0	1	0	0	1
S_{10}	0	0	0	0	0	0	0	0	0	0	1
S_{11}	0	0	0	0	0	0	0	0	0	0	0

由 $\lambda - 0.5$ 水平截矩阵进行矩阵运算求得可达矩阵的过程可由 MATLAB 软件实现，结果见表 5.8。

表 5.8　基于 $\lambda - 0.5$ 水平截矩阵求得的可达矩阵

$r_{i,j}$	S_1	S_2	S_3	S_4	S_5	S_6	S_7	S_8	S_9	S_{10}	S_{11}
S_1	1	0	0	0	0	0	0	0	0	0	0
S_2	1	1	0	1	0	0	0	0	0	1	1
S_3	1	0	1	0	0	0	0	1	0	1	1
S_4	1	0	0	1	0	0	0	0	0	1	1
S_5	1	0	0	1	1	1	0	1	1	1	1
S_6	0	0	0	0	0	1	0	1	1	1	1
S_7	1	0	0	1	0	0	1	0	0	1	1
S_8	0	0	0	0	0	0	0	1	0	0	0
S_9	0	0	0	0	0	0	0	1	1	0	1
S_{10}	0	0	0	0	0	0	0	0	0	1	1
S_{11}	0	0	0	0	0	0	0	0	0	0	1

对可达矩阵进行层次划分，首先求得可达集合（$R(S_i)$）、先行集合（$Q(S_i)$）以及两集合的交集（$A(S_i) = R(S_i) \bigcap Q(S_i)$），见表 5.9。

表 5.9　基于 $\lambda - 0.5$ 水平截矩阵求得的可达集、先行集及其交集

编号	变量	可达集合	先行集合	交集
S_1	生活宜居性	1	1,2,3,4,5,7	1
S_2	职住平衡状态	1,2,4,10,11	2	2
S_3	社区治理强度	1,3,8,10,11	3	3
S_4	公共资源配置	1,4,10,11	2,4,5,7	4
S_5	片区发展规划	1,4,5,6,8,9,10,11	5	5
S_6	保障房供给制度	6,8,9,10,11	5,6	6
S_7	教育资源分配制度	1,4,7,10,11	7	7
S_8	社会风气与风俗	8	3,5,6,8,9	8
S_9	他人行为参照	8,9,11	5,6,9	9
S_{10}	补偿的公正性	10,11	2,3,4,5,7,6,10	10
S_{11}	补偿的公平性	11	2,3,4,5,6,7,9,10,11	11

表 5.9 中满足 $A(S_i)=R(S_i)$ 的变量为 S_1，S_8 和 S_{11}，表示这三个变量是系统的最顶层，即最终目标。将它们剔除表 5.9 后，重新选择满足 $A(S_i)=R(S_i)$ 条件的变量，以此类推，直至将所有变量都选择出来。层次划分结果如表5.10所示。

表 5.10　基于 $\lambda-0.5$ 水平截矩阵求得的结构系统的层次划分

层级	变量
第一层	S_1，S_8，S_{11}
第二层	S_9，S_{10}
第三层	S_3，S_4，S_6
第四层	S_2，S_5，S_7

基于 $\lambda-0.5$ 水平截矩阵求得的影响安置居民福利水平的外部环境系统结构关系如图 5.3 所示，变量共十一个，结构关系分为四层，通过一定的逻辑关系自底层向顶层构成单向影响链条。"片区发展规划""职住平衡状态""教育资源分配制度"三个变量处于结构关系的最底层，为最基础性的外部环境因素。片区发展规划通过对片区功能定位以及公共服务设施、道路设施等的规划影响片区的发展方向和资源配置，对安置居民关系密切的规划体现在保障房供给制度与公共资源配置上。保障房供给制度决定了安置居民所在社区的人口特征，集中供给使安置居民在居住空间上脱离其他群体，易引发阶层隔离与矛盾，而配建模式实现了阶层间的居住融合，但只有促进群体间的包容性才有利于实现他们的生活融合。公共资源配置决定了安置居民对各类资源的可达性水平，是安置居民获取功能的基础，该变量同时受最底层变量的直接影响，从居住规划、就业规划和教育资源政策这些与安置居民生活息息相关的外部环境供给方式构成各类资源的空间分布形态。第三层还有一个源头变量"社区治理强度"，它不受其他变量的影响，作为基础变量，通过维系社区有序运转、协调邻里关系，为安置居民提供安全、舒适的社区环境。

第二层变量有"他人行为参照"和"补偿的公正性"，前者仅受保障房供给制度的直接影响，后者同时受第三层三个变量的影响。与 $\lambda-0.2$ 水平截矩阵求得的系统结构中保障房供给制度影响他人行为参照的关系相同，不同的供给模式通过安置居民所处社区环境中其他居民的群体属性表现出的行为影响安置居民自身的行为。人的行为除受自身能力及思维模式的影响外，还会以其他行为人作为参照，因此，若集中供应保障房，安置居民所处居住环境中均为与自身具有相同属性的行为人，其行为模式表现出一定的稳定性，不受其他群体行为的影响。而配建模式因阶层间的空间融合而提供了群体间差异化行为的参照条件，安置居民的行为易受其

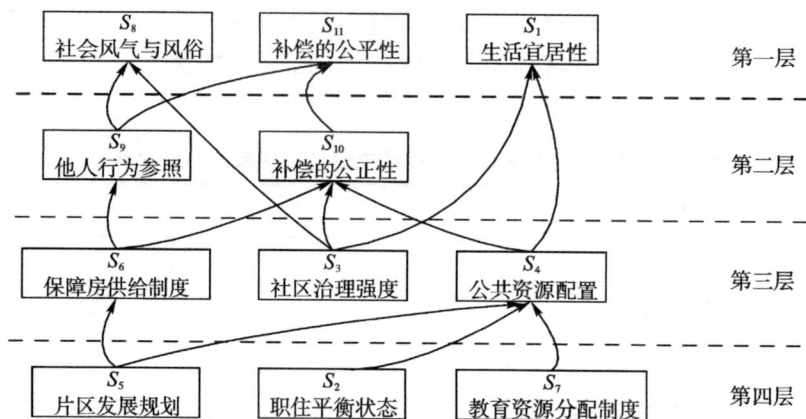

图5.3　基于λ-0.5水平截矩阵求得的结构关系向量图

他群体的影响。变量补偿的公正性在图5.3受到社区人口属性、社区治理状态以及安置居民对各类资源的可达程度的影响,表明公正的补偿不仅需要对房屋损失进行经济补偿,还需要恢复因迁移丧失的空间权利。

最顶层变量为"社会风气与风俗""补偿的公平性""生活宜居性"。社会风气与风俗受他人行为参照和社会治理强度的影响,主要通过社区这一社会基本单位中个体行为趋同形成的大社会环境氛围作用于个体影响其行为选择。补偿的公平性建立在个体内损失与补偿的对比以及个体间补偿的对比基础上,只有两者均达到平衡状态,才能实现安置居民个体对补偿的主观满意。生活宜居性是安置居民在获得一定的资源可达性和良好的社区环境后达到的优质生活状态,是外部环境影响安置居民获取功能的最终结果,也是安置居民期望通过外部环境的助力实现福利提升的目标。

与图5.2体系结构相似,本体系结构的链接关系也是基于政策规划到资源配置与社区管理,进而引出安置居民补偿的合理性以及迁移后生活水平状态,同时影响社会大环境氛围,形成外部环境影响安置居民可行能力的逻辑体系。

3.λ值取0.8

λ=0.8时,邻接矩阵按式(5.1)进行数值转换,得到λ-0.8水平截矩阵,见表5.11。

表 5.11　λ-0.8 水平截矩阵

$\lambda e_{i,j}$	S_1	S_2	S_3	S_4	S_5	S_6	S_7	S_8	S_9	S_{10}	S_{11}
S_1	0	0	0	0	0	0	0	0	0	0	0
S_2	0	0	0	1	0	0	0	0	0	0	0
S_3	1	0	0	0	0	0	0	0	0	1	0
S_4	1	0	0	0	0	0	0	0	0	0	0
S_5	0	0	0	1	0	1	0	0	0	0	1
S_6	0	0	0	0	0	0	0	0	1	0	0
S_7	0	0	0	1	0	0	0	0	0	0	0
S_8	0	0	0	0	0	0	0	0	0	0	0
S_9	0	0	0	0	0	0	0	1	0	0	1
S_{10}	0	0	0	0	0	0	0	0	0	0	1
S_{11}	0	0	0	0	0	0	0	0	0	0	0

由 λ-0.8 水平截矩阵进行矩阵运算求得可达矩阵的过程可由 MATLAB 软件实现,结果如表 5.12 所示。

表 5.12　基于 λ-0.8 水平截矩阵求得的可达矩阵

$r_{i,j}$	S_1	S_2	S_3	S_4	S_5	S_6	S_7	S_8	S_9	S_{10}	S_{11}
S_1	1	0	0	0	0	0	0	0	0	0	0
S_2	1	1	0	1	0	0	0	0	0	0	0
S_3	1	0	1	0	0	0	0	0	0	1	1
S_4	1	0	0	1	0	0	0	0	0	0	0
S_5	1	0	0	1	1	1	0	1	1	0	1
S_6	0	0	0	0	0	1	0	1	1	0	1
S_7	1	0	0	1	0	0	1	0	0	0	0
S_8	0	0	0	0	0	0	0	1	1	0	1
S_9	0	0	0	0	0	0	0	1	1	0	1
S_{10}	0	0	0	0	0	0	0	0	0	1	1
S_{11}	0	0	0	0	0	0	0	0	0	0	1

对可达矩阵进行层次划分,首先求得可达集合($R(S_i)$)、先行集合($Q(S_i)$)以及两集合的交集($A(S_i) = R(S_i) \bigcap Q(S_i)$),见表 5.13。

表 5.13　基于 $\lambda-0.8$ 水平截矩阵求得的可达集、先行集及其交集

编号	变量	可达集合	先行集合	交集
S_1	生活宜居性	1	1,2,3,4,5,7	1
S_2	职住平衡状态	1,2,4	2	2
S_3	社区治理强度	1,3,10,11	3	3
S_4	公共资源配置	1,4	2,4,5,7	4
S_5	片区发展规划	1,4,5,6,8,9,11	5	5
S_6	保障房供给制度	6,8,9,11	5,6	6
S_7	教育资源分配制度	1,4,7	7	7
S_8	社会风气与风俗	8	5,6,8,9	8
S_9	他人行为参照	8,9,11	5,6,9	9
S_{10}	补偿的公正性	10,11	3,10	10
S_{11}	补偿的公平性	11	3,5,6,9,10,11	11

表 5.13 中满足 $A(S_i)=R(S_i)$ 的变量为 S_1，S_8 和 S_{11}，表示这三个变量是系统的最顶层，即最终目标。将它们剔除表 5.13 后，重新选择满足 $A(S_i)=R(S_i)$ 条件的变量，以此类推，直至将所有变量都选择出来。层次划分结果如表 5.14 所示。

表 5.14　基于 $\lambda-0.8$ 水平截矩阵求得的结构系统的层次划分

层级	变量
第一层	S_1，S_8，S_{11}
第二层	S_4，S_9，S_{10}
第三层	S_2，S_3，S_6，S_7
第四层	S_5

基于 $\lambda-0.8$ 水平截矩阵求得的影响安置居民福利水平的外部环境系统结构关系如图 5.4 所示，变量共十一个，结构关系分为四层，通过一定的逻辑关系自底层向顶层构成单向影响链条。与 $\lambda-0.2$ 水平截矩阵求得的体系结构相同，最底层变量为基础性的外部环境因素"片区发展规划"，与之有直接影响关系的为第三层变量"保障房供给制度"，主要体现在保障房的区位选择以及保障房与商品房的空间关系。保障房供给制度可决定安置居民生活影响空间内其他人群的属性，即是具有共同属性的安置居民还是具有多元属性的商品房购买者，不同群体表现出与

自身社会经济属性相匹配的行为特征,作为行为参照影响安置居民的行为决策,这反映了变量"保障房供给制度"向变量"他人行为参照"的链接关系。在同一影响空间范围内的个体通过互相的行为影响逐渐形成稳定的社会氛围,构成一个区域的社会风气与风俗。此链条从第四层到第一层的逐级影响形成了从住房性质布局向社会大环境的影响逻辑关系。此外,他人行为参照也因个体间的对比影响补偿的公平性,体现出外部环境通过社会情境影响安置居民对补偿的主观评判。

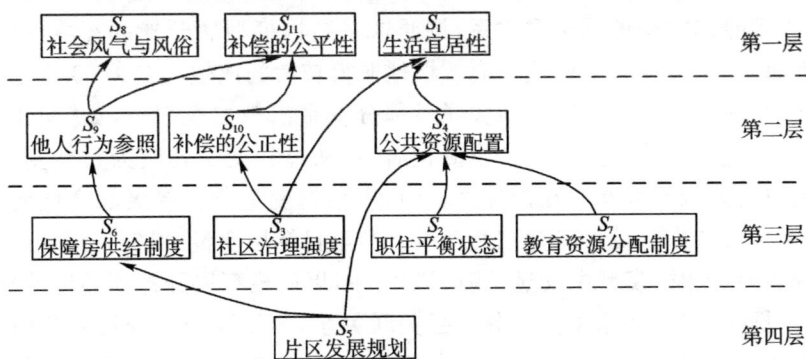

图 5.4　基于 $\lambda - 0.8$ 水平截矩阵求得的结构关系向量图

片区发展规划还直接影响着公共资源的空间配置,享有可达的资源是安置居民获取一定功能的基础,而规划直接决定了安置居民能从空间中获得的资源数量与质量的水平。公共资源配置同时还受职住平衡状态和教育资源分配制度的影响,一般地,就业机会多、教育资源丰富的区位空间往往会匹配着同等优质的其他配套资源以支撑产业与教育业的发展,即生活类配套资源往往与就业和教育业水平相关,进而影响该空间范围内的居民生活质量。从片区发展规划到生活宜居性的逻辑关系是规划各类资源配置影响安置居民生活状态的体现。

第三层还有源头变量"社区治理强度",它向下不受其他因素影响,向上直接影响"补偿的公正性"和"生活宜居性"。这表明,安置居民对因迁移造成的损失补偿并不仅仅表现在经济补偿上,他们同样关注的是迁移后的社区环境和片区资源可达性能否使其恢复原有生活水平,这是对空间权利损失的补偿要求。

以上是对不同水平截矩阵下构建的结构模型的逻辑关系分析,$\lambda - 0.2$、$\lambda - 0.5$ 和 $\lambda - 0.8$ 分别代表了变量间的关联由强到弱状态下的体系结构,三者之间存在一定的共性,即均是从基础性的规划与政策为起点配置各类资源,通过调控阶层空间分布以及对安置居民产生影响的空间范围内就业岗位、教育资源与其他生活类配套资源的数量与质量水平为安置居民提供提升可行能力的基础条件,包括物质资源供给与社会情境影响,最终达到安置居民对空间权利的重获,以时间对比(更新前后的生活状态变化)和个体对比(个体间的生活状态变化)评判外部环境的补偿合理性。

　　三个结构模型之间也存在差异，$\lambda-0.2$ 水平的结构模型层次最多，结构最复杂，考虑了所有强度的关联关系，因此，按照此结构模型进行外部环境治理，可得到最佳的效果，但需耗费大量人力物力。其中，第三层的变量"公共资源配置""职住平衡状态""生活宜居性"同时受第四层变量影响并共同影响第二层和第一层变量，且三个变量间互相影响，表明它们在外部环境中具有重要的影响力和连带效应。在外部环境治理中，对这个三个变量进行控制可确保治理的高效率。当取 $\lambda-0.5$ 时，忽略了部分结构中的弱关联关系，按照这一结构模型展开外部环境治理，忽视细节主抓重点，可以以较少的成本高效性地取得较大的成效。与 $\lambda-0.2$ 水平的结构模型相比，该模型在忽视部分弱关联后部分变量出现层级越位，如"职住平衡状态"从过程变量转变为源头变量，"生活宜居性"从过程变量转变为目标变量，但变量间的逻辑关系依然存在。在治理过程中，应根据变量所在层级的高低调整治理策略，以链接方向由基础性变量控制逐级上升至目标层变量，以实现最佳的治理结果。当取 $\lambda-0.8$ 时，模型中仅显示强关联关系，以此模型展开外部环境治理，相对简单、易于操作，但因忽略了大部分非强关联关系，容易因个别变量的负面关联引致整体环境的下降。此模型与 $\lambda-0.5$ 水平的结构模型相比，变量层级越位与链接关系减少均不明显，表明该模型的关系简化并未造成重要关联缺失，因此，在外部环境优质或者治理力量薄弱的情形下，该模型的应用也可得到较好的结果。

■5.4　外部环境诱导集中安置居民福利变化的关键路径分析

5.4.1　分析方法

　　在一定的变量结构体系中，外部环境的诱导作用除了要重点关注强关联因素以确保影响强度外，还应以实际环境中的变量状态基于"木桶原理"提升"短板"以保证影响效果。化龙桥片区安置居民重组的四个社群所处外部环境存在差异，分别对外部环境变量的水平进行评判，以分析不同社群间差异性的外部环境对其福利变化的影响，同时，结合结构模型中的体系关系构建关键诱导路径，作为优化外部环境的优选方案。

　　关键路径法现常用于项目管理中，是一种基于数学计算的计划管理方法。在项目管理中，将项目分解为具有一定持续时间的工序，并根据施工特点以特定的逻辑关系（通常有结束-开始、结束-结束、开始-开始、开始-结束）将工序进行连接，构成项目施工体系，因体系以时间为衡量标准，故最小总时差的路径为关键路径[184]。该体系通过网络计划可解决项目的施工时间与成本之间的关系，目标是在减少工期的情况下能尽可能少地增加费用。本节中借鉴项目网络计划管理中的关键路径法，通过头脑风暴法得到外部环境变量的状态等级，计算结构模型中各路径的状态值,值越小表明该路径对安置居民的福利影响越负面,是"木桶原理"中的"短板",应重点提升该路径上的变量水平。

获取关键诱导路径的实施步骤与传统项目网络计划管理中的关键路径实施步骤类似,具体如下:

(1)确定变量值;

(2)梳理路径;

(3)计算路径值;

(4)确定关键变量。

为确定关键路径分析中四个社群所处外部环境的变量水平,模糊解释结构模型分析组成员在明确变量间的模糊逻辑的同时,基于四个社群所处外部环境的情况(5.2 节中已详细列出)对变量水平进行评判,结果以十一个变量的 5-point Likert 量表形式呈现(从"1"="非常差"到"5"="非常强"代表变量值)。影响安置居民福利变化的外部环境变量间关系复杂,从源头变量到目的变量存在多条路径,而整体值最低的路径是体系的"短板",是拉低安置居民可行能力的主要原因。提升该路径的变量水平,是促使安置居民福利提升的最有效方式。路径是一条从源头变量(无先行变量)到目的变量(无可达变量)的链条,计算每个路径的水平值,取最低值即为本书中的关键路径。因每条路径的变量个数不一,为消除变量个数对结果的影响,本书选取路径上所有变量的均值作为路径值。路径值的计算公式见式(5.2),其中,V_x 代表路径 x 的值,V_{S_p} 代表路径 x 中变量 S_p 的值,N 代表路径 x 包含的变量个数。每个社群所处外部环境的结构模型中,V_x 取值最低的路径为该社区所处外部环境的关联诱导路径。

$$V_x = \frac{\sum_{j=m}^{t}(V_{S_m} + \cdots + V_{S_p} + \cdots + V_{S_t})}{N} \tag{5.2}$$

5.4.2　四个社群所处外部环境对其福利变化影响的关键诱导路径分析

依据 5.4.1 小节的关键路径分析方法步骤,由分析组评判的四个社群所处外部环境的变量值见表 5.15,再从 5.3 节三个 λ 水平的结构模型中分别梳理出所有路径,并根据式(5.2)计算各个路径的值,分别见表 5.16、表 5.17 和表 5.18,其中有加粗标记的数值(同一结构模型中的路径最小值)对应的路径为系统中的"短板",即所求得的关键诱导路径。

表 5.15　四个社群所处外部环境对其福利变化的诱导评估结果

编号	变量	社群一	社群二	社群三	社群四
S_1	生活宜居性	4	3	3	4
S_2	职住平衡状态	4	4	3	3
S_3	社区治理强度	3	2	3	5
S_4	公共资源配置	5	3	4	3
S_5	片区发展规划	5	4	4	5
S_6	保障房供给制度	4	2	3	5
S_7	教育资源分配制度	4	3	4	3
S_8	社会风气与风俗	3	4	4	5
S_9	他人行为参照	2	4	3	4
S_{10}	补偿的公正性	5	4	4	4
S_{11}	补偿的公平性	3	5	4	4

　　表 5.16 是基于 $\lambda-0.2$ 水平的结构模型中四个社群的各诱导路径评估值,基于"木桶原理"寻找诱导关系中的"短板"。计算结构模型中各路径的状态值越小表明该路径对安置居民的福利影响越负面,对每一个社群选取诱导路径值最小的路径作为关键诱导路径,见图 5.5。

表 5.16　基于 $\lambda-0.2$ 水平的结构模型中四个社群的各诱导路径评估值

路径	社群一	社群二	社群三	社群四
$S_5-S_6-S_{10}-S_{11}$	4.25	3.75	3.50	4.50
$S_5-S_6-S_9-S_1-S_{10}-S_{11}$	3.83	3.67	3.33	4.33
$S_5-S_6-S_9-S_1-S_8$	3.60	3.40	3.20	4.60
$S_5-S_6-S_9-S_2-S_{10}-S_{11}$	3.83	3.83	3.33	4.17
$S_5-S_6-S_9-S_2-S_8$	3.60	3.60	3.20	4.40
$S_5-S_6-S_9-S_4-S_{10}-S_{11}$	4.00	3.67	3.50	4.17
$S_5-S_6-S_9-S_4-S_8$	3.80	3.40	3.40	4.40
$S_5-S_6-S_9-(S_1-S_2)-S_{10}-S_{11}$	3.86	3.71	3.29	4.14
$S_5-S_6-S_9-(S_1-S_2)-S_8$	3.67	3.50	**3.17**	4.33
$S_5-S_6-S_9-(S_1-S_4)-S_{10}-S_{11}$	4.00	3.57	3.43	4.14

路径	社群一	社群二	社群三	社群四
$S_5-S_6-S_9-(S_1-S_4)-S_8$	3.83	3.33	3.33	4.33
$S_5-S_6-S_9-(S_2-S_4)-S_{10}-S_{11}$	4.00	3.71	3.43	4.00
$S_5-S_6-S_9-(S_2-S_4)-S_8$	3.83	3.50	3.33	4.17
$S_5-S_6-S_9-(S_1-S_2-S_4)-S_{10}-S_{11}$	4.00	3.63	3.38	4.00
$S_5-S_6-S_9-(S_1-S_2-S_4)-S_8$	3.86	3.43	3.29	4.14
$S_3-S_1-S_{10}-S_{11}$	3.75	3.50	3.50	4.25
$S_3-S_1-S_8$	**3.33**	**3.00**	3.33	4.67
$S_3-S_2-S_{10}-S_{11}$	3.75	3.75	3.50	4.00
$S_3-S_2-S_8$	**3.33**	3.33	3.33	4.33
$S_3-S_4-S_{10}-S_{11}$	4.00	3.50	3.75	4.00
$S_3-S_4-S_8$	3.67	**3.00**	3.67	4.33
$S_3-(S_1-S_2)-S_{10}-S_{11}$	3.80	3.60	3.40	4.00
$S_3-(S_1-S_2)-S_8$	3.50	3.25	3.25	4.25
$S_3-(S_1-S_4)-S_{10}-S_{11}$	4.00	3.40	3.60	4.00
$S_3-(S_1-S_4)-S_8$	3.75	**3.00**	3.50	4.25
$S_3-(S_2-S_4)-S_{10}-S_{11}$	4.00	3.60	3.60	3.80
$S_3-(S_2-S_4)-S_8$	3.75	3.25	3.50	4.00
$S_3-(S_1-S_2-S_4)-S_{10}-S_{11}$	4.00	3.50	3.50	3.83
$S_3-(S_1-S_2-S_4)-S_8$	3.80	3.20	3.40	4.00
$S_7-S_1-S_{10}-S_{11}$	4.00	3.75	3.75	3.75
$S_7-S_1-S_8$	3.67	3.33	3.67	4.00
$S_7-S_2-S_{10}-S_{11}$	4.00	4.00	3.75	3.50
$S_7-S_2-S_8$	3.67	3.67	3.67	3.67
$S_7-S_4-S_{10}-S_{11}$	4.25	3.75	4.00	3.50
$S_7-S_4-S_8$	4.00	3.33	4.00	3.67
$S_7-(S_1-S_2)-S_{10}-S_{11}$	4.00	3.80	3.60	3.60
$S_7-(S_1-S_2)-S_8$	3.75	3.50	3.50	3.75
$S_7-(S_1-S_4)-S_{10}-S_{11}$	4.20	3.60	3.80	3.60
$S_7-(S_1-S_4)-S_8$	4.00	3.25	3.75	3.75
$S_7-(S_2-S_4)-S_{10}-S_{11}$	4.20	3.80	3.80	**3.40**
$S_7-(S_2-S_4)-S_8$	4.00	3.50	3.75	3.50
$S_7-(S_1-S_2-S_4)-S_{10}-S_{11}$	4.17	3.67	3.67	3.50
$S_7-(S_1-S_2-S_4)-S_8$	4.00	3.40	3.60	3.60

注:"()"代表变量间逻辑关系可互换。

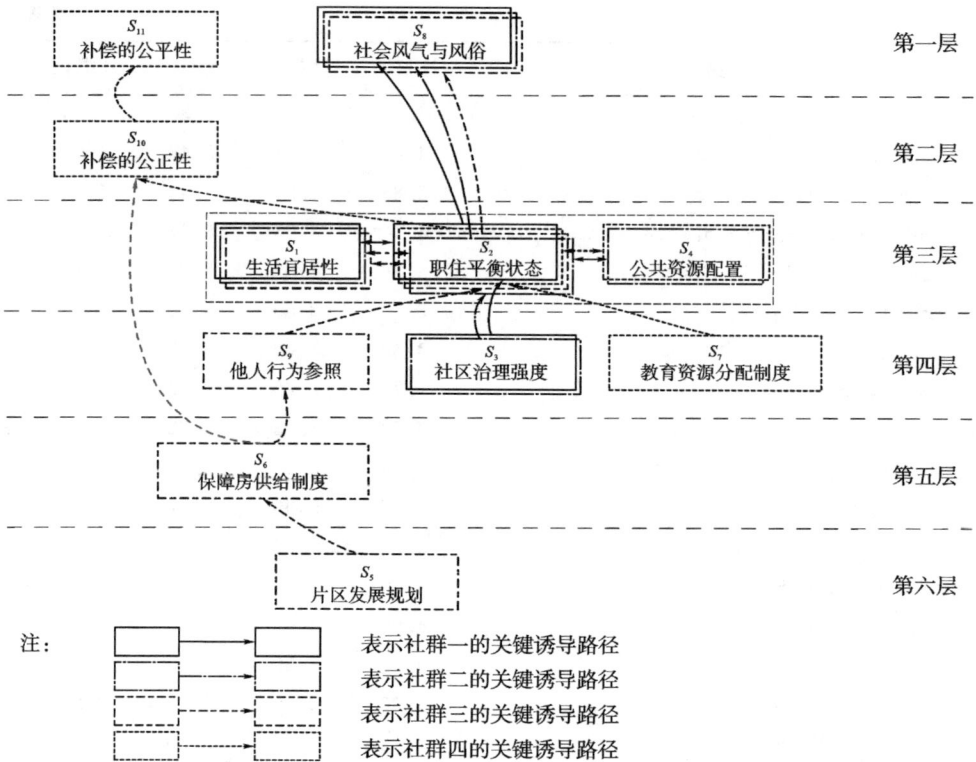

图 5.5　基于 λ - 0.2 水平的结构模型中四个社群的关键诱导路径图

图 5.5 中,社群一的关键诱导路径有两条,分别为"S_3-S_1-S_8"和"S_3-S_2-S_8",两条路径的源头变量均为"社区治理强度",目标变量均为"社会风气与风俗",表明社群一的社区治理强度偏弱,无序的社区环境扰乱居民生活,影响其居住和就业状态,长期形成了不健康的社会风气与风俗。这一结果与社群一的自身禀赋存在一定关联,社群一偏老龄化,他们对社区环境更为依赖,因此偏弱的社区治理强度对其生活的影响较为明显,在具有偏负面属性的社会风气与风俗的环境中容易产生消极的生活观,从而降低其对福利水平的客观认知。

社群二的关键诱导路径有三条,分别为"S_3-S_1-S_8""S_3-S_4-S_8""S_3-(S_1-S_4)-S_8",与社群一相同,三条路径的源头变量均为"社区治理强度",目标变量均为"社会风气与风俗",表明社区治理强度在社群二同样需要提升。社群二与其他三个社群不同的是,它被独立于商品房区域之外,社区内居民全部为化龙桥片区安置居民,加之物业管理松散,邻里关系淡漠,社区凝聚力很差,社区环境在物质和精神上均不利于居民形成优质的生活状态。同时,虽然社群二所处的街道整体公共资源配置较好,但由于该小区距主干道较远,安置居民到各类公共资源的可达性偏低,导致其生活的便利性很差。

社群三的关键诱导路径有一条,为"$S_5 - S_6 - S_9 - (S_1 - S_2) - S_8$",该路径的源头变量为"片区发展规划",目标变量为"社会风气与风俗",过程变量包括"保障房供给制度""他人行为参照""生活宜居性""职住平衡状态"。社群三所处的街道定位为"重庆市物流中心、交通枢纽和重庆商品批发市场集散地之一",该定位以产业发展为主,不利于形成宜居的居住氛围。该社群所在小区全部由安置房组成,居民虽来自不同的更新地,但具有相同水平的社会经济属性,社区认同感较好。阶层结构单一,由此文化基础形成的社会环境较为封闭,不易受到其他阶层优质行为的引导。

社群四的关键诱导路径有一条,为"$S_7 - (S_2 - S_4) - S_{10} - S_{11}$",该路径的源头变量为"教育资源分配制度",过程变量包括空间提供的各类生活和生产配套资源,目标变量为"补偿的公平性",该路径表现出空间权利在补偿中的地位。补偿的含义不仅体现在损失房屋的实物补偿,还体现在对生活空间附属权利的补偿。社群四属于异地安置,跨区域的迁移带来空间权利的差异,相较于就地安置和就近安置的安置居民而言,社群四空间权利变化最大。只有满足与其他社群等值的资源可达属性和等质的社会人口环境,才能实现补偿在不同重组社群间的公平。

表 5.17 是基于 $\lambda - 0.5$ 水平的结构模型中四个社群的各路径评估值,基于"木桶原理"寻找诱导关系中的"短板"。计算结构模型中各路径的状态值越小表明该路径对安置居民的福利影响越负面,对每一个社群选取路径值最小的路径作为关键诱导路径,见图 5.6。

表 5.17　基于 $\lambda - 0.5$ 水平的结构模型中四个社群的各路径评估值

路径	社群一	社群二	社群三	社群四
$S_5 - S_6 - S_9 - S_8$	3.50	3.50	3.25	4.75
$S_5 - S_6 - S_9 - S_{11}$	3.50	3.75	3.25	4.50
$S_5 - S_6 - S_{10} - S_{11}$	4.25	3.75	3.50	4.50
$S_5 - S_4 - S_{10} - S_{11}$	4.50	4.00	3.75	4.00
$S_5 - S_4 - S_1$	4.67	3.33	3.33	4.00
$S_2 - S_4 - S_{10} - S_{11}$	4.25	4.00	3.75	3.50
$S_2 - S_4 - S_1$	4.33	3.33	3.33	**3.33**
$S_7 - S_4 - S_{10} - S_{11}$	4.25	3.75	4.00	3.50
$S_7 - S_4 - S_1$	4.33	3.00	3.67	**3.33**
$S_3 - S_8$	**3.00**	3.00	3.50	5.00
$S_3 - S_{10} - S_{11}$	3.67	3.67	3.67	4.33
$S_3 - S_1$	3.50	**2.50**	**3.00**	4.50

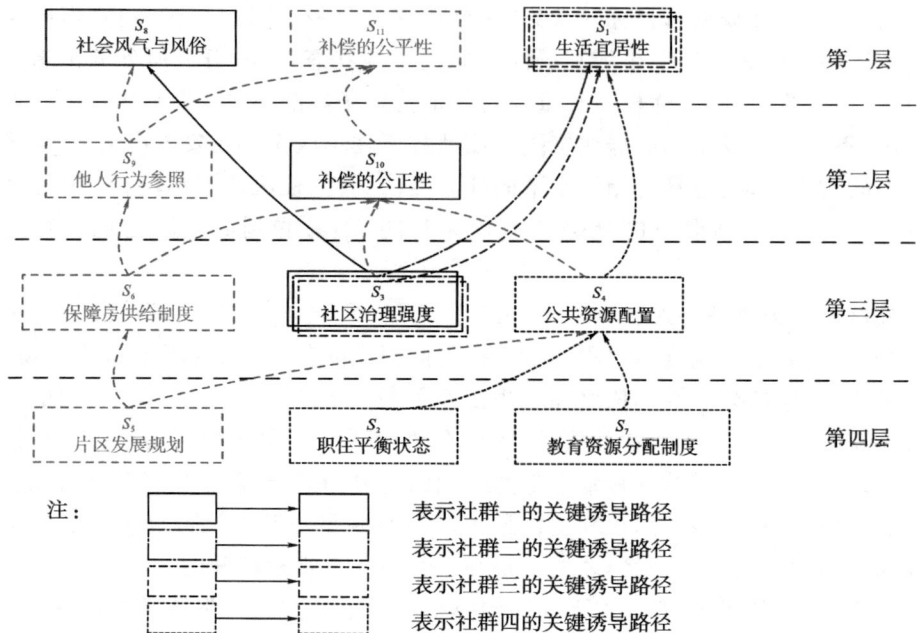

图 5.6　基于 $\lambda-0.5$ 水平的结构模型中四个社群的关键诱导路径图

图 5.6 中,社群一的关键诱导路径有一条,为"S_3-S_8",即"社区治理强度"影响"社会风气与风俗",是 $\lambda-0.2$ 水平的关键诱导路径的简化,在治理力量薄弱的情形下,可优先采取改善社区治理行为的措施,主要通过加强社区精神文明建设,加强阶层间的交流,促进其他阶层对安置居民的正面行为引导,以积极的社会风气与风俗带动安置居民生活状态的提升。社群二和社群三的关键诱导路径均为"S_3-S_1",体现出通过提高社区治理强度提升居民生活的宜居性的最优诱导路径。该路径较低的水平值也从侧面反映出社群二和社群三在迁移后对改善社区环境的迫切诉求。从社群二和社群三的现状可知,社群二缺乏社区文化建设,而社群三偏向对物质配套建设的需求。为此,提升社区配套水平并维持社区运行秩序是满足社群二和社群三较高居住要求的最有效方式。社群四的关键诱导路径有两条,为"$S_2-S_4-S_1$"和"$S_7-S_4-S_1$",源头变量有"职住平衡状态"和"教育资源分配制度",目标变量为"生活宜居性",表明社群四在迁移后获取就业与教育的机会下降,改善利于提高安置居民可行能力的资源供给状态可以实现安置居民通过自身努力而非救助提高生活品质。

表 5.18 是基于 $\lambda-0.8$ 水平的结构模型中四个社群的各路径评估值,基于"木桶原理"寻找诱导关系中的"短板"。计算结构模型中各路径的状态值越小表明该路径对安置居民的福利影响越负面,对每一个社群选取路径值最小的路径作为关

键诱导路径,见图 5.7。

表 5.18　基于 $\lambda - 0.8$ 水平的结构模型中四个社群的各路径评估值

路径	社群一	社群二	社群三	社群四
$S_5 - S_6 - S_9 - S_8$	**3.50**	3.50	3.25	4.75
$S_5 - S_6 - S_9 - S_{11}$	**3.50**	3.75	3.25	4.50
$S_5 - S_4 - S_1$	4.67	3.33	3.33	4.00
$S_3 - S_{10} - S_{11}$	3.67	3.67	3.67	4.33
$S_3 - S_1$	**3.50**	**2.50**	**3.00**	4.50
$S_2 - S_4 - S_1$	4.33	3.33	3.33	**3.33**
$S_7 - S_4 - S_1$	4.33	3.00	3.67	**3.33**

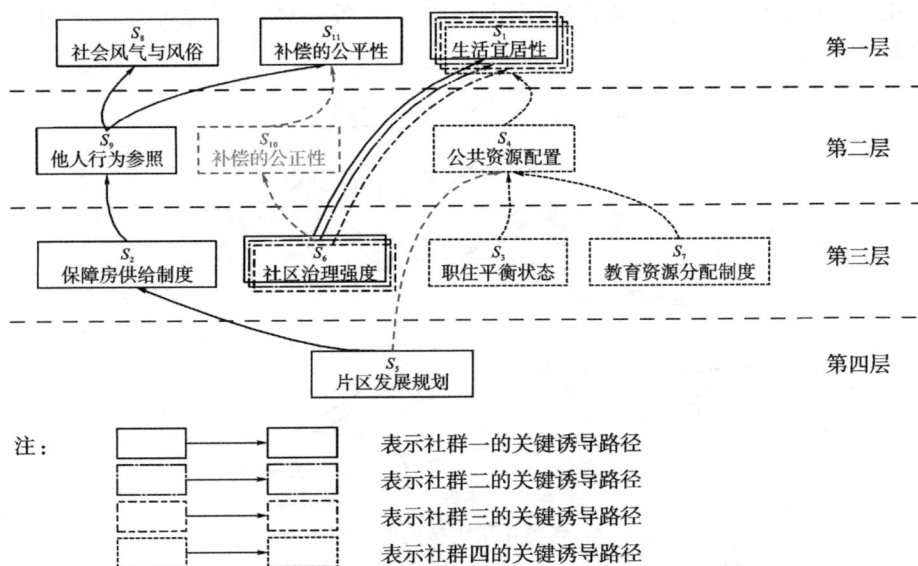

图 5.7　基于 $\lambda - 0.8$ 水平的结构模型中四个社群的关键诱导路径图

图 5.7 中,社群一的关键诱导路径有三条,分别为"$S_5 - S_6 - S_9 - S_8$""$S_5 - S_6 - S_9 - S_{11}$""$S_3 - S_1$",前两条路径的源头变量为"片区规划发展",通过调节安置房与商品房的空间关系,为阶层间融合提供机会,以商品房居民积极的生活行为引导安置居民行为的提升,缓解社会排斥,进而恢复安置居民对社会环境的认同感。这两条路径可提高安置居民在社会维度获得的补偿水平,体现补偿在空间权利上的公平性。第三条路经和社群二、社群三的关键诱导路径相同,为"$S_3 - S_1$",在 $\lambda - 0.5$ 水平下

关键路径分析中已有提及,通过提高社区治理强度提升居民生活的宜居性。社群四的关键诱导路径有两条,与该社区在 $\lambda-0.5$ 水平下的关键诱导路径相同,表明忽略部分弱关联路径,对外部环境治理并无影响,仍然可以通过优化各类资源的配置提高社群四的可行能力以及生活的便利性,进而弥补社群四在迁移过程中丧失的空间权利。

■5.5 外部环境的作用主体分析

社群所处的外部环境是个复杂的资源体系,其诱导作用依赖多元主体的共同参与,各主体发挥各自在外部环境体系中的作用,优化外部环境元素,从而实现体系的整体水平提升。外部环境的作用主体关系见图 5.8,主要包括市辖区政府、社区居委会、物业管理公司、社区业委会和社区居民。其中,市辖区政府主要通过政策规划调控各类资源在城市空间范围内的配置,而其他主体则主要以社区空间范围进行物质与精神环境的秩序维护,分别代表政府的"代理人"、政府的"合伙人"以及业主的"代言人"、业主自身行使作用职责[185]。各主体间在发挥外部环境的诱导功能中扮演着不同的角色。

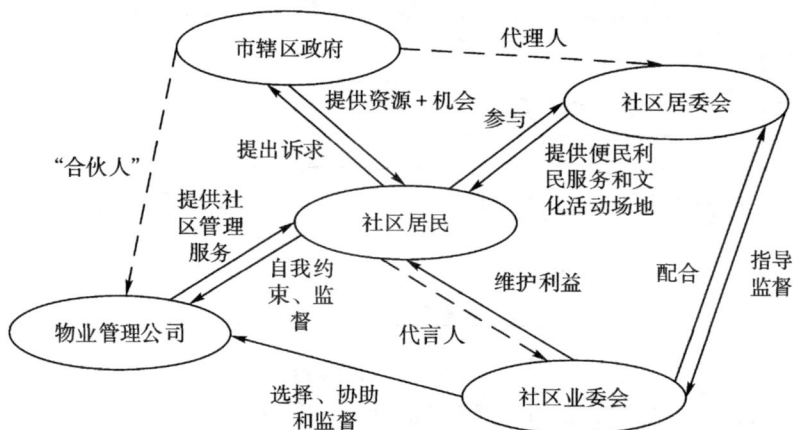

图 5.8　各类作用主体的关系与职责

（资料来源:参考宋辉[185]、骆小平[186]的研究,并加以修改）

各主体在城市层面/社区层面中的具体职责如表 5.19 所示。为明晰各主体在关键诱导路径中的职责,现以四个社群在 $\lambda-0.2$ 水平下的关键诱导路径为例展开分析,在充分考虑外部环境变量之间的逻辑关系并且主体力量充足的情形下,探究不同参与主体在各司其职的配合中如何实现外部环境的优化,以最佳的资源供给与社会情境提升安置居民的可行能力。

表 5.19　外部环境作用主体的职责

主体类型	主体职责
市辖区政府	组织城乡规划编制和参与经济发展战略(完成经济体制改革、调整好经济结构、理顺经济关系)编制①
社区居委会	为社区提供各类便民利民服务,如科普宣传、文明劝导、社区文化、劳动保障、社会救助、治安巡逻;为社区提供文化活动场地,如一站式服务大厅、图书室、舞蹈排练室、电子阅览室、党员活动室、市民学校活动室、调解室、警务室、卫生服务站、养老服务站等功能室②
物业管理公司	按照服务协议,负责社区范围内的清洁、绿化、治安、维修、接待、回访等项服务工作[186]
社区业委会	维护业主权益,配合社区居委会的工作,选择、协助和监督物业管理公司
社区居民	参与、自我约束、监督、权益维护

　　表 5.20 揭示了各作用主体提升社群一的外部环境诱导能力的关键路径。虽然关键路径有两条,但它们的源头变量和目标变量相同,说明提升的整体方向一致,中间变量不同仅代表不同的提升手段,因此,主体的作用职能不会因两条路径而表现出混乱或错配。在关键诱导路径中,首先以强化社区治理为基础,在社区层面以社区居委会、物业管理公司和社区业委会为主要作用主体,社区居民为次要作用主体。社区居委会主要通过精神文明建设活动激活社区活力,调解邻里矛盾促进社区和谐,负责提升社区的软实力。物业管理公司主要通过社区的建筑、设备、场地和环境的有序管理,为社区居民提供良好的生活环境,负责提升社区的硬实力。社区业委会作为业主利益的"代言人",负责监督物业管理公司的管理行为和及时反映居民诉求,并通过自治约束居民的行为。社区居民在社区管理中主要以自我约束和监督、反馈等行为辅助其他作用主体。而市辖区政府制定合理的社区治理政策,通过社区居委会进行传达与落实,把控社区这一城市基本单元的运行状况。在提升社区治理强度的基础上,协调职住平衡关系、提高生活的宜居性分别以市辖区政府和"市辖区政府＋物业管理公司"作为主要作用主体,"社区居委会＋社区居民"和"社区居委会＋社区业委会"作为次要作用主体。职住关系的平衡需要就业岗位、劳动力数量以及工作地和居住地之间的数量空间分布达到供需一致,这

---

① 资料来源:重庆市规划和自然资源局,仅列举与研究相关的职责。
② 资料来源:万年路社区。万年路社区在四个案例涉及社区中职责最全面,服务设施落实最到位。

需要政府调控企业与房地产市场的发展规模与速度,同时需要社区居委会及时反馈劳动力就业情况,以及社区居民积极响应政府制定的住房与就业方面的政策。生活的宜居性主要依靠市辖区政府提供便利的公共设施与服务以及物业管理公司提供良好的社区生活环境,而社区居委会和社区业委会进行监督和反馈。两条诱导路径的目标是形成优良的社会风气和风俗氛围,以通过思想行为的影响实现居民在物质和精神层面的双重生活质量提升。该目标的实现需要社区居委会的教育宣传以及社区居民的积极参与和配合,物业管理公司和社区业委会协助居民积极参与各类精神文明建设活动。各主体依照这两条路径行使自己的职责与权利以提升外部环境的诱导能力,可弥补当前不足,以较优的外部环境改善安置居民的生活状态。

表 5.20　社群一的外部环境作用主体

	关键诱导路径	$S_3 \rightarrow$		$S_2 \rightarrow$		S_8
	关键诱导路径	$S_3 \rightarrow$			$S_1 \rightarrow$	S_8
作用主体	市辖区政府	○		●	●	○
	社区居委会			○	○	●
	物业管理公司	●		●	●	○
	社区业委会	●			○	○
	社区居民	○		○		●

注:"●"代表主要作用主体,"○"代表次要作用主体。

　　表 5.21 揭示了各作用主体优化社群二的外部环境的关键路径。与社群一相似,三条关键路径的源头变量和目标变量均相同,具有从唯一的外部环境基础到唯一的作用目标的不同提升手段。社群二所处外部环境得以提升的源头依然从强化社区治理出发,由社区居委会、物业管理公司和社区业委会互相配合共同主导,社区居委会加强精神文明建设,物业管理公司加强社区环境整治,社区业委会加强对物业管理公司执行效果的监督与对社区居民的自治管理。市辖区政府和社区居民以参与者身份对其他三个主要作用主体进行监督,并分别积极行使自身政策制定与意见反馈的职责与权利。以提升社区治理强度为基础,通过实现居民生活的宜居性和资源配置的空间均衡性,促进优质社会风气与风俗的形成,达到从物质生活改善到精神追求升级的提升效果。过程提升方案中,提高居民生活宜居性需要市辖区政府和物业管理公司的共同努力,两个主体分别提供便利的公共设施与服务以及良好的社区生活环境,辅以社区居委会和社区业委会的监督与反馈。公共资源配置主要依靠市辖区政府通过规划均衡各类资源在空间中的分布,以使安置居

民对公共资源的可达性较少受迁移的影响,而社区居委会和社区居民可通过信息反馈参与到政策的制定中,以实现公共资源供给与需求的匹配。最终以社区居委会的教育宣传、社区居民的积极参与和配合为主,以物业管理公司和社区业委会的协助为辅实现提升目标。与社群一的外部环境基础与目标相同,社群二体现出安置小区普遍存在的外部环境缺陷的共同特征,以及基于此可一般化实施的从社区治理的物质改善向优质社会风气与风俗的精神升级的诱导路径。

表 5.21　社群二的外部环境作用主体

		$S_3 \to$	$S_1 \to$		$S_8 \to$
关键诱导路径		$S_3 \to$	$S_1 \to$		$S_8 \to$
关键诱导路径		$S_3 \to$		$S_4 \to$	$S_8 \to$
关键诱导路径		$S_3 \to$	$S_1 \leftrightarrow$	$S_4 \to$	S_8
作用主体	市辖区政府	○	●	●	○
	社区居委会	●	○	○	●
	物业管理公司	●	●		○
	社区业委会				○
	社区居民			○	●

注:"●"代表主要作用主体,"○"代表次要作用主体。

　　表 5.22 揭示了各作用主体优化社群三的外部环境的关键路径。与社群一和社群二不同,该社群的关键诱导路径的源头变量为"片区发展规划",对于该变量的水平优化,主要作用主体为市辖区政府,作用内容主要有制定片区的产业与人口布局及发展方向,其中与安置居民关联最密切的为安置房供给政策,可调控安置居民的空间迁移轨迹。社区居民可参与到政策制定中,通过表达迁移诉求,为自身争取更多的迁移自由。在合理的安置房供给下,尤其是合理的安置房配建模式下,促进不同社会经济背景的群体居住融合,通过榜样群体的思想行为影响,激发安置居民的生活积极性。该环节需要社区居委会的积极引导,以及安置居民的积极参与。随后的路径与社群一过程类似。生活宜居性的提升需要市辖区政府和物业管理公司的共同努力,两个主体分别提供便利的公共设施与服务以及良好的社区生活环境。在生活改善的基础上,市辖区政府均衡就业岗位、劳动力数量以及工作地和居住地之间的数量空间分布,同时辅以社区居委会及时反馈劳动力就业情况,以及社区居民积极响应政府制定的住房与就业方面的政策,共同实现职住关系的平衡。最终实现社会风气与风俗的优化,治理方式以社区居委会的教育宣传以及社区居民的积极参与和配合为主,以物业管理公司和社区业委会协助居民积极参与各类精神文明建设活动为辅。该路径的作用主体以政府在各个阶段的主导为特点,体

现了政府在优化外部环境中的重要作用。社群三所处的外部环境亟待借助规划与政策的调整得以改善。

表 5.22　社群三的外部环境作用主体

	关键诱导路径	$S_5\to$	$S_6\to$	$S_9\to$	$S_1\leftrightarrow$	$S_2\to$	S_8
	市辖区政府	●	●		●	●	
作用主体	社区居委会			●	○	○	●
	物业管理公司				●		○
	社区业委会				○		○
	社区居民		○	●		●	●

注:"●"代表主要作用主体,"○"代表次要作用主体。

表 5.23 揭示了各作用主体优化社群四的外部环境的关键路径。该路径的优化源头为通过政府制定教育资源分配制度为安置居民提供优质的教育资源与机会。在安置居民拥有较好的教育机会的基础上,政府还需为安置居民提供一定的就业机会,通过调控就业岗位、劳动力数量以及工作地和居住地之间的数量空间分布实现片区内的职住平衡。政府调控的同时需要社区居委会及时反馈劳动力就业情况,以及社区居民积极响应政府制定的住房与就业方面的政策,以利于政府在翔实的就业供需现状信息的支撑下制定合理的政策。空间权利除获取机会外还有获取资源,公共资源配置主要依靠市辖区政府通过规划均衡各类资源在空间中的分布,以使安置居民对公共资源的可达性较少受迁移的影响,而社区居委会和社区居民可通过信息反馈参与到政策的制定中,以实现公共资源供给与需求的匹配。在政府为安置居民提供各类资源与机会的基础上,安置居民获得的补偿才因降低了空间权利损失而表现出一定的公正性与公平性。但还需政府对补偿标准和补偿方式进行优化,摒弃一次性物质补偿住房损失,而是采用可持续的方式,为安置居民提供各类资源、机会与服务以使安置居民提升可行能力。一部分补偿的执行需要依靠社区居委会和物业管理公司来执行以及社区居民的参与。只有安置居民获得了公正、公平的补偿,并很好地融入新的环境中,城市更新改善安置居民生活的既定目标才算得以实现。

表 5.23　社群四的外部环境作用主体

关键诱导路径	$S_7 \to$	$S_2 \leftrightarrow$	$S_4 \to$	$S_{10} \to$	S_{11}
市辖区政府	●	●	●	●	●
社区居委会	○	○	○	○	○
物业管理公司					
社区业委会					
社区居民	○	○	○		

注:"●"代表主要作用主体,"○"代表次要作用主体。

5.6　小结

外部环境作为外部诱导因素影响安置居民的福利水平。本章将样本按照迁移至不同空间区位的集中安置居民划分为四个社群,与第 4 章划分结果相同。安置居民在更新前后的社区空间形态变化可总结为,功能环境由单一居住需求向高品质物质与精神需求提升,建筑密度与人口密度增大,人口流动性增强,居民阶层化逐渐模糊,老龄化降低但有回升趋势。

基于对社区的空间形态分析,选用模糊解释结构模型和关键路径法分析外部环境对安置居民福利变化的影响逻辑关系和关键诱导路径,作为优化外部环境的依据。在构建外部环境的体系结构中,对传统解释结构模型法进行优化,引入模糊系统的概念,通过加入因素间相关性的强度,对因素间的结构关系除层次划分外还明确出主次之分,取 λ 值为 0.2、0.5 和 0.8,表示外部环境治理的精细程度由强到弱的三种状态分别构建结构体系,可以满足不同外部治理强度和能力的需求。最后,结合四个社群的外部环境状态,分析不同社群间差异性的外部环境对其福利变化的影响,同时结合结构模型中的体系关系借鉴关键路径分析法构建优化外部环境的关键诱导路径,作为优化外部环境的优选方案。

在基于 λ-0.2 水平的结构模型中,社群一和社群二的关键诱导路径的源头变量均为"社区治理强度",目标变量均为"社会风气与风俗",表明两个社区的治理强度偏弱,无序的社区环境扰乱居民生活,影响其居住和就业状态,长期形成了不健康的社会风气与风俗。社群三的关键诱导路径的源头变量为"片区发展规划",目标变量为"社会风气与风俗",由于该社区所处街道定位以产业发展为主,因此不利于形成宜居的居住氛围。社群四的关键诱导路径的源头变量为"教育资源分配制度",过程变量包括空间提供的各类生活和生产配套资源,目标变量为"补偿的公平性",作为异地安置的社区,该路径表现出空间权利在补偿中的地位。忽略部分弱关联,变量层级越位与链接关系减少均不明显,因此,在外部环境优质或者治理力量薄弱的情形下,依照λ取值偏大的结构模型进行外部环境优化也可获得较好的效果。

外部环境的优化需要多元主体的参与,各主体在优化外部环境中存在职责和角色的差异。在对市辖区政府、社区居委会、物业管理公司和社区业委会在各司其职的配合中如何实现四个社群所处外部环境的优化分析中显示,在社群一和社群二的关键诱导路径中,社区居委会和物业管理公司在社区层面占主导地位,而政府在城市层面凸显其作用,最终的作用目标依然回归到以社区居委会和物业管理公司为主导上,而社区业委会和社区居民在整个诱导路径中主要起到监督、反馈和参与的作用。这两个社群的外部环境优化路径很好地体现出各作用主体的协作关系。社群三的作用主体分工与前两个社群不同,由政府主导整个路径,路径的中后期优化增加社区居委会和社区居民的参与。而政府在社群四的关键诱导路径中占据绝对主导地位,其他主体仅起辅助作用。这两个社群的主体分工表明在规划定位和资源配置需要提升的状况下,只有政府全程主导才能达到有效的外部环境优化结果。

第6章

集中安置居民福利提升的政策回应体系

"幼有所育、学有所教、劳有所得、病有所医、老有所养、住有所居、弱有所扶"是我国人民幸福生活的基本目标,也是中国社会保障体系的重要指标。城市更新作为改善旧城区居民生活环境的重要措施,在促进旧城区居民生活幸福感的提升上做出了重要贡献。前述章节基于可行能力方法构建了多维度多层次福利体系,测算了城市更新中安置居民迁移前后的福利水平,分析了城市更新对安置居民的影响结果。以此为基础,探究了导致安置居民福利出现群体分异和空间分异的原因,将自身禀赋和外部环境分别作为影响安置居民福利水平的内部驱动因素和外部诱导因素。在实证分析中,以同一更新项目中迁移至四个安置小区的四个重组社群为样本,进行对比研究,在安置居民福利变化、自身禀赋和外部环境的关系分析中,得出安置居民在更新中有得亦有失。为减少安置居民在更新中的权益损失,进一步改善其生活水平,本章从问题出发,构建安置居民福利提升的政策回应体系,为具有不同属性特征的安置居民匹配相应层级的政策,在界定政策回应时序的概念基础上,提出有效的实施策略与措施。

■ 6.1 制约集中安置居民福利提升的原因梳理

6.1.1 安置房隔离于商品房外导致阶层固化与贫困代际延续

案例中,四个社群所处的社区阶层分别为同一更新项目的安置居民社群＋商品房居民社群、同一更新项目的安置居民社群、不同更新项目的安置居民社群、不同更新项目的安置居民社群＋商品房居民社群,社群一和社群四为多阶层混合社群,社群二和社群三全部为拆迁居民。安置居民的社交状态受阶层融合度影响十分明显,在具有相似年龄结构的社群二、社群三和社群四中,仅阶层混居的社群四的社交状态福利水平提升,同样属于阶层混居的社群一虽社交状态也出现下降,但原因是该社群就地安置,且偏老龄化,安置居民小群体抱团现象明显,排斥与商品房居民交流,虽居住融合,却表现出阶层排斥。从上述结果可知,安置房社区脱离社会大环境集中规划存在很大弊端,居住隔离阻断了阶层间在空间上的接触机会,安置居民因各种原因存在的经济水平低、就业能力低、接受教育少、负面情绪大等不利条件很难受到其他阶层正面榜样力量的感化。安置居民在难以凭借自身努力脱离物质与精神贫困的情形下,很容易形成贫困的代际延续,对社会是一种长久的负担。此外,即使规划安置房配建于商品房社区,居住融合并不能直接形成阶层融合的和谐氛围,相反,若不处理好阶层间文化风俗与习惯的差异,还可能激化阶层矛盾,因此,在促进居住融合增大阶层接触机会的基础上,社区的精神文明建设必不可少。

6.1.2 公共资源空间配置不均导致集中安置居民空间权利受损

在第 5 章对四个社群所处外部环境的分析中,社群一和社群二属于渝中区重点发展的"大石化"片区,而重点发展的区域为促进经济文化的发展需要配置大量优质的公共资源,公共资源的配置不仅可以提高居民的生活便利性,还会因为区域价值的凸显而带动住房的升值,住房作为居民最大的财富,其增值无疑可以为居民带来丰厚的经济效益。公共资源的配置带来的诸多利益关联是空间权利的最有力体现,但由于城市间的公共资源在空间上配置不均,表现为重点发展区域配置密集、城市边缘或不利于经济发展的区域配置稀疏,即不同区位上的空间权利存在差异,而安置居民因城市更新而迁往城市的不同空间,因此造成个体在更新前后以及迁往不同区位的群体间的空间权利的差异。空间权利以其在公共资源配置以及就业机会与教育机会的提供、社会氛围等影响安置居民的生活状态,进而影响安置居民的福利水平,因此,保障安置居民在更新后拥有合适的空间权利,是实现安置补偿公正化、公平化的基础。

6.1.3 集中安置小区治理松散导致社区品质不高

安置小区较商品房小区普遍存在治理不到位的问题。案例中四个社群的社区治理强度存在差异,仅社群四有较强的社区精神文明建设和物业管理,反映在社群四有较高的社区归属感和生活幸福感,对其较高的福利水平有积极影响。而其他三个社群,尤其是社群二,物业管理十分松散,这与居住于此的社群二较低的社交福利水平有直接关联。这是安置房小区社区治理普遍存在的现象,社区的治理方式滞后,甚至是一种"形式主义"而实际上不作为,影响社区的正常秩序,不利于形成和谐宜居的社区氛围。

同时,安置居民保留着原有居住形式遗留下的生活习惯与思想观念,增加了社区治理难度[187]。案例中对四个社群的物业费水平和收缴情况进行调查的结果是,四个社群的物业费均在 $0.4 \sim 0.5$ 元/(月/m²),同属于一个小区的商品房居民的物业费却是安置居民的两倍,为 $0.8 \sim 1.0$ 元/(月/m²),安置居民与商品房居民的物业费差值由政府补贴,这是对安置居民的一种拆迁补偿与生活补贴方式,然而,收缴情况却非常不理想,收缴率仅为 20%～35%,严重影响社区治理的正常实施,进而使社区治理强度减弱,形成社区环境"脏乱差"的恶性循环。

6.1.4　集中安置居民过度依赖政府导致其自我发展能力丧失

近年来,许多旧城区居民因拆迁获得高额赔偿而出现"拆迁富"现象,部分安置居民在快速获得经济水平提升的同时缺乏正确的财富观和价值观,无法充分利用既得补偿提升自身能力确保长久的生活水平改善,甚至出现消极堕落的生活态度,依赖政府救助成为社会的"巨婴",无形增加了社会的负担。案例中,大部分安置居民的就业能力未有明显提升甚至部分出现下滑是该现象的有利佐证。在层次视角的安置居民福利测量中,发展层次的福利水平提升不明显,是安置居民在获得补偿后的福利涟漪效应随时间骤减的结果,体现出补偿的不可持续性。安置补偿的意义并非使安置居民获得一时的生活改善,而是在其能力缺失无法通过自身努力改变现状的情况下给予其提升可行能力的助力。授之以鱼不如授之以渔,使安置居民摆脱对自身能力的不自信,通过合理的补偿方式提升其自我发展能力,才能实现补偿的真正价值。

6.1.5　年轻一代迁离安置小区导致安置小区活力下降

安置小区常被扣上"贫民区"的标签,加之社区治理薄弱使得社区秩序较差,因此年轻一代在拥有一定的经济基础后倾向于迁出安置小区。在案例中,基于层次视角的福利测量中发展层次福利结果与安置居民的家庭结构状况体现出,正是福利需求的发展动力不足,导致年轻一代搬离安置小区,剩余老年人居多,社区活力逐渐下降。年轻一代的迁离反映出社区生活环境无法满足年轻一代的需求,还会造成社区劳动力骤减。以安置房小区为单位的空间生产能力下降,对于家庭而言,家庭核心力缺失不仅造成家庭收入减少,还会削弱家庭的幸福感程度,家庭福利水平在物质和精神上均会降低;对于社群所处片区而言,劳动力的减少会提高就业岗位空缺的概率,阻碍片区的产业发展,社群所处外部环境的经济水平下降,会反作用于安置居民的生活使其可获取的各类资源与机会减少,这一情形会加剧年轻一代的迁离。健康的安置小区需要均衡的人口结构才能为社会提供各类劳动力资源、社会资本和文化动力,同时,维系家庭单位内的合理生活分工,提高家庭的幸福感。

对安置居民的福利改善进行政策上的回应,实际为安置居民生活体系的外部物质与能量的引入,而引入的动力则源于系统的不均衡,即影响安置居民可行能力的外部物质与能量的供给以及安置居民对它们的需求间的差值。为实现系统均衡,以政府为城市层级的主导力量、以社区居委会和物业管理公司为社区层级的主导力量,分别采取一系列政策或措施来调控系统中的输入输出内部结构,改变系统内的自组织机制,对系统的不均衡进行响应,而各要素与子系统的响应又会作用到供需差异和安置居民的生活现状上,引致安置居民生活系统的"失衡"与"状态"发生变化,从而引起新的政策响应。

第4章和第5章分析得出,安置居民因自身禀赋和外部环境的不同存在福利分异现象,特定群体间福利水平的提升需要相对应的政策与措施的回应,因此首先需确定各群体的属性坐标,以此坐标反映的安置居民群体分异性状,可为类型不同的安置居民构建相应的政策回应体系提供可能性。

■6.2　政策回应的群体类型界定

基于安置居民的自身禀赋表现出的群体分异和迁移后所处外部环境表现出的空间分异,可将安置居民进行群体类型划分,设定区分安置居民类型的属性坐标,进而对特定坐标上的安置居民群体,依据群体特征针对性地提出政策回应。设安置居民 i 的自身禀赋属性坐标为 X_i,外部环境属性坐标为 S_i,因此可以设定该安置居民的属性坐标为 (X_i, S_i),这一坐标能反映出安置居民 i 在体系中的属性特异性。不同安置居民在这一体系中拥有不同的坐标,因此就产生了群体内部的分异。对一个安置居民而言,其自身禀赋坐标可称为 X 坐标,而所处外部环境坐标可称为 S 坐标。

对于 X 坐标,将自身禀赋属性划分为高、中、低三级。对于 S 坐标,将外部环境属性依照福利体系中的物质环境和社会情境分类为资源与机会、社会情境,资源与机会划分为多、少两级,社会情境划分为优、劣两级。X 坐标和 S 坐标划分的等级类别代号如表6.1所示。因此,安置居民 i 在安置居民群体内的属性坐标为

$$(X_i, S_i), X_i \in (E_h, E_m, E_l), S_i \in (R_h S_h, R_h S_l, R_l S_h, R_l S_l) \tag{6.1}$$

表6.1　安置居民类型划分表

编号	X 坐标:自身禀赋属性 等级	代号	编号	S 坐标:外部环境属性 等级	代号
1	高自身禀赋	E_h	1	多资源与机会＋优社会情境	$R_h S_h$
2	中自身禀赋	E_m	2	多资源与机会＋劣社会情境	$R_h S_l$
3	低自身禀赋	E_l	3	少资源与机会＋优社会情境	$R_l S_h$
			4	少资源与机会＋劣社会情境	$R_l S_l$

■6.3　政策回应的层级设定

安置居民福利提升的政策分为四个层级，与前文福利体系中的四个层次相对应，分别为提高安置居民的生存层次福利（ps）、提高安置居民的生计层次福利（pf）、提高安置居民的生活层次福利（pl）、提高安置居民的发展层次福利（pd），每一层级所对应的安置居民类型各不相同。根据各类型的安置居民群体的坐标所包含的属性特征对应相匹配的政策回应的层级（见表 6.2），可以明确政策与目标群体之间的对应关系，有利于政策实施的精确性。

表 6.2　不同类型的安置居民群体政策回应的层级设定

安置居民类型（属性坐标）		政策回应的层级
$(E_h, R_h S_h)$	pd	提高安置居民的发展层次福利
$(E_h, R_h S_l)$	pd	提高安置居民的发展层次福利
$(E_h, R_l S_h)$	pl	提高安置居民的生活层次福利
$(E_h, R_l S_l)$	pl	提高安置居民的生活层次福利
$(E_m, R_h S_h)$	pl	提高安置居民的生活层次福利
$(E_m, R_h S_l)$	pl	提高安置居民的生活层次福利
$(E_m, R_l S_h)$	pf	提高安置居民的生计层次福利
$(E_m, R_l S_l)$	pf	提高安置居民的生计层次福利
$(E_l, R_h S_h)$	pf	提高安置居民的生计层次福利
$(E_l, R_h S_l)$	pf	提高安置居民的生计层次福利
$(E_l, R_l S_h)$	ps	提高安置居民的生存层次福利
$(E_l, R_l S_l)$	ps	提高安置居民的生存层次福利

对于提高安置居民的生存层次福利（ps）政策所涉及的安置居民，其主要特点表现为自身禀赋中各项能力均较差，无法通过自身的努力达到满足生存的物质条件，一般为无经济来源、无劳动能力、无法定赡养人的安置居民，被认定为低保户享受国家最低生活保障补助。该目标群体对最基本的物质需求表现最为迫切，而迁移后的外部环境并未提供足够的基本条件供给，安置居民类型的属性坐标为$(E_l, R_l S_h)$，$(E_l, R_l S_l)$。

对于提高安置居民的生计层次福利（pf）政策所涉及的安置居民，其主要特点表现为有一定经济储备供基本消费，但因就业环境限制或自身职业能力较低，迁移后收入下降、工作不稳定甚至失业，导致家庭经济实力逐步减弱，面临跌入生存层次福利水平的风险。该目标群体需要借助外部提供的资源和机会提升自身职业能力,并进而获得稳定的、足够维持家庭开支的工作。安置居民类型的属性坐标为 (E_m, R_lS_h),(E_m, R_lS_l),(E_l, R_hS_h),(E_l, R_hS_l)。

对于提高安置居民的生活层次福利(pl)政策所涉及的安置居民,其主要特点表现为具有稳定的、高收入的工作,家庭经济能力较强,满足了一定的物质需求,开始表现出对物质层面与精神层面共同优质生活的追求。该目标群体对外界的资源与能量的需求与前两类出现"质"的差别,需要通过精神建设与引导满足其需求。安置居民类型的属性坐标为 (E_h, R_lS_h),(E_h, R_lS_l),(E_m, R_hS_h),(E_m, R_hS_l)。

对于提高安置居民的发展层次福利(pd)政策所涉及的安置居民,其主要特点表现为较高的物质与精神需求在当前均得到了满足,开始追求通过培育各类资本来延续并持续改善生活品质。该目标群体在安置居民中具有最高福利水平,较高水平的需求需要较高层级的政策回应,对应属性坐标为 (E_h, R_hS_h),(E_h, R_hS_l)。

■6.4　政策回应的时序安排

由于城市总体的资源有限,而随着城市更新范围的不断扩大,存在大量的安置居民,这构成了大量安置居民对福利状态的需求与有限资源之间的矛盾,因此政策回应还需要分步骤、分阶段地解决。安置居民的需求根据自身所处福利水平表现出一定层次性,福利水平是一个由低层次向高层次逐级提升的过程,虽然政策旨在实现安置居民最高层次的需求,但在近一个时期只能着眼解决不同类型安置居民当前所处福利层次面临的问题,反映出不同层级的政策落实到某特定类型的安置居民存在可行性问题,即是否具备足够的资源与管理力量支撑。同时,政策的制定与实施受多种因素的限制,如法律法规、战略高度、制定经验、评估效果、制定者对政策的认知、利益相关者的诉求[188]等。基于政策回应的可能性和可行性,构建二维评估体系,以四象限不同的政策落实条件安排政策回应的时序,见图6.1。

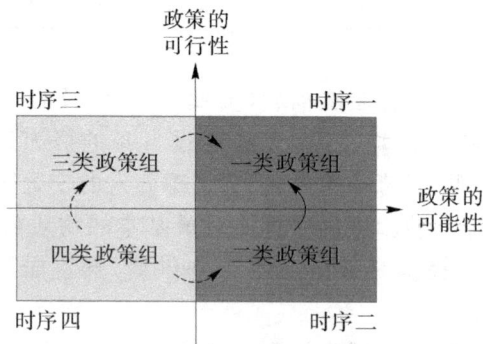

图6.1　政策回应的时序安排

政策回应的时序按照可能性和可行性与否分为四个时序。时序排位第一的为同时具有可能性和可行性的政策组,该组政策满足了制定过程所必备的政策环境、政策属性、利益相关群体博弈的契合以及实施所必需的资源支撑两类条件,可直接制定并实施。时序排位第二的为只具有可能性,不具有可行性的政策组,该组政策符合政策制定阶段的要求,但实施过程缺少足够的资源与管理力量,需要"排队",待一类政策组进入"撤出"阶段,释放部分资源和管理力量时,二类政策将具有可行性,转化为一类政策。一类政策组和二类政策组均具有可能性,在政策回应体系中所受阻力较小,为优质政策,可作为重点优化方向。

时序排位第三和第四的政策组均不具有可能性,这两组政策在制定阶段即遇到阻碍,短期无法解决,为劣质政策,在一类和二类政策组得以解决问题时,可选择放弃。三类和四类政策组得以实施具有较大难度,仅当政策环境发生改变、政策属性得到优化、利益相关群体的博弈达到平衡,这三类因素又同时与政策达成契合时,此劣质政策才可转变为具有可能性的优质政策。三类政策组因已具备可行性,直接转化为一类政策组,而四类政策组在"储备"阶段可因资源配置调整而具备可行性,先行发展为三类政策组,若无此条件,则转化为二类政策组继续做优质"储备"。

政策的时序安排具有相对性,当外部环境发生改变时,或前时序政策"撤出"后,后时序政策将逐渐向前移动,替代或扩充前时序政策组。在政策回应体系中,应优先考虑优质政策组,但劣质政策组也可作为"储备"政策加以考虑,等待时序的提升。

6.5　政策回应的具体策略与措施

结合自身禀赋对安置居民福利变化的关联性排序和外部环境的关键诱导路径可以得出,提升安置居民福利的措施可以以片区发展规划和社区治理为基础,通过改善安置居民的生产能力、生活态度以及安置居民对资源的可达性、社会环境的积极影响,提升安置居民的可行能力,进而影响其福利的提升。

上一节的政策回应基于安置居民迁移后的状态,因此安置居民的坐标属性限定了外部环境特征。根据分析结果可知,对于具有较差外部属性特征的安置居民类型,与同等自身禀赋属性的安置居民类型相比,其所处的层次福利水平较低。安置居民的福利变化受安置补偿和迁移后的外部环境的双重影响,因此,在城市更新决策初期,应将政策回应提前自安置补偿阶段开始,以减少迁移后较差的外部环境对安置居民福利水平的负面影响。本节将政策回应阶段分为安置补偿阶段和生活恢复阶段,分别提出具有可能性的优质策略与措施。

6.5.1　安置补偿阶段集中安置居民福利提升策略与措施

空间正义理论明确了空间的生产价值,城市更新引致的安置居民迁移破坏了安置居民对原有生活空间权利的占有与使用,相反地,城市空间价值的占有使用因安置居民的迁离及新居民和消费者的迁入发生了从安置居民到新迁入者的交接[189]，这在一定程度上是对安置居民空间权利的剥夺。在城市更新中安置居民经历了包括地租（地租的实际价值和增值预期）、空间（住宅空间权利和附属价值）和机会（社会资源和发展机会，其中，教育机会存在代际传递性）的剥夺[190]。为实现城市更新安置补偿的公正性和公平性，应通过一定的城市治理措施恢复安置居民对等值空间权利的占有使用。

在安置补偿阶段为减少对安置居民的权益剥夺，应提供有利于安置居民生活与生产的各类资源与机会，以政府主导、安置居民参与的方式，制定住房政策与资源配置规划。对于不同类型的安置居民群体，主要以自身禀赋属性为参照，提供相匹配的福利提升策略与措施，见表 6.3。

表 6.3　安置补偿阶段安置居民福利提升策略与措施

安置居民类型 （属性坐标）	福利提升策略与措施	主要实施 主体	辅助参与 主体
$(E_h, *)$	优化安置补偿模式，提高发展机会供给；均衡公共资源配置，提高生活类资源供给	政府主导	安置居民
$(E_m, *)$	均衡公共资源配置，提高就业培训与就业机会供给	政府主导	安置居民
$(E_l, *)$	实施安置房配建制度，加深居住融合；均衡公共资源配置，提高各类资源供给	政府主导	安置居民

注：属性坐标中的 * 表示"通配符"，其可指代该坐标系的任意值。

1. 优化安置补偿模式，增强受偿的自由度，提高补偿的延续性

城市更新中的安置居民这一庞大的群体在为实现社会公共利益最大化中做出重大贡献，在居所被征、邻里解体、故土难留的情形下，应得到本该获取的城市更新效益，效益的体现形式应在一刀切、买断式的货币补偿和房屋补偿的基础上，改变为以需求为导向的多元化、可持续的多类型补偿。在多种补偿方案中，充分给予安置居民自由选择补偿方式的权利，以提升自由在福利价值中的发展作用。

属性坐标为 $(E_h, *)$ 的安置居民类型，其自身禀赋较强，更新前福利水平较高，已达到了生存与生计层次福利水平，从长远来看，改善安置居民的身体健康状态，提高其在教育与就业培训中的投入是改变他们未来社会地位和持续发展的重要保证。政府在提供合适的物质补偿以保障安置居民的居住条件的同时，有必要进一步加强安置居民的教育救助与医疗救助等福利供给，帮助他们通过自身的努力改变现状，以获得更多的发展机会。

2. 适度实施安置房配建制度，减弱地租与空间剥夺，加深居住融合

安置房集中于城市边缘，容易造成"贫民区"异位的现象，无法达到提升安置居民生活水平的目的。此外，由于与城市中心的可达性差且各类资源与机会较少，城市边缘的经济发展水平低于城市核心区，根据"租差理论"，与之关联密切的地租价格也相应较低，若无重大项目引入或重点发展规划，城市边缘的土地增值潜力很差。安置居民从城市核心区域迁至城市边缘，虽然住房条件得到改善，即住房的居住属性得到充分优化，但住房的资产属性却因区位的等级下跌而下滑明显，同时，空间的生产属性决定了它在时间维度存在潜在增值效益，资产在时间上的增值性同样比更新前的旧住房下滑明显。为减弱地租剥夺，应尽量确保安置居民迁移前后的地租特征差异不明显，为此，安置房分散建设，融于城市核心区，是改善地租剥夺的有效措施。属性坐标为 $(E_1, *)$ 的安置居民类型，其生活能力较差，急需通过政策力量帮助其融入社会，在新的生活环境中通过其他群体的影响提高生活能力。

各个城市都在尝试通过安置房配建模式切实保障安置居民的合法权益。国外配建模式带来的经验提出了该模式的诸多优势：①由专业的房地产开发公司实施，与商品房共建，可确保安置房及其配套设施的品质；②非边缘化的区位可提高公共设施与服务在各阶层间的均质化水平；③可通过阶层融合增强不同社会背景群体间的包容性，同时通过榜样效应使低收入群体获得摆脱贫困的经验与动力，有效解决因贫困集中引发的诸多社会问题[191]。然而，在我国的实施效果并不理想，贫富混居不仅表现出群体间经济条件的差异，还有生活习惯的冲突，各阶层群体间不但没有包容性的提升，反而有矛盾上升的倾向，剖析造成此结果的成因，一方面为配建模式的社会属性与配建实施主体的盈利属性间的冲突，另一方面为社区治理的精神引导不到位。

为此，需要优化原有传统安置房配建模式的实施路径，转变在经济层面上将保障房群体的帮困责任通过房地产开发商的市场运作由商品房群体承担的实施方案，在适度居住融合下，以"谁获益谁承担，谁损失谁获偿"的补贴原则调整补偿措施。安置居民在更新中损失自身生活环境，若更新后为公共获益，则由全体市民承担，补偿来源为财政收入；若更新后为部分群体获益，则由获益群体承担，补偿来源为消费群体的消费成本。安置居民迁入新的生活环境若使得商品房群体的生活品质下降、固定资产减值，该部分损失则应由安置居民承担，补偿来源为前述安置居民的获偿，即更新的补偿对象应涉及安置居民和安置居民迁入的社区中商品房群体两部分。

此外需明确的是，政府的职责是促进适度居住融合，即使安置居民获得同等空间权利，而并不能强制社会（不同阶层间群体的精神）融合，这是群体在居住融合的基础上自发的社会现象，无法通过政治手段干涉。但可通过社区层面的精神文化

建设促进社区内不同群体间的交流,以助推不同阶层的包容与理解,进而逐渐形成相似的行为方式与意识形态,有益于安置居民借助榜样力量提升自身能力并形成积极健康的价值观。

3. 均衡公共资源配置,减弱机会剥夺,增强安置居民的发展能力

公共资源具有全民共享性,城市居民对公共资源享有公平使用权[192],但大部分公共资源具有空间固定性,即公共资源的空间配置决定了居民对其的可达性。公共资源具有稀缺性,它的空间配置一方面与规划重心息息相关,一般地,具有经济发展优势的片区会优先配置各类公共资源;另一方面受市场经济影响,在市场价格调节下,公共资源在一定程度上以竞争方式实现空间配置。在政府规划和市场机制的双重作用下,公共资源普遍形成空间上的配置不均衡。在城市层级,公共资源配置一般从经济文化中心向功能区边缘呈"倒金字塔"格局。居民对公共资源的使用具有一定的空间范围局限,同样具有空间固定性的住房决定着居民的主要生活空间,而生活空间与公共资源载体空间之间的可达性影响着居民对公共资源的使用便利性。安置居民的空间迁移方向一般从旧城区到新城区,在空间资源的配置格局中,则为从"倒金字塔"的塔底向塔尖迁移,安置居民就近可使用的资源量减少。为改变安置居民在此种公共资源配置不均的情形下对公共资源使用的不公平现象,可有两种解决措施:一是改变居民的生活空间,二是改变资源的空间配置。第一种措施可通过安置房配建制度的实施来实现,然而,城市中心对人口的承载力有限,势必还需通过第二种措施,实现居住于不同空间中的居民均能享受到公平的公共资源使用权。第二种措施较第一种措施虽需耗费大量财政资金且见效慢,却更具有可持续性。

对安置居民而言,公共资源分为两类:一类是满足居民生活必需的物质与服务,包括交通、医疗、文娱、体育等,是属性坐标为$(E_h, *)$的安置居民需求的资源供给;另一类是提升安置居民能力与实力的发展机会,包括就业机会、教育培训机会等,是属性坐标为$(E_m, *)$的安置居民需求的资源供给。而属性坐标为$(E_l, *)$的安置居民需要两类公共资源的共同供给。对于前者,应对规划体系进行修订与改善,对公共资源的供给数量和质量结合空间服务人口及需求,制定科学的配置标准。公共资源的均衡配置,并不是绝对意义上的公共资源的数量和质量在各单位空间上相等,而是基于资源使用人数、需求特点以及配置中需要考虑的与社会经济环境的匹配、技术可行性、使用效率等各种因素,实现相对意义上的居民对公共资源的使用公平性。后一类机会类公共资源,除需考虑以上资源的空间分布问题外,还应通过一定的措施消除居民与机会间的障碍构建匹配关系,使居民在获取机会后能够实现自身能力与实力的提升,即确保资源作用于居民达到既定效果。

对于安置居民而言,自身禀赋限制了其获取部分机会的能力,同时部分安置居民还表现出对机会的获取意愿不强烈,这都影响着安置居民将机会类资源转化为可行能力。对社会经济发展不构成重大影响的一些特定限制条件可适当解除,如教育机会中对户籍的限制,扩大安置居民的有效获取机会,向安置居民提供一定的机会匹配服务,增大其获取机会的概率。此外,加强对安置居民的思想引导,鼓励其通过自身能力主动改善生活水平,这需要社区治理层面的积极配合。通过均衡公共资源配置,确保安置居民在空间上对资源的可达性,进而提供一定的帮助使安置居民匹配合适的资源。鼓励安置居民积极获取资源,安置居民因此通过自身能力提升了福利水平。该路径不仅表现出安置居民福利水平提升的多元化,还可解决货币补偿或实物补偿的短视化问题,具有可持续性,为社会的长久发展减轻负担。

6.5.2　生活恢复阶段集中安置居民福利提升策略与措施

安置补偿阶段以政策规划为主,而安置居民迁移后所处的外部环境决定了其能否较好地融入新的环境,恢复进而改善生活状态,因此,生活恢复阶段的政策回应应以社区为单位。为了使策略与措施在微观层面得到落实,需要社区居委会、物业管理公司、业委会和安置居民的共同参与,通过社区治理主体将相应的实施措施作用于安置居民,改善其物质条件的同时,引导居民健康生活观的形成。

社区是社会的基本单元,社区范围内的生活与生产活动是社会形态的缩影,所以社区层级的治理是最具实施可行性且实施效果最明显的方式。通过改善与居民生活最紧密的社区空间的社会经济秩序,提升社区范围内的居民的生活品质,进而以小空间延伸至大空间构建整体的社会发展格局。

社区治理指在一定社区空间范围内,由辖区政府、社区居委会、社区居民以及营利和公益组织等依据相关法律法规和非正式的社区规范、公约、约定等,以公共利益与社区认同为原则,共同管理某一社区范围内的公共事务,以推进社区的可持续发展[193],同时在精神层面提高社区能力,即促使居民形成积极健康的共同意识与行动能力,包括生活与生产技能、可获取的资源、社会网络、公共参与、社区认同等方面[194]。在社区治理中,物质建设和精神建设同等重要,与安置居民的福利体系相同,宜居的社区需要保障社区环境宜居、邻里关系和谐、思想行为健康等,在不同维度共同提升居民的生活品质。

对于不同类型的安置居民群体,依据其属性坐标特征提供相匹配的福利提升策略与措施,见表 6.4。

表6.4　生活恢复阶段安置居民福利提升策略与措施

安置居民类型（属性坐标）	福利提升策略与措施	主要实施主体	辅助参与主体
$(E_h, R_h S_h)$	交流平台建设	居委会	居民、物管公司
$(E_h, R_h S_l)$	精神文明建设	居委会	居民、物管公司
$(E_h, R_l S_h)$	社区环境整治	物管公司	业委会、居民
$(E_h, R_l S_l)$	社区环境整治，精神文明建设	物管公司、居委会	业委会、居民
$(E_m, R_h S_h)$	交流平台建设，精神文明建设	居委会	居民、物管公司
$(E_m, R_h S_l)$	交流平台建设，精神文明建设	居委会	居民、物管公司
$(E_m, R_l S_h)$	社区环境整治，精神文明建设	物管公司、居委会	业委会、居民
$(E_m, R_l S_l)$	社区环境整治，交流平台建设，精神文明建设	物管公司、居委会	业委会、居民
$(E_l, R_h S_h)$	交流平台建设，精神文明建设	居委会	居民、物管公司
$(E_l, R_h S_l)$	交流平台建设，精神文明建设	居委会	居民、物管公司
$(E_l, R_l S_h)$	社区环境整治，交流平台建设，精神文明建设	物管公司、居委会	业委会、居民
$(E_l, R_l S_l)$	社区环境整治，交流平台建设，精神文明建设	物管公司、居委会	业委会、居民

1. 维护社区运行秩序，为安置居民提供便利的生活环境和服务

良好的社区配套是提升居民生活品质的基础。居民在社区中的活动空间，除住房内私人空间外，还包括社区的公共空间。公共空间具有多项功能。首先，社区道路连接了居民住房与社区内各类设施场地、社区外空间，道路的空间布局反映出居民通行的便利性，车行道路与居民活动的空间关系反映出居民活动的安全性；其次，社区绿化提高空气质量、减少噪声污染，对居民的身心健康大有裨益；再次，各种与基本居住有关的公用管线与设施，如水、电、气、网和雨水污水处理等，保障居民的基本居住需求；最后，与家庭生活需求相关的各种公共设施，如文化体育、医疗卫生、商业服务、社区服务、金融邮电、管理等设施，在满足居民基本居住需求的同时，为居民提供更高的生活供给。

然而，安置房社区或带有安置房配建的社区，为降低建设成本，社区配套设施在数量和质量上常以最低配置标准建设，同时常因社区治理不到位和治理难等原因无法提供及时的服务，致使社区配套设施的硬实力下降、软实力欠缺。为改善社区配套设施，首先应维护社区的正常运行秩序，建立设备设施维护管理制度，尤其

是影响安置居民基本居住需求的设施应确保按时维护与及时维修,对与家庭生活需求相关的各种公共设施应确保其使用功能。其次,根据安置居民对配套设施的需求,增加建设配套设施或改善现有配套设施的质量,提升社区的硬实力。再次,加强社区环境的管理,改善社区卫生条件,为安置居民提供整洁干净的社区环境。最后,社区治理除了需要居委会、物业等管理部门和组织的努力外,还需要安置居民自身的参与,积极提供改善社区环境与运行秩序建议的同时,也应做好自我约束,配合社区治理。此外,对于治理难问题,应通过精神文明建设引导安置居民形成良好的生活方式与居住习惯。对于收费难问题,除政府提供补贴外,一方面应通过宣传加深安置居民对物业费的正确认知,另一方面探讨物业费与养老金、低保金、生活缴费等的关联收缴[53],提高物业费收缴率,保障社区治理的经济支撑。

2. 构建社区交流平台,为安置居民增添榜样力量

非干预状态下,社区人口一般具有相似的社会身份和地位以及同质化的行为方式与意识形态,但安置房配建制度是政府干预下的居住融合,形成了不同社会经济背景的人群混居的形态。居住融合是为保障社会各类群体平等享有公共资源,同时促进社会融合减少社会排斥。但机械地将不同群体拼凑在特定空间范围内,容易使群体因自由受限表现出排斥心理,加之群体间不同的生活习惯与行为方式,反而容易激化群体间的矛盾。因此,社区治理在化解群体间排斥现象上具有重要作用。

安置居民在迁移前长期居住于物质条件较差、社区治理松散的环境中,形成了特定的生活习惯。迁移后改变了居住方式,安置居民长期形成的生活习惯难以在短期内改变,当与社区规章发生冲突时,易破坏社区正常秩序。同时,安置居民普遍存在的生产能力偏低、生活态度消极的现象不仅不利于安置居民融入新的生活环境,还会成为社区发展的阻力。安置居民原有社会结构紧密、邻里关系融洽,通过邻里交流,不仅可以增加情感寄托,还可以建立社交网络,形成社会资本。而迁移后,安置居民的原有邻里关系割裂,社会资本骤降,直接导致安置居民福利水平下降。为恢复安置居民在社区范围内的社交网络,需要社区提供一定的平台促进邻里交流。此外,在混合社区中,非安置居民群体中存在能力较强、生活习惯良好的榜样群体,通过安置居民群体与榜样群体的交流,使安置居民群体获取提升自身能力的资源,还可激发安置居民追求更高生活品质的决心。

构建社区交流平台,一般的做法是社区居委会组织文化娱乐活动,以活动为媒介促成邻里间的接触。该方法可快速增加邻里交流机会,但由于活动受众不全面,且欠缺交流的主动性,对于早期存在群体排斥的商品房居民和部分社区生活消极的安置居民而言,效果不佳。为此,可优化平台建设方式,构建硬件先行、软件巩固的邻里关系促成模式。先通过提供硬件,如便于交流的空间场地、设施设备等,使社区居民在共同使用硬件设施与场地中自发建立联系,当居民间消除心理隔阂、建立一定的交流基础后,社区再通过居民对文化娱乐活动的需求情况组织与需求相匹配的活动,巩固并加深居民间的交流,并适当引导邻里风气的方向,使居民间建立稳定、健康的社交网络。

3. 加强社区精神文明建设,塑造安置居民积极健康的生活观与价值观

前述维度视角的福利分析中得出结论,安置居民的居住条件在新社区得到明显改善,而精神福利改善状态却明显弱于物质福利。只有同时实现物质富有与思想脱贫,才是真正意义上的生活品质的提升。

当前对安置居民的安置补偿一般为货币补偿或住房补偿,均为物质补偿,忽略了安置居民在迁移中的精神损失。为恢复安置居民的精神福利,社区精神文明建设是最可行且有效的方式。上文提到可通过榜样群体的影响,使安置居民群体的价值观、生活习惯和思维方式向榜样群体趋同。此外,针对安置居民群体普遍存在的不良的生活方式、消极的生活态度、较低的社区归属感,针对性地提出以下改善措施。

其一,通过行为引导传达社区居民生活规范,倡导合理、合规的生活方式,逐渐改变少数安置居民不良的生活习惯。其二,通过教育宣传把控社区精神风貌,安置居民应正视贫富差距现象及因此形成的市场分化。安置补偿是出于改善安置居民基础生活条件,给予安置居民提升自身能力的资源,无法保障安置居民的生活品质。社区应强化安置居民对美好生活追求的正确认知,只有努力进取才能获取更多的资源与机会,通过自身能力将资源转化为功能所得才是福利水平的体现,同时,自身能力的提升是维持福利水平长久延续的保障。其三,为丰富社区居民生活,建立受众面广、吸引力强的社区文娱活动网络,不断提高社区文化水平。通过鼓励安置居民参与社区精神文明建设,发挥安置居民对优良风俗文化的传承优势,形成具有特色的社区文化。社区的运行秩序提升、文化活力展现,安置居民生活于该物质与精神优质的社区中,其社区认同感和归属感将大为增加。此三种措施,使安置居民快速融入新的社区环境中,并以健康的生活观与价值观投入新的生活与生产中,安置居民以自身能力主动改善生活是其福利提升的最佳方式。

6.6   小结

城市更新为改善安置居民的生活环境做出了重要贡献,但当前的安置补偿方式却在诸多方面阻碍了安置居民福利的提升,包括安置房隔离于商品房外导致阶层固化与贫困代际延续、公共资源空间配置不均导致安置居民空间权利受损、安置小区治理松散导致社区品质不高、安置居民过度依赖政府导致安置居民自我发展能力丧失、年轻一代迁离安置小区导致安置小区活力下降。针对以上问题,基于安置居民的自身禀赋表现出的群体分异和迁移后所处外部环境表现出的空间分异,将安置居民进行群体类型划分,针对不同类型的安置居民匹配相应层级的福利改善政策。为确保政策实施的可能性,界定政策回应的时序安排概念,提出应优先考虑与政策环境、政策属性、利益相关群体的博弈相契合的政策。为减少迁移后较差的外部环境对安置居民福利水平的负面影响,将政策回应提前自安置补偿阶段开始,从安置补偿阶段和生活恢复阶段分别提出优化安置补偿模式、适度实施安置房配建制度、均衡公共资源配置和维护社区运行秩序、构建社区交流平台、加强社区精神文明建设的治理措施,通过提高安置居民的可行能力转变安置居民的固化身份,使其从政府帮扶的"社会巨婴"成长为依靠自身能力追求高品质生活的"独立青年"。

第 7 章

结论与展望

　　拆除重建类城市更新产生了大量迁移者,本研究中称"集中安置居民"。安置居民迁移不仅带来了城市空间的重构和城市资源的再分配,安置居民的居住环境、经济资源、生活方式、社会结构也随之发生了改变。在城市更新大时代下,安置居民这一庞大的群体已经成为学术研究和政策制定的热点对象。然而在学术研究中,研究对象较少涉及无户籍变动的城市居民,且未形成主观与客观相结合的研究体系。为此,本书以城市更新前具有市民身份的安置居民为研究对象,试图通过集中研究以下三个问题来丰富关于安置居民福利研究的内容:①安置居民在经历城市更新后,其福利水平是否有所提升;②什么因素决定了安置居民的福利状态呈现出当前的变化规律;③这些决定因素对安置居民的福利变化有怎样的影响路径或作用机理。基于森的可行能力方法,本书构建了多维度多层次的福利体系,体系包含福利测量体系、影响福利变化的内部驱动体系和外部诱导体系。内部驱动体系和外部诱导体系作用于安置居民的可行能力,决定其将外部物品和服务转化为可获取功能的能力大小,而安置居民获取的功能集合可通过福利测量体系量化表示。

　　本书借鉴比较成熟的模糊贫困与剥夺测量方法构建了适合福利测量体系的模糊福利测量模型。基于此测量模型,选取重庆市化龙桥片区为案例进行实证分析,从维度视角、层次视角和变量视角,以福利变化综合数值与数据分布为内容展开分析。在此基础上,以案例中安置居民迁移重组后的四个新社群作为对比组,研究不同社群因自身禀赋的差异对福利变化的影响,研究方法采用灰色关联分析,以自身禀赋变量为自变量、福利变化为因变量,分析其影响关系,此为群体分异下的安置居民福利变化差异。同样地,以案例中迁居至四个新社区重组成的四个新社群作为对比组,研究不同外部环境对安置居民福利变化的影响,研究方法采用模糊解释结构模型,通过构建外部环境变量在影响安置居民福利的机制下的逻辑关系,剖析社会情境和物质环境对安置居民功能活动的影响路径,并采用关键路径法识别关键诱导路径,各作用主体依照职责共同参与外部环境的优化,以促进安置居民的福利提升。最后,在以多维度多层次的福利体系为理论支撑、化龙桥片区更新为案例分析的基础上,构建安置居民福利提升的政策回应体系,为具有不同属性特征的安置居民匹配相应层级与时序的政策,并提出具体的实施策略与措施。

7.1　主要结果

根据构建的多维度多层次福利体系以及案例分析结果,得到如下主要结果。

(1)安置居民的福利是安置居民以自身可行能力将外界提供的物品与服务转化为一定的功能,并从这些功能中自由选择构成功能合集而呈现出的生活状态,是居住状态、就业状态、健康状态、社交状态和财富状态的综合结果。福利除了具有多维度属性外,还具有特定顺序的层次性,即基于安置居民对各类功能的需求层次,包括生存层次、生计层次、生活层次和发展层次,逐级实现福利水平层级递升。

(2)案例分析结果显示,安置居民在迁移入新的居住环境经过一段恢复期后,其居住状态、健康状态、社交状态和财富状态均有不同程度的福利提升,以居住状态和健康状态福利提升最为明显,而就业状态出现一定下降。财富状态福利提升,说明补偿改善了安置居民的现有经济水平,而就业状态福利下降,说明安置居民经济收益潜力下降,在长期将表现出经济水平下降的趋势。城市更新后安置居民的社交状态反而会因为打破原有固化的结构而重新建立起较优质的社交网络。城市更新对安置居民的社交状态起到积极的影响。

(3)从层次视角对比安置居民在更新前后的福利水平,结果显示,安置居民在生存层次、生活层次和发展层次均有不同程度的福利提升,其中生活层次福利提升明显,该结果是对城市更新对于改善安置居民居住条件做出巨大贡献的肯定。生计层次表现出福利下降的结果,与维度视角的就业状态福利下降结果相吻合,是对安置居民经济收益能力下降的再次佐证,这也为制定安置居民福利优化政策指明了方向。需要强调的是,发展层次的福利水平提升不明显,表明安置居民生活状态改善潜力不足,如不积极引导,在将来可能出现福利变化的拐点,这样的发展趋势违背了城市可持续发展的理念。同时,该结果也反映出当下安置补偿的短视性,只有优化安置补偿模式,将维持安置居民的长期生活改善纳入城市更新的可持续性考核标准中,才能真正实现安置居民这一在城市更新中利益关联最强的群体获得公平权益,并以最佳的生活状态融入新的城市空间中。

(4)本书中构建的模糊福利测量模型考虑了个体福利分布对整体福利水平的影响。福利的概念具有相对性,积极属性的福利变化不仅表现在福利水平的提升上,还需表现在个体间福利差异缩小,才能确保城市更新对安置居民生活积极影响的公平性。安置居民个体间福利差异的变化情况,在居住状态、就业状态、健康状态、社交状态和财富状态五个维度分别表现出:分异性稍有减小且优质个体偏多、分异性明显减小且优质个体量占比下降、分异性明显增大且优质个体增长明显、分异性不变且优质个体等量提升、分异性稍有减小且优质个体偏多的特点,结合五维度视角的福利变化趋势,除福利下降的就业状态外,还需关注分异加剧的健康状态。安置居民个体间福利差异的变化情况,在生存层次、生计层次、生活层次、社交状态和发展层次四个层次分别表现出分异性明显减小且优质个体增多、分异性明显减小且优质个体量占比下降、分异性不变而优质个体等量提升、分异性稍有减小且优质个体偏多的特点,结合四层次视角的福利变化趋势,为实现安置居民生活状态的长久改善,需优化安置居民的发展层次福利水平,并缩小个体间差异。

(5)自身禀赋作为内部驱动因素影响安置居民的福利水平。安置居民的自身禀赋是其可行能力的体现,影响安置居民对功能活动的选择,结果体现在安置居民的福利变化上。分析结果显示,就地安置的新社群主要由眷恋故土的中老年安置居民组成,出现社交状态和财富状态福利下降,这一结果主要受该社群的年龄结构影响;而迁移至配套较差、社会管理松散的新居住环境的社群表现出就业状态和社交状态的福利水平下滑,这一结果主要受该社群的就业能力和环境适应能力影响;而对城市更新表现出积极的态度、补偿满意度和拆迁满意度均较高的社群在福利水平变化中较前两类社群有明显的优势,表明可行能力在精神层面的作用对福利水平的重要影响。

(6)外部环境作为外部诱导因素影响安置居民的福利水平。案例识别出的不同外部环境下,提升安置居民福利水平的路径主要以社区治理和片区发展规划为基础,分别从社区范围和区域范围优化为安置居民提供各类物品和资源的具有生产功能的空间。最终对外部环境的优化目标是实现安置居民对空间权利的重获,以及通过形成优质的社会氛围引导安置居民在物质富有的同时摆脱精神贫困,以积极的生活态度融入新的环境中,从而形成安置居民主动提升福利水平的良性循环。在外部环境诱导路径中,以市辖区政府统筹资源配置、社区居委会强化精神文明建设、物业管理公司提升物质环境、安置居民积极参与的协调方式共同促进对安置居民福利提升有助力的外部环境的形成。此外,需提出的是,案例中对四个社群迁移类型(就地安置、就近安置、异地安置)的划分与其福利变化结果表明,无法得出就地安置对安置居民福利水平提升优于就近安置,而是居住于空间资源配置高、社区治理效果好的区域的安置居民福利水平优于空间资源配置低、社区治理效果差的区域,即迁移的空间距离并不是造成福利差异的原因,而是空间承载的资源大小与质量优劣影响安置居民福利水平。

(7)基于处于较为劣势的外部环境的安置居民与同等自身禀赋的安置居民相比福利层次较低的结果,福利提升政策应自安置补偿阶段开始,具体策略和措施有市辖区政府通过制定相关规划和政策以优化安置补偿模式、适度实施安置房配建制度、均衡公共资源配置,分别从迁移自由度、居住融合度和资源分配公平性提高决定安置居民福利水平的外部诱导因素的质量。在迁入新的居住环境后,安置居民恢复进而改善生活状态需要以社区为单位,通过社区治理主体(包括社区居委会、物业管理公司、业委会和安置居民)将相应的实施措施作用于安置居民,主要措施包括维护社区运行秩序、构建社区交流平台、加强社区精神建设,在改善安置居民物质条件的同时,引导其健康生活观的形成。

7.2 创新点

本书存在如下创新价值。

(1)以福利研究中的可行能力方法将安置居民的福利研究从表象的功能状态延伸至内涵的可行能力层面,强化安置居民在获取福利过程中的主体能动性。现有的研究成果多以福利现状的规律总结为主,并未深入探究这一福利现状的内涵。本书通过可行能力方法将福利解构为功能与能力,功能是福利的表象,能力是福利的成因,基于它们之间的逻辑关系构建由福利测量体系(对应功能)、福利内部驱动和外部诱导体系(对应能力)组成的福利研究范式,是对福利研究的深化。

(2)将安置居民的福利测量研究从一维或几维的绝对测量扩充至多维度多层次的综合测量与分异分析。已有文献对微观群体生活状态的研究多集中于居住环境和就业维度,而福利是对安置居民生活各个方面的体现,一维或几维的福利测量缺乏整体性。同时,已有文献多以主观的生活满意度为研究方法,缺乏一定的客观性。本书的福利测量体系涵盖居住状态、就业状态、健康状态、社交状态和财富状态,并从福利逐级递增的特征中将其分为生存层次、生计层次、生活层次和发展层次。构建的多维度多层次福利测量体系通过模糊福利测量法以较为客观的定量化分析,可以系统地呈现安置居民的福利状态。并且,基于自身禀赋与外部环境对安置居民福利的影响,对安置居民群体内部重组的新社群的福利分异进行深入研究。

(3)将政策建议由群体普适性优化为依照群体类型匹配相应层次与时序的回应体系。安置居民因自身属性与所处环境的差异呈现出不同的福利状态,其对政策的需求因而存在差异性。普适性的政策不仅会造成政策资源的浪费,还会因政策供给与需求的不匹配无法得到预期的实施效果。本书构建了安置居民福利提升的政策回应体系,将安置居民群体进行类型划分,并匹配相应层级、时序的政策,可以提高政策实施的效率与效果。

7.3 不足和展望

由于研究时间有限以及数据获取需耗费大量时间与精力,本书仅以重庆市化龙桥片区集中安置居民为案例研究群体,虽然数据的数量与质量满足数据分析的要求,但数据处于重庆市城市发展背景中,部分结论可能无法适用于全国范围。同时,案例仅收集了双截面(更新前-更新后)数据,仅分析了集中安置居民更新前后的福利变化,没有研究在时间序列上的福利变化趋势。此外,综合性的福利测量体系涵盖了主观变量与客观变量,为实现变量间的量纲一致,本书引入模糊数学概念,使得连续性变量的数据价值降低,数据结果的精细程度有待提高。因此,本书还有诸多可提升的空间,这些都将作为新的研究问题或研究方向值得未来做进一步研究。

(1)扩充研究群体的范围。本书仅选取一个城市更新项目为案例展开研究,虽选取的案例具有代表性,保证了结论具有一定的普适性,但将案例扩充至全国范围,可纠正案例受所在城市发展背景的影响造成的结论差异。在未来的研究中,在多个城市选取具有代表性的城市更新案例展开综合研究和对比研究,以获取更普适性的结论,并探究不同城市发展背景下结论的分异规律。

(2)增加时间序列的研究。笔者于2015年和2018年的两次调研结果显示出安置居民的福利变化存在大小和方向性的差异,这在一定程度上受迁移适应期的影响。安置居民的迁移行为对其生活状态本身造成一定的影响,需要一定的适应期,在适应期的调研结果无法真实反映安置居民稳定的生活状态,影响研究结论的提出。此外,城市更新对安置居民的影响具有长期性,因此追踪安置居民在不同时点的生活状态,不仅可以准确划定安置居民的迁移适应期,还能在时间序列上分析城市更新对安置居民的影响延续性,判断安置补偿模式的可持续效果。因此,在未来的研究中需要进行较长时间序列的调查追踪。

(3)优化福利测量模型。本书受数据资料的限制,部分变量无法获取连续性数值数据,为保证变量数据的一致性,在测量模型中引入模糊数学概念将所有变量数据转化为五等级数值数据,一方面浪费了具有连续性数值的变量数据,另一方面也降低了结果的准确性。在将来的研究中,应拓宽数据获取渠道,替换较难数值化的变量,并构建连续数据和离散数据可融合运算的测量模型,以充分发挥数据的价值,提高测量结果的准确性。

参考文献

[1]石爱华,范钟铭.从"增量扩张"转向"存量挖潜"的建设用地规模调控[J].城市规划,2011,35(8):88-90.

[2]LICHFIELD N. Economics in urban conservation[M]. Cambridge:Cambridge University Press,1988.

[3]FAINSTEIN S S. The city builders:property,politics,and planning in London and New York[M]. Oxford:Blackwell,1994.

[4]YUNG E K,ZHANG Q,CHAN E H W. Underlying social factors for evaluating heritage conservation in urban renewal districts[J]. Habitat International,2017,66:135-148.

[5]LAI L W C,CHAU K W,CHEUNG P A C W. Urban renewal and redevelopment:social justice and property rights with reference to Hong Kong's constitutional capitalism[J]. Cities,2018,74:240-248.

[6]ZUKIN S. Naked city:the death and life of authentic urban places[M]. Oxford:Oxford University Press,2010.

[7]ZHOU T,ZHOU Y. Fuzzy comprehensive evaluation of urban regeneration decision-making based on entropy weight method:case study of yuzhong peninsula,China[J]. Journal of Intelligent & Fuzzy Systems,2015,29(6):2661-2668.

[8]KLEINHANS R. Social implications of housing diversification in urban renewal:a review of recent literature[J]. Journal of Housing and the Built Environment,2004,19(4):367-390.

[9]包亚明.现代性与空间的生产[M].上海:上海教育出版社,2003.

[10]何深静,刘玉亭.市场转轨时期中国城市绅士化现象的机制与效应研究[J].地理科学,2010(4):496-502.

[11]吴静娴,杨敏.基于贝叶斯网的城市迁居者通勤方式变迁模型[J].交通运输系统工程与信息,2017(6):94-100.

[12]李静,李逸飞,周孝.迁移类型、户籍身份与工资收入水平[J].经济理论与经济管理,2017(11):72-84.

[13]石乐,陈江生,姜洪涛,等.乡城迁移安置小区居民生活满意度的影响因素研究[J].江西农业学报,2018(4):141-146.

[14]WANG F. Home relocation and changes in satisfaction with residence,travel and life:a study of Beijing[D]. Hong Kong:Hong Kong Baptist University,2015.

[15]VEENHOVEN R. Why social policy needs subjective indicators[J]. Social Indicators Research,2002,58(1-3):33-45.

[16]NOWOK B,VAN Ham M,FINDLAY A M,et al. Does migration make you happy? A longitudinal study of internal migration and subjective well-being [J]. Environment and Planning A,2013,45(4):986-1002.

[17]LEE G K L,CHAN E H W. The analytic hierarchy process(AHP) approach for assessment of urban renewal proposals[J]. Social Indicators Research, 2008,89(1):155-168.

[18]王德文.更新地块改造潜力与改造成效评价研究[J].中国房地产,2018(28):17-20.

[19]王萌,李燕,张文新,等.基于 DEA 方法的城市更新绩效评价:以北京市原西城区为例[J].城市发展研究,2011(10):90-96.

[20]王玥.旧城改造中住宅被征收人受偿意愿研究[D].武汉:华中科技大学,2013.

[21]王一波,章征涛.大事件视角下城市更新的社会绩效评价:基于重庆主城更新后原住民的实证调查[J].城市发展研究,2017,24(9):1-6.

[22]COUCH C. Urban renewal theory and practice[M]. Houndmills:Macmillan Education,1990.

[23]顾哲,侯青.基于公共选择视角的城市更新机制研究[M].杭州:浙江大学出版社,2014.

[24]李德华.城市规划原理[M].北京:中国建筑工业出版社,2001.

[25]WANG S W. The evolution of housing renewal in Shanghai,1990-2010:a "socially conscious" entrepreneurial city[J]. International Journal of Housing Policy,2011,11(1):51-69.

[26]PEREZ M G R,LAPRISE M,REY E. Fostering sustainable urban renewal at the neighborhood scale with a spatial decision support system[J]. Sustainable Cities and Society,2018,38:440-451.

[27]ZHENG W,SHEN G Q,WANG H,et al. Decision support for sustainable urban renewal:a multi-scale model[J]. Land Use Policy,2017,69:361-371.

[28]ROBERTS P W,SYKES H,GRANGER R. Urban regeneration[M]. 2nd edition. London:Sage,2017.

[29]曹宇,马卫东. 城市更新,上海进行时:华鑫置业之都市挑战[M].上海:同济大学出版社,2016.

[30]ERCAN M A. Challenges and conflicts in achieving sustainable communities in historic neighbourhoods of Istanbul[J]. Habitat International,2011,35(2):295-306.

[31]EPSTEIN G. A kinder,gentler gentrification:racial identity,social mix and multiculturalism in Toronto's Parkdale neighborhood[J]. Social Identities,2018,24(6):707-726.

[32]MILTENBURG E M E,VAN DE WERFHORST H G H,MUSTERD S S,et al. Consequences of forced residential relocation:early impacts of urban renewal strategies on forced relocatees' housing opportunities and socioeconomic outcomes[J]. Housing Policy Debate,2018,28(4):609-634.

[33]LARSEN H G,HANSEN A L. Gentrification-gentle or traumatic? Urban renewal policies and socioeconomic transformations in Copenhagen[J]. Urban Studies,2008,45(12):2429-2448.

[34]BUTLER T. In the city but not of the city? Telegraph Hillers and the making of a middle-class community[J]. International Journal of Social Research Methodology,2008,11(2):141-149.

[35]BAETEN G,LISTERBORN C. Renewing urban renewal in Landskrona,Sweden:pursuing displacement through housing policies[J]. Geografiska Annaler:Series B,Human Geography,2015,97(3):249-261.

[36]FULLILOVE M T. Root shock:how tearing up city neighborhoods hurts America,and what we can do about it[M]. Oakland:New Village Press,2016.

[37]CUBEROS-GALLARDO F J,DIAZ-PARRA I. Socio-spatial justice and dispute over the central spaces in the Abasto neighborhood(Buenos Aires)[J]. Contexto-revista de La Facultad de Arquitectura Universidad Autonoma de Nuevo Leon,2018,12(16):13-31.

[38]鲍海君,叶群英. 城中村改造的人本尺度与福利平衡:基于森的可行能力理论[J]. 中国土地科学,2015(11):25-31.

[39]叶群英. 城中村改造对原住民和外来租客的福利影响及福利平衡策略[D]. 杭州:浙江财经大学,2016.

[40]董世永,向澍. 基于促进原住民市民化的"城中村"改造策略建议:以重庆市"城中村"为例[J]. 建筑与文化,2015(4):163-165.

[41]沈莹.西安市城中村居住形态更新改造模式研究[D].西安:西安建筑科技大学,2011.

[42]吴凯晴."过渡态"下的"自上而下"城市修补:以广州恩宁路永庆坊为例[J].城市规划学刊,2017(4):56-64.

[43]ZHOU T,ZHOU Y,LIU G. Key variables for decision-making on urban renewal in China:a case study of Chongqing[J]. Sustainability,2017,9(3):370.

[44]朱敦煌,黄晨虹."边缘"到"主体":城市更新背景下原住民角色变化的思考:以上海新天地和田子坊为例[J].建筑与文化,2015(8):172-173.

[45]张桂玲,孔令龙.旧城更新推进下的南京老城南居住分异研究[C]//中国城市规划学会.持续发展 理性规划:2017中国城市规划年会论文集.北京:中国建筑工业出版社,2017.

[46]吴庆华.类隔离与城市空间治理的策略原则[J].甘肃理论学刊,2016(2):75-78.

[47]姬莉.基于原住民与市民感知的滇池湖滨区空间正义研究[D].昆明:云南大学,2016.

[48]常江,谢涤湘,陈宏胜,等.历史街区更新驱动下的旅游绅士化研究:以佛山岭南天地为例[J].热带地理,2018(4):586-597.

[49]卢笛,龚子路,李岱璇,等.北京历史街区点状绅士化分布及影响研究[J].北京规划建设,2018(3):65-70.

[50]LEE M,CHEN S,ZHANG Y,et al. Toward identifying values and tensions in designing a historically-sensitive data platform:a case-study on urban renewal[C]//CHOWDHURY G,MCLEOD J,GILLET V,et al. Transforming digital worlds. Cham:Springer. 2018:632-637.

[51]LEES L,PHILLIPS M. Handbook of gentrification studies[M]. Cheltenham and Northampton:Edward Elgar Publishing,2018.

[52]SMITH N. Gentrification and the rent gap[J]. Annals of the American Association of Geographers,1987,77(3):462-465.

[53]米延吉,李明星,李晓梅.朝阳市房屋回迁安置问题与对策[J].辽宁工业大学学报(社会科学版),2018(5):39-41.

[54]韩艳丽.房地产市场中安置房价值评估浅析[J].住宅科技,2018(9):47-50.

[55]VAN HAM M,MANLEY D,BAILEY N,et al. Neighbourhood effects research:new perspectives[M]. Dordrecht:Springer Netherlands,2012:1-21.

[56]卢义桦,陈绍军,李晓明.关系贫困:移民社会关系网络的断裂与重建:以丹江口水库移民S村为例[J].中国农业大学学报(社会科学版),2018(2):114-122.

[57]VAN KAMP I,LEIDELMEIJER K,MARSMAN G,et al. Urban environmental

quality and human well-being: towards a conceptual framework and demarcation of concepts: a literature study[J]. Landscape and Urban Planning, 2003, 65(1-2): 5-18.

[58] HSUNG R, FU Y, LIN N. The position generator: measurement techniques for investigations of social capital[M]// LIN N, COOK K, BURT R S. Social capital: theory and research. New York: Aldine Transaction, 2017: 57-81.

[59] MUSTERD S, PINKSTER F M. Unraveling neighborhood effects: evidence from two European welfare states[M]//DUYVENDAK J W, HENDRIKS F, VAN NIEKERK M. City in sight, Dutch dealings with urban change. Amsterdam: Amsterdam University Press, 2009: 41-60.

[60] HARTMAN C. The housing of relocated families[J]. Journal of the American Institute of Planners, 1964, 30(4): 266-286.

[61] KNIES G. Neighbourhood social ties: how much do residential, physical and virtual mobility matter? [J]. British Journal of Sociology, 2013, 64(3): 425-452.

[62] SLOAN M. The post-move satisfaction of individuals moving within New Zealand[D]. Wellington: Victoria University of Wellington, 2013.

[63] LI S, MAO S. Exploring residential mobility in Chinese cities: an empirical analysis of Guangzhou[J]. Urban Studies, 2017, 54(16): 3718-3737.

[64] LEE E S. A theory of migration[J]. Demography, 1966, 3(1): 47-57.

[65] CLARK W A V. Recent research on migration and mobility: a review and interpretation[M]. Oxford: Pergamon Press, 1982.

[66] BROWN L A, MOORE E G. The intra-urban migration process: a perspective[J]. Geografiska Annaler: Series B, Human Geography, 1970, 52(1): 1-13.

[67] POSTHUMUS H. Displacement myths: the real and presumed effects of forced relocations resulting from urban renewal[M]. The Hague: Hanneke Posthumus, 2013.

[68] RUEL E, OAKLEY D A, WARD C, et al. Public housing relocations in Atlanta: documenting residents' attitudes, concerns and experiences[J]. Cities, 2013, 35: 349-358.

[69] STOKOLS D, SHUMAKER S A. The psychological context of residential mobility and weil-being[J]. Journal of Social Issues, 1982, 38(3): 149-171.

[70] RIAD J K, NORRIS F H. The influence of relocation on the environmental, social, and psychological stress experienced by disaster victims[J]. Environment and Behavior, 1996, 28(2): 163-182.

[71] KLEINHANS R. Displaced but still moving upwards in the housing career?

Implications of forced residential relocation in the Netherlands[J]. Housing Studies,2003,18(4):473-499.

[72]JONES S B. Geographic mobility as seen by the wife and mother[J]. Journal of Marriage and the Family,1973,35(2):210-218.

[73]BROWN J S,MANGALAM J J,SCHWARZWELLER H K. Mountain families in transition:a case study of appalachian migration[M]. State College:Pennsylvania State University Press,1971.

[74]GEBRE H A. The impact of urban redevelopment-induced relocation on relocatees' livelihood asset and activity in Addis Ababa:the case of people relocated Arat Kilo Area[J]. Asian Journal of Humanities and Social Studies,2014,2(1):43-50.

[75]YNTISO G. Urban development and displacement in Addis Ababa:the impact of resettlement projects on low-income households[J]. Eastern Africa Social Science Research Review,2008,24(2):53-77.

[76]夏永久,朱喜钢. 被动迁居后城市低收入原住民就业变动的成因及影响因素:以南京为例[J]. 人文地理,2015,30(1):78-83.

[77]DAY J. Effects of involuntary residential relocation on household satisfaction in Shanghai,China[J]. Urban Policy and Research,2013,31(1):93-117.

[78]GOETZ E G. Desegregation in 3D:displacement,dispersal and development in American public housing[J]. Housing Studies,2010,25(2):137-158.

[79]FANG Y. Residential satisfaction,moving intention and moving behaviours:a study of redeveloped neighbourhoods in inner-city Beijing[J]. HOUSING STUDIES,2006,21(5):671-694.

[80]OAKLEY D,RUEL E,REID L. Atlanta's last demolitions and relocations:the relationship between neighborhood characteristics and resident satisfaction[J]. Housing Studies,2013,28(2):205-234.

[81]刘惠文. 城市更新影响下被拆迁居民的福利变迁研究[D]. 重庆:重庆大学,2016.

[82]ZHANG C,LU B. Residential satisfaction in traditional and redeveloped inner city neighborhood:a tale of two neighborhoods in Beijing[J]. Travel Behaviour and Society,2016,5:23-36.

[83]LI S,SONG Y. Redevelopment,displacement,housing conditions,and residential satisfaction:a study of Shanghai[J]. Environment and Planning A,2009,41(5):1090-1108.

[84]DOFF W,KLEINHANS R. Residential outcomes of forced relocation:lifting a corner of the veil on neighbourhood selection[J]. Urban Studies,2011,48(4):

661 - 680.

[85]LI Z,WU F. Residential satisfaction in China's informal settlements:a case study of Beijing,Shanghai,and Guangzhou[J]. Urban Geography,2013,34(7):923 - 949.

[86]BLUME K. Is there a relation between residential mobility and well-being among elderly people? [M]. AKF,2005.

[87]DE JONG G F,CHAMRATRITHIRONG A,TRAN Q G. For Better,For Worse:Life Satisfaction Consequences of Migration[J]. International Migration Review,2002,36(3):838 - 863.

[88]LUNDHOLM E,MALMBERG G. Ains and losses,outcomes of interregional migration in the five Nordic countries[J]. Geografiska Annaler:Series B, Human Geography,2006,88(1):35 - 48.

[89]闫东升,杨槿,陈雯.失地农民生活满意度测度及影响因素研究:以南京市仙林新村为例[J].长江流域资源与环境,2018(7):1625 - 1636.

[90]张蕾.社会网络对拆迁过渡期中失地农民生活满意度的影响[D].济南:山东大学,2018.

[91]MARTINETTI E C. A multi-dimensional assessment of well-being based on Sen's functioning approach[J]. Rivista Internazionale di Scienze Sociali, 2000,108(2):207 - 239.

[92]程廷,张金亭.基于福利经济学视角的集体土地征补标准研究[J].中国房地产,2019(3):10 - 17.

[93]聂鑫.农地城市流转中失地农民福利问题研究[M].北京:人民出版社,2014.

[94]SARI A K,SAPUTRA H,SIAHAAN A P U. Effect of fiscal independence and local revenue against human development index[J]. International Journal of Business and Management Invention,2017,6(7):62 - 65.

[95]陈志鸿,李扬.中国分区域城镇居民福利水平测度[J].财经研究,2018,44(10):111 - 124.

[96]赵秀君,高进云.被征地农民福利水平影响因素差异分析:基于 Sen 的可行能力理论和结构方程模型[J].天津农业科学,2019,25(1):65 - 71.

[97]刘轩,瞿晓理.基于可行能力理论的新生代农民工城市融入能力培养的实证分析[J].成人教育,2018,38(2):52 - 57.

[98]宋艳,苏子逢,门建营,等.基于 Sen 可行能力理论的农民工福利制度改进研究[J].管理世界,2017(11):172 - 173.

[99]PIGOU A C. The economics of welfare[M]. 2d ed. London:Macmillan,1924.

[100]韩央迪.第三部门视域下的中国农民福利治理[M].上海:上海三联书

店,2014.

[101]廖康.从流动性贫困谈农民工养老保障制度的建立[J].劳动保障世界(理论版),2010(12):38-41.

[102]王慧娟,施国庆.城市郊区征地拆迁移民置换与补偿安置[M].北京:社会科学文献出版社,2013.

[103]陈连洁.棚户区改造中的安置补偿问题研究[D].重庆:西南政法大学,2017.

[104]冯子标.人力资本运营论[M].北京:经济科学出版社,2000.

[105]奥斯特罗姆,龙虎.社会资本:流行的狂热抑或基本的概念?[J].经济社会体制比较,2003(2):26-34.

[106]马克思.资本论[M].中共中央马克思恩格斯列宁斯大林著作编译局,译.北京:经济科学出版社,1987.

[107]陈柳钦.社会资本及其主要理论研究观点综述[J].东方论坛,2007(3):84-91.

[108]赵延东,罗家德.如何测量社会资本:一个经验研究综述[J].国外社会科学,2005(2):18-24.

[109]郭熙保,张克中.社会资本、经济绩效与经济发展[J].经济评论,2003(2):3-7.

[110]边燕杰,雷鸣.虚实之间:社会资本从虚拟空间到实体空间的转换[J].吉林大学社会科学学报,2017,57(3):81-91.

[111]PORTES A. Social capital:its origins and applications in modern sociology[J]. Annual Review of Sociology,1998,24:1-24.

[112]COLEMAN J S. Social capital in the creation of human capital[J]. American Journal of Sociology,1988,94:S95-S120.

[113]BURT R S. Structural holes:the social structure of competition[M]. Cambridge, Mass:Harvard University Press,1992.

[114]吴庆华.城市空间类隔离[D].长春:吉林大学,2011.

[115]KOFMAN E, LEBAS E, LEFEBVRE H. Writings on cities[M]. Cambridge, Mass:Blackwell Publishers,1996.

[116]吴宁.列斐伏尔的城市空间社会学理论及其中国意义[J].社会,2008(2):112-127.

[117]HARVEY D. The right to the city[J]. International Journal of Urban and Regional Research,2003,27(4):939-941.

[118]MITCHELL D. The right to the city:social justice and the fight for public space[M]. New York:Guilford Press,2003.

[119]哈维.叛逆的城市:从拥有城市权利到城市革命[M].叶齐茂,译.北京:商务

印书馆,2014.

[120]朱文健."城市的权利":一种城市空间重塑的策略[J].住区,2015(2):
138-147.

[121]王欢,李强.空间、空间正义与城市权利[J].商业时代,2014(31):30-31.

[122]NUSSBAUM M C. Women and human development:the capabilities
approach[M]. Cambridge:Cambridge University Press,2000.

[123]SEN A. Capabilities, lists, and public reason:continuing the conversation
[J]. Feminist Economics,2004,10(3):77-80.

[124]郭玲霞,彭开丽.土地征收中的利益分配及福利测度文献述评[J].商业时代,
2014(5):113-114.

[125]江亮演.社会福利导论[M].台北:洪叶文化事业有限公司,2004.

[126]贺春临,周长城.福利概念与生活质量指标:欧洲生活质量指标体系的概念框
架和结构研究[J].国外社会科学,2002(1):51-55.

[127]PINCH S. Worlds of welfare:understanding the changing geographies of
social welfare provision[M]. London:Routledge,1997.

[128]AIDUKAITE J. Old welfare state theories and new welfare regimes in Eastern
Europe:challenges and implications[J]. Communist and Post-Communist Studies,
2009,42(1):23-39.

[129]CERNEA M M,郭建平,施国庆.风险、保障和重建:一种移民安置模型[J].
河海大学学报(哲学社会科学版),2002(2):1-15.

[130]段跃芳.IRR模型及其对我国非志愿移民安置的现实意义[J].三峡大学学报
(人文社会科学版),2002(6):43-46.

[131]OSBERG L,SHARPE A. An index of economic well-being for selected
OECD countries[J]. Review of Income and Wealth,2002(3):291-316.

[132]杜斌,张坤民,温宗国,等.可持续经济福利指数衡量城市可持续性的应用研
究[J].环境保护,2004(8):51-54.

[133]JONES C I,KLENOW P J. Beyond GDP? Welfare across countries and time
[J]. American Economic Review,2016,106(9):2426-2457.

[134]CHAUBEY P K. Human development index:revisiting well-being transform of
income component[J]. Indian Journal of Human Development,2015,9(2):
145-172.

[135]PETROSILLO I,COSTANZA R,ARETANO R,et al. The use of subjective
indicators to assess how natural and social capital support residents' quality of
life in a small volcanic island[J]. Ecological Indicators,2013,24:609-620.

[136]MARKOVIC M,ZDRAVKOVIC S,MITROVIC M,et al. An iterative multivariate

post hoc I-distance approach in evaluating OECD better life index[J]. Social Indicators Research,2016,126(1):1 - 19.

[137]PIAZZESI M,SCHNEIDER M,TUZEL S. Housing,consumption and asset pricing[J]. Journal of Financial Economics,2007,83(3):531 - 569.

[138]CLARK A,POSTEL-VINAY F. Job security and job protection[J]. Oxford Economic Papers,2009,61(2):207 - 239.

[139]COHEN S. Social relationships and health[J]. American Psychologist, 2004,59(8):676 - 684.

[140]BARRO R J,LEE J W. A new data set of educational attainment in the world, 1950 - 2010[J]. Journal of Development Economics,2013,104:184 - 198.

[141]COYLE D,STIEB D,BURNETT R T,et al. Impact of particulate air pollution on quality-adjusted life expectancy in Canada[J]. Journal of Toxicology and Environmental Health,Part A,2003,66(16 - 19):1847 - 1863.

[142]OEPPEN J,VAUPEL J W. Demography:broken limits to life expectancy [J]. Science,2002,296(5570):1029.

[143]TESSIER S, VUILLEMIN A, BERTRAIS S, et al. Association between leisure-time physical activity and health-related quality of life changes over time[J]. Preventive Medicine,2007,44(3):202 - 208.

[144]SOLEIMANI M,TAVALLAEI S,MANSUORIAN H,et al. The assessment of quality of life in transitional neighborhoods[J]. Social Indicators Research, 2014,119(3):1589 - 1602.

[145]CUMMINS R A. The domains of life satisfaction:an attempt to order chaos [J]. Social Indicators Research,1996,38(3):303 - 328.

[146]MITCHELL G. Indicators as tools to guide progress on the sustainable development pathway[M]//LAWRENCE R J. Sustaining human settlement:a challenge for the new millennium. Gateshead:Urban International Press,2000:55 - 104.

[147]HENDERSON H,LICKERMAN J,FLYNN P. Calvert-Henderson quality of life indicators[M]. Bethesda:Calvert Group,2000.

[148]MITCHELL G,NAMDEO A,KAY D. A new disease-burden method for estimating the impact of outdoor air quality on human health[J]. Science of the Total Environment,2000,246(2 - 3):153 - 163.

[149]JOHANSSON S. Conceptualizing and measuring quality of life for national policy[J]. Social Indicators Research,2002,58(1 - 3):13 - 32.

[150]ROJAS M. Experienced poverty and income poverty in Mexico:a subjective well-being approach[J]. World Development,2008,36(6):1078 - 1093.

[151]LEE Y. Subjective quality of life measurement in Taipei[J]. Building and Environment,2008,43(7):1205 - 1215.

[152]李凌江,杨德森,郝伟,等. 社区人群生活质量研究:Ⅳ 生活质量主、客观指标的相互关系及其影响因素[J]. 中国心理卫生杂志,1995(6):274 - 279.

[153]陈海梁. 构建居民生活质量评估指标体系[J]. 中国统计,2005(9):57 - 58.

[154]方福前,吕文慧. 中国城镇居民福利水平影响因素分析:基于阿马蒂亚·森的能力方法和结构方程模型[J]. 管理世界,2009(4):17 - 26.

[155]党云晓,余建辉,张文忠,等. 基于主观感受的宜居北京评价变化研究[J]. 人文地理,2015,30(4):59 - 65.

[156]陆路,王宁,李炎琪. 城市人居环境品质评定方法研究[J]. 资源开发与市场,2016,32(12):1441 - 1444.

[157]魏宗财,张园林,张玉玲,等. 保障房住区人居环境品质评价与提升策略[J]. 规划师,2017,33(11):30 - 38.

[158]王森,李雪铭. 城市人居环境适宜度评价:以大连市内四区为例[J]. 西部人居环境学刊,2018,33(4):48 - 53.

[159]王祖山. 城镇居民福利的测度、健康关联及改进路径[J]. 湖南师范大学社会科学学报,2018,47(2):84 - 91.

[160]徐维祥,李露,刘程军. 中国福利水平的时空分异特征及动力机制研究[J]. 浙江工业大学学报(社会科学版),2018,17(4):361 - 371.

[161]周长城,等. 生活质量的指标构建及其现状评价[M]. 北京:经济科学出版社,2009.

[162]FOSTER J E,SHORROCKS A F. Subgroup consistent poverty indices[J]. Econometrica,1991,59(3):687 - 709.

[163]杨爱婷,宋德勇. 中国社会福利水平的测度及对低福利增长的分析:基于功能与能力的视角[J]. 数量经济技术经济研究,2012,29(11):3 - 17.

[164]BETTI G,VERMA V. Fuzzy measures of the incidence of relative poverty and deprivation:a multi-dimensional perspective[J]. Statistical Methods and Applications,2008,17(2):225 - 250.

[165]CERIOLI A,ZANI S. A fuzzy approach to the measurement of poverty[M]// DAGUM C,ZENGA M. Income and wealth distribution,inequality and poverty. Heidelberg:Springer-Verlag Berlin,1990:272 - 284.

[166]CHELI B,LEMMI A. A "totally" fuzzy and relative approach to the multidimensional analysis of poverty[J]. Economic Notes,1995,24(1):115 - 134.

[167]CHELI B. Totally fuzzy and relative measures of poverty in dynamic context[J]. Metron,1995,53:183 - 205.

[168]BETTI G,VERMA V. Measuring the degree of poverty in a dynamic and comparative context:a multi-dimensional approach using fuzzy set theory [J]. Proceedings,ICCS-VI,1999,11:289-301.

[169]BETTI G,CHELI B,LEMMI A,et al. Multidimensional and longitudinal poverty:an integrated fuzzy approach[M]//LEMMI A,BETTI G. Fuzzy set approach to multidimensional poverty measurement. New York:Springer,2006:115-137.

[170]KIM S. Fuzzy Multidimensional poverty measurement:an analysis of statistical behaviors[J]. Social Indicators Research,2015,120(3):635-667.

[171]江春雷.高额拆迁补偿:谁真正受益:拆迁"一夜暴富"现象的效应分析[J].宜春学院学报,2014,36(8):46-50.

[172]雍支康.县域城镇化中拆迁暴富农民财富驾驭状况研究[J].新丝路(下旬),2016(8):31-32.

[173]于显洋,李佳婧.城镇化过程中的集中安置与居民生活适应研究:基于北京市门头沟区的问卷调查[J].淮海工学院学报(人文社会科学版),2018,16(12):103-107.

[174]郑旭芸,庄丽娟.可变要素成本、农户禀赋与农业技术选择:基于我国荔枝主产区微观数据的分析[J].南方农业学报,2018(1):178-184.

[175]张海涛.河北省城镇化对居民消费的影响分析[D].天津:天津财经大学,2017.

[176]朱丽君,渠丽萍,陈文昕,等.征地补偿农户满意度影响因素及提升路径:以武汉市江夏区为例[J].资源科学,2018,40(2):299-309.

[177]郭玲霞,高贵现,彭开丽.基于Logistic模型的失地农民土地征收意愿影响因素研究[J].资源科学,2012,34(8):1484-1492.

[178]钱厚诚.社会理论中空间问题的沉寂与兴起[J].哲学动态,2010(10):27-33.

[179]彭恺.新马克思主义视角下我国治理型城市更新模式:空间利益主体角色及合作伙伴关系重构[J].规划师,2018(6):5-11.

[180]滕尼斯.共同体与社会:纯粹社会学的基本概念[M].林荣远,译.北京:北京大学出版社,2010.

[181]杨张乔.我国城市社区结构和治理的人文区位学分析[J].社会科学,2007(6):72-80.

[182]黄丽,蔡长林.模糊解释结构模型[J].四川大学学报(自然科学版),1999(1):10-14.

[183]孙红星.发电企业风险分析与控制模型研究[D].北京:华北电力大学,2014.

[184]ZHOU T,ZHOU Y,LIU G. Comparison of critical success paths for historic district renovation and redevelopment projects in China[J]. Habitat International,2017,67:54-68.

[185]宋辉. 新型城镇化推进中城市拆迁安置社区治理体系重构研究[J]. 中国软科学,2019(1):62-71.

[186]骆小平. 多主体社区治理及其思考:以北京、广州、杭州三地调研为基础[J]. 华东理工大学学报(社会科学版),2018,33(3):98-107.

[187]宋喆. 拆迁安置社区治理结构变迁及其机制研究:以南京市 S 新村社区为例[J]. 南京农业大学学报(社会科学版),2015,15(3):19-25.

[188]周英男,杨文晶,杨丹. 中国绿色增长政策影响因素提取及建构研究[J]. 科学学与科学技术管理,2017,38(2):12-19.

[189]HE S J,WU F L. Socio-spatial impacts of property-led redevelopment on China's urban neighbourhoods[J]. Cities,2007,24(3):194-208.

[190]宋伟轩,刘春卉,汪毅,等. 基于"租差"理论的城市居住空间中产阶层化研究:以南京内城为例[J]. 地理学报,2017,72(12):2115-2130.

[191]袁业飞. "贫富混居",为何"里外不是人"? 聚焦配建保障房带来的混居现象[J]. 中华建设,2015(11):6-13.

[192]任喜萍. 城市公共资源配置失衡的消解路径[J]. 领导科学,2018(34):20.

[193]郭风英,陈伟东. 单位社区改制进程中社区治理结构的变迁[J]. 河南师范大学学报(哲学社会科学版),2011,38(1):44-48.

[194]GOODMAN R M,SPEERS M A,MCLEROY K,et al. Identifying and defining the dimensions of community capacity to provide a basis for measurement[J]. Health Education & Behavior,1998,25(3):258-278.

附　录

■ 附录 A　关于"化龙桥片区更新下居民基本情况"的调查问卷

编号：_____　调研地点：_____　调研时间：_____年____月____日

尊敬的先生/女士：

您好！为深入了解化龙桥片区改造对居民的影响，开展此次调研，收集居民在搬迁前后的生活状况相关信息，希望得到您的支持与配合。

我们在此承诺，对您填写的一切内容将严格保密，并仅供学术研究使用。您的回答将全部采用编码处理，在任何情况下都不可能根据某个答案辨别回答人的身份。

（请您在认同的选项前打√，在横线处填入信息）

一、个人及家庭信息

1. 性别　　　　□男　□女
2. 年龄　　　　□20岁及以下　□21～30岁　□31～40岁　□41～50岁
　　　　　　　□51～60岁　□61岁及以上
3. 教育程度　　□小学及以下　□初中　□高中　□大专　□本科
　　　　　　　□硕士及以上

维度	搬迁前	搬迁后
4. 户籍	☐渝中区　☐重庆市主城其他区 ☐重庆市区县　☐外地	☐渝中区　☐重庆市主城其他区 ☐重庆市区县　☐外地
5. 职业	☐国家机关或事业单位 ☐国有企业　☐私营企业 ☐外资企业　☐个体工商户 ☐自由职业者　☐无业 ☐退休　☐其他	☐国家机关或事业单位 ☐国有企业　☐私营企业 ☐外资企业　☐个体个工商户 ☐自由职业者　☐无业 ☐退休　☐其他
6. 家庭结构	☐单身 ☐夫妻家庭(无子女) ☐核心家庭(子女同住) ☐空巢家庭(子女外迁)　☐其他	☐单身 ☐夫妻家庭(无子女) ☐核心家庭(子女同住) ☐空巢家庭(子女外迁)　☐其他
7. 家庭人口数	＿＿人	＿＿人
劳动力人数	＿＿人	＿＿人
被抚养子女数	＿＿人	＿＿人
8. 职业能力	☐很强　☐比较强　☐一般 ☐比较差　☐很差	☐很强　☐比较强　☐一般 ☐比较差　☐很差
9. 就业信息获取能力	☐很强　☐比较强　☐一般 ☐比较差　☐很差	☐很强　☐比较强　☐一般 ☐比较差　☐很差
10. 性格	☐喜欢与陌生人交流 ☐喜欢与熟人交流 ☐喜欢与邻里交流 ☐喜欢与家人交流 ☐喜欢独处	☐喜欢与陌生人交流 ☐喜欢与熟人交流 ☐喜欢与邻里交流 ☐喜欢与家人交流 ☐喜欢独处
11. 生活态度	☐非常积极　☐比较积极 ☐正常　☐比较消极 ☐很消极	☐非常积极　☐比较积极 ☐正常　☐比较消极 ☐很消极
12. 环境适应能力	☐很强　☐比较强 ☐一般　☐比较差 ☐很差	☐很强　☐比较强 ☐一般　☐比较差 ☐很差

二、搬迁前后生活状态情况调查

维度	搬迁前	搬迁后
1. 产权性质	□自有产权 □长期使用权 □限制使用权(仅在职期间可住)	□自有产权 □长期使用权 □限制使用权(仅在职期间可住)
2. 房屋年龄	____年	____年
3. 居住时间	____年	____年
4. 住房面积	____m²	____m²
5. 户型结构	____室____厅____卫	____室____厅____卫
6. 住宅类型	□板楼 □塔楼	□板楼 □塔楼
7. 住宅类型	□低层 □多层 □小高层 □高层	□低层 □多层 □小高层 □高层
8. 工作地点	_____	_____
9. 通勤方式	□步行/公司班车 □公交/地铁 □营运/私家摩托车 □出租车 □私家轿车	□步行/公司班车 □公交/地铁 □营运/私家摩托车 □出租车 □私家轿车
10. 单程通勤时间	____分钟	____分钟
11. 月通勤费用	____元	____元
12. 最常去的公交/地铁站(步行时间)	□5 分钟内 □6～10 分钟 □11～15 分钟 □16～20 分钟 □20 分钟外	□5 分钟内 □6～10 分钟 □11～15 分钟 □16～20 分钟 □20 分钟外
13. 最常去的超市(步行时间)	□5 分钟内 □6～10 分钟 □11～15 分钟 □16～20 分钟 □20 分钟外	□5 分钟内 □6～10 分钟 □11～15 分钟 □16～20 分钟 □20 分钟外

维度	搬迁前	搬迁后
14. 最常去的公园（步行时间）	□5 分钟内　　□6～10 分钟 □11～15 分钟　□16～20 分钟 □20 分钟外	□5 分钟内　　□6～10 分钟 □11～15 分钟　□16～20 分钟 □20 分钟外
15. 最常去的诊所/医院（步行时间）	□5 分钟内　　□6～10 分钟 □11～15 分钟　□16～20 分钟 □20 分钟外	□5 分钟内　　□6～10 分钟 □11～15 分钟　□16～20 分钟 □20 分钟外
16. 子女（可能）的小学/中学（步行时间）	□5 分钟内　　□6～10 分钟 □11～15 分钟　□16～20 分钟 □20 分钟外	□5 分钟内　　□6～10 分钟 □11～15 分钟　□16～20 分钟 □20 分钟外
17. 就医次数/年	□0 次　　　　□1～3 次 □4～6 次　　□7～9 次 □10 次及以上	□0 次　　　　□1～3 次 □4～6 次　　□7～9 次 □10 次及以上
18. 就医费用/年	□100 元内　　□101～500 元 □501～1500 元 □1501～3000 元 □3000 元以上	□100 元内　　□101～500 元 □501～1500 元 □1501～3000 元 □3000 元以上
19. 休闲方式	□健身运动　□聚会交流 □购物消费　□室内娱乐 □网络游戏　□其他	□健身运动　□聚会交流 □购物消费　□室内娱乐 □网络游戏　□其他
20. 休闲时间/周	□9 小时以上　□6～9 小时 □3～6 小时　　□1～3 小时 □1 小时以内	□9 小时以上　□6～9 小时 □3～6 小时　　□1～3 小时 □1 小时以内
21. 养老保险金	□城镇职工养老保险 □城乡居民养老保险（九～十二档） □城乡居民养老保险（五～八档） □城乡居民养老保险（一～四档） □无	□城镇职工养老保险 □城乡居民养老保险（九～十二档） □城乡居民养老保险（五～八档） □城乡居民养老保险（一～四档） □无
22. 医疗保险金	□城镇职工医疗保险（二档） □城镇职工医疗保险（一档） □城乡居民医疗保险（二档） □城乡居民医疗保险（一档） □无	□城镇职工医疗保险（二档） □城镇职工医疗保险（一档） □城乡居民医疗保险（二档） □城乡居民医疗保险（一档） □无

维度	搬迁前	搬迁后
23. 参加社区活动次数/年	□16 次及以上　□11~15 次 □6~10 次　□1~5 次　□0 次	□16 次及以上　□11~15 次 □6~10 次　□1~5 次　□0 次
24. 拜年联系人数	___人	___人
25. 与这些人的关系疏远(1~5 打分)	___分	___分
26. 这些人拥有的资源,如权势/资产/朋友等(1~5 打分)	___分	___分
27. 个人年收入	___元/年	___元/年
28. 是否主要劳动力	□是　□否	□是　□否
29. 家庭可支配收入	___元/年	___元/年
家庭消费性支出	___元/年	___元/年
家庭食品支出	___元/年	___元/年

三、搬迁前后生活状态评价调查(请在您觉得合适的情绪上打√)

维度	搬迁前	搬迁后
房间功能布局	😀 🙂 😐 🙁 😫	😀 🙂 😐 🙁 😫
居住空间	😀 🙂 😐 🙁 😫	😀 🙂 😐 🙁 😫
装修程度	😀 🙂 😐 🙁 😫	😀 🙂 😐 🙁 😫
水电气供应	😀 🙂 😐 🙁 😫	😀 🙂 😐 🙁 😫
卫生设施	😀 🙂 😐 🙁 😫	😀 🙂 😐 🙁 😫
物业管理	😀 🙂 😐 🙁 😫	😀 🙂 😐 🙁 😫

维度	搬迁前	搬迁后
社区配套	😀 🙂 😐 🙁 😫	😀 🙂 😐 🙁 😫
周边公共设施	😀 🙂 😐 🙁 😫	😀 🙂 😐 🙁 😫
离工作地距离	😀 🙂 😐 🙁 😫	😀 🙂 😐 🙁 😫
到工作地的便捷性	😀 🙂 😐 🙁 😫	😀 🙂 😐 🙁 😫
离市中心或商圈距离	😀 🙂 😐 🙁 😫	😀 🙂 😐 🙁 😫
到市中心或商圈的便捷性	😀 🙂 😐 🙁 😫	😀 🙂 😐 🙁 😫
子女择校情况	😀 🙂 😐 🙁 😫	😀 🙂 😐 🙁 😫
就医便捷性	😀 🙂 😐 🙁 😫	😀 🙂 😐 🙁 😫
医保使用便捷性	😀 🙂 😐 🙁 😫	😀 🙂 😐 🙁 😫
工作酬劳满意度	😀 🙂 😐 🙁 😫	😀 🙂 😐 🙁 😫
工作稳定性	😀 🙂 😐 🙁 😫	😀 🙂 😐 🙁 😫
职位上升潜力	😀 🙂 😐 🙁 😫	😀 🙂 😐 🙁 😫
邻居与我经济状况相似性	😀 🙂 😐 🙁 😫	😀 🙂 😐 🙁 😫
邻居与我职业、年龄相似性	😀 🙂 😐 🙁 😫	😀 🙂 😐 🙁 😫
邻居们与我联系程度	😀 🙂 😐 🙁 😫	😀 🙂 😐 🙁 😫
社区绿地和开放空间	😀 🙂 😐 🙁 😫	😀 🙂 😐 🙁 😫
社区空气质量	😀 🙂 😐 🙁 😫	😀 🙂 😐 🙁 😫
社区建筑、景观美观性	😀 🙂 😐 🙁 😫	😀 🙂 😐 🙁 😫
社区噪声	😀 🙂 😐 🙁 😫	😀 🙂 😐 🙁 😫
社区中步行、玩耍安全性	😀 🙂 😐 🙁 😫	😀 🙂 😐 🙁 😫
社区安保措施	😀 🙂 😐 🙁 😫	😀 🙂 😐 🙁 😫
住房保值增值性	😀 🙂 😐 🙁 😫	😀 🙂 😐 🙁 😫
家庭收入水平	😀 🙂 😐 🙁 😫	😀 🙂 😐 🙁 😫
家庭收入稳定性	😀 🙂 😐 🙁 😫	😀 🙂 😐 🙁 😫
消费支出压力	😀 🙂 😐 🙁 😫	😀 🙂 😐 🙁 😫

四、拆迁安置情况

1. 拆迁批次　　□第一期　　□第二期　　□第三期

2. 拆迁房是　　□非成套房　　□成套房

3. 补偿方式　　□房屋置换　　□货币补偿＋房屋置换　　□其他_____

4. 补偿方式是否自愿选择　　□是　　□否

若否,您意愿的补偿方式：　□货币补偿　　□房屋置换

□货币补偿＋房屋置换　　□其他_____

5. 补偿标准　　若货币补偿,_____元/m^2;

若房屋置换,1m^{2}换_____m^2,差额_____元/m^2,超出面积按____元/m^{2}补交;

其他,房屋装修_____元/m^2,过渡费_____元/(月·m^2),搬家费_____元。

拆迁房市场价格(拆迁时)_____元/m^2;

安置房市场价格(拆迁时)_____元/m^2。

6. 与邻居补偿标准是否一致　　　□是　　□否

若不一致,您了解的情况是_____

7. 政府/居委会等提供的其他补偿/帮扶

□就业培训　□就业推荐　□子女就学　□社区/邻里交流会

其他_____

8. 您对拆迁的满意度评价

□很满意　□比较满意　□一般　□比较不满意　□很不满意

9. 您对补偿的满意度评价

□很满意　□比较满意　□一般　□比较不满意　□很不满意

再次感谢您对此次调研的支持与帮助,祝您生活愉快!

附录 B　关于 "化龙桥片区更新下居民迁居社区情况" 的访谈提纲

访谈目的：通过向化龙桥片区安置居民了解安置补偿意愿以及城市更新对其的影响，向安置居民迁移至的新社区居委会和物业管理公司了解社区居民人口基本信息、社区基本信息、社会管理信息，补充安置居民更新前后福利变化信息以及获取迁移后重组的安置居民社群的自身禀赋、外部环境特征相关资料信息。

表 B1　访谈提纲

访谈对象	编号	访谈问题
安置居民	1-1	补偿标准及一致性
	1-2	拆迁意愿
	1-3	补偿意愿
	1-4	居住环境（对比）
	1-5	出行便利（对比）
	1-6	邻里关系（对比）
	1-7	迁移对就业的影响
	1-8	迁移对子女教育的影响
社区居委会	2-1	社区总人口及户数，化龙桥安置居民人口及户数
	2-2	化龙桥安置居民迁出情况、房屋出租情况
	2-3	人口年龄分布
	2-4	居民就业情况
	2-5	社区服务配套情况
	2-6	社区文化建设活动
	2-7	居民参与情况
	2-8	邻里关系情况
	2-9	居民反映最多的问题
	2-10	未来的社区治理计划
物业管理公司	2-1	小区建筑、设备、场地基本情况
	2-2	小区管理的主要内容
	2-3	遇到哪些管理问题——硬件配套方面/经济方面
	2-4	遇到哪些管理问题——居民配合方面
	2-5	改善管理现状的阻力
	2-6	未来的社区治理计划